AF214838

ullstein

Das Buch

Als Familie Ulrich von München nach Rom umzieht, sind die Erwartungen hoch: tolles Essen, immer Sonne, gesellige Menschen, Cappuccino schlürfen auf der Piazza Navona. Doch die Dolce Vita lässt erst mal auf sich warten: Die Wohnung ist bei der Ankunft in chaotischem Zustand, die italienische Bürokratie toppt die deutsche bei weitem, und auch sonst hält das Leben in Italien für die Rom-Anfänger einige Überraschungen bereit. Trotzdem versuchen die Ulrichs, Bella Figura zu machen. Und entdecken schließlich auch noch das süße Leben in Rom.

Der Autor

Stefan Ulrich wurde 1963 in Starnberg geboren. Nach seinem Jurastudium arbeitete er als Redakteur der *Süddeutschen Zeitung* in München. Im August 2005 zog er mit seiner Frau und seinen beiden Kindern nach Rom um. Von dort berichtete er als Korrespondent der *Süddeutschen Zeitung* über Rom, Italien und den Vatikan. Von 2009 bis 2013 war er für die *Süddeutsche Zeitung* als Paris-Korrespondent tätig und kehrte danach nach München zurück.

Von Stefan Ulrich sind in unserem Hause bereits erschienen:

Arrivederci, Roma! Ein Jahr in Italien
Bonjour la France! Ein Jahr in Paris

Außerdem:

Die Morde von Morcone
In Schönheit sterben

Stefan Ulrich

Quattro Stagioni

Ein Jahr in Rom

Ullstein

Besuchen Sie uns im Internet:
www.ullstein.de

Wir verpflichten uns zu Nachhaltigkeit
- Papiere aus nachhaltiger Waldwirtschaft und anderen kontrollierten Quellen
- Druckfarben auf pflanzlicher Basis
- ullstein.de/nachhaltigkeit

MIX
Papier | Fördert
gute Waldnutzung
FSC® C083411

Neuausgabe im Ullstein Taschenbuch
1. Auflage Februar 2012
8. Auflage 2024
© Ullstein Buchverlage GmbH, Berlin 2008
Wir behalten uns die Nutzung unserer Inhalte für Text
und Data Mining im Sinne von § 44b UrhG ausdrücklich vor.
Umschlaggestaltung: zero-media.net, München
Titelabbildung: © FinePic®, München
Satz: LVD GmbH, Berlin
Gesetzt aus der Excelsior
Druck und Bindearbeiten: CPI books GmbH, Leck
ISBN 978-3-548-28402-6

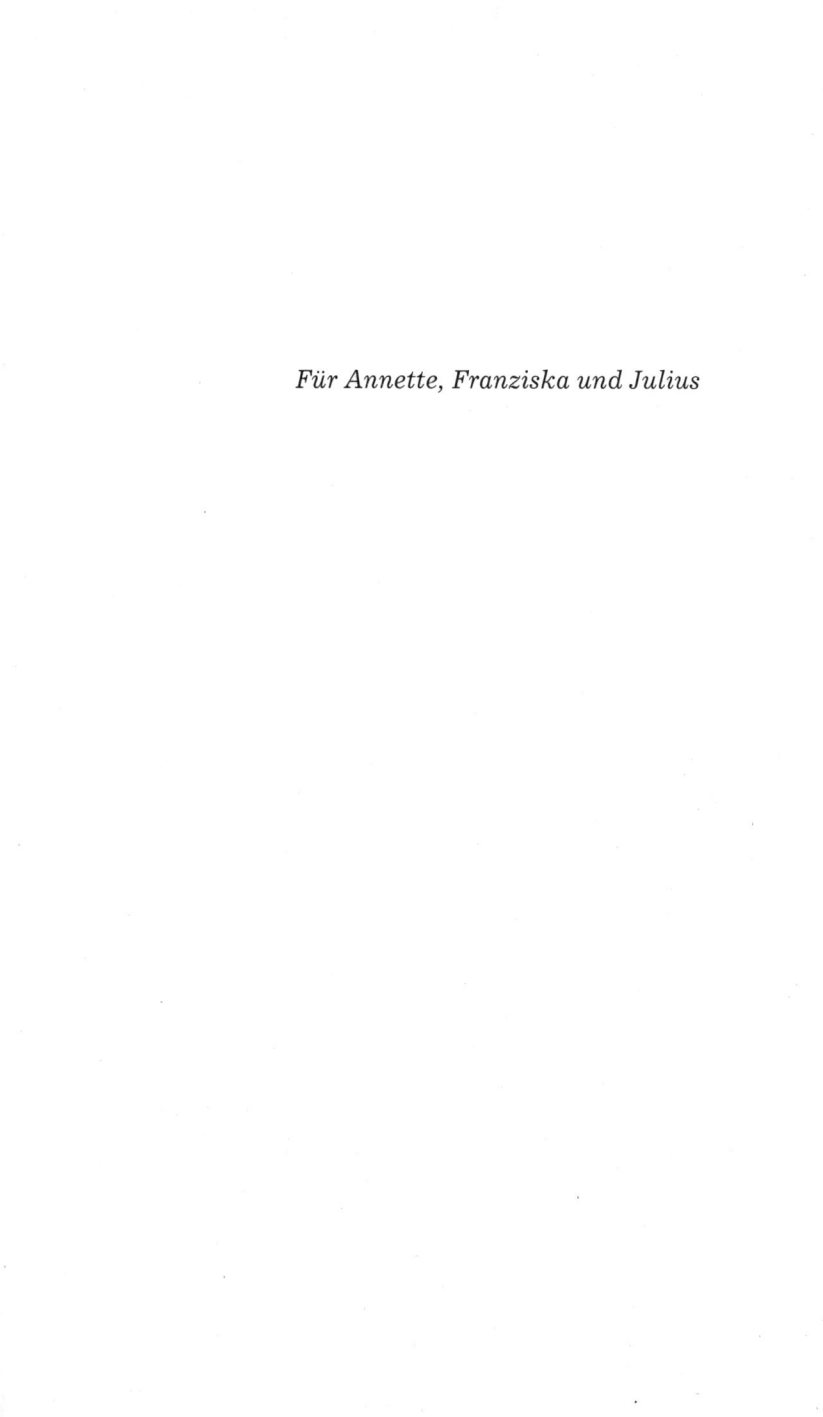

Für Annette, Franziska und Julius

Eins

Wir wussten, es würde heiß werden, und es wurde heiß. Ab dem Brenner stieg die Temperaturanzeige im Auto unaufhaltsam, vor Bozen waren es 28 Grad, bei Modena sind es bereits 39. Die Poebene verschwimmt vor unseren Augen zu einem klebrigen Milchbrei. Beim Zwischenstopp an der großen Agip-Tankstelle hinter Bologna umhüllt uns die schwüle Luft, als ob sie uns ersticken will, langsam zwar, aber unerbittlich.

»*C'è tanta afa*«, sagt der Tankwart mit einem mitleidigen Blick auf unsere erhitzten Gesichter. »Es ist furchtbar schwül.«

»Vielleicht hätten wir nicht gerade am ersten August umziehen müssen«, sagt Antonia, während wir in die Raststätte wanken. »Wir könnten jetzt auch am Starnberger See liegen.«

»Jetzt nur keinen Defätismus«, murmele ich, wenig überzeugend.

Ich denke an das graublaue, kühle Wasser des Sees, an das flauschige Grün der Roseninsel, das sich beim Hinausschwimmen vom Ufer löst, an den Blick auf Schloss Ammerland und den breiten Rücken der Benediktenwand. Und ich denke – es sei gestanden – an ein eiskaltes Weißbier. Bye-bye Chianti. Dann gebe ich mir einen Ruck. Schließlich kann man nicht alles haben.

»Warte, bis du unsere Wohnung in Rom siehst«, sage ich mit aufgesetzter Munterkeit. »Heute Abend sitzen wir bei einem Glas Rotwein auf unserer Terrasse und lauschen den Zikaden.«

Seit ich denken kann, mag ich solche romantischen Italien-Klischees. Doch hier, an diesem bleiernen Augustnachmittag auf dem benzinschwangeren Parkplatz der Tankstelle, fällt es mir schwer, mich richtig zu begeistern. Die *bistecca alla fiorentina* und der Rucola-Salat heben jedoch meine Laune. In Italien isst man sogar in Autobahnraststätten gut. Eine schlechte Küche könnte sich einfach nicht halten. Wir bestellen Cappuccino nach dem Essen, ein Sakrileg. *Non si fa,* das macht man nicht in diesem Land, warum auch immer. Italiener trinken stattdessen einen *caffè,* einen Espresso, und zwar erst nach dem *dolce,* der Süßspeise, und keineswegs dazu. Basta!

Wir wissen das wohl, doch was schert es uns? Noch sind wir nicht angekommen, noch sind wir nur Reisende in Richtung Rom.

Bologna, Firenze, das kleine, verschachtelte Dorf Orte auf seinem Tuffsteinfelsen, Roma Nord. Wir schwenken ein in den sogenannten »GRA«, die große Ringstraße rund um die Hauptstadt. Die Sonne klebt inzwischen wie ein orangeroter Medizinball eine Handbreit über dem Horizont. Es hat noch immer 36 Grad. Ich freue mich auf eine kühle Wohnung, eine kalte Dusche, unser neues Zuhause. Das Handy klingelt.

»Wo seid ihr gerade?«, fragt Klaus, der Freund und Kollege von meiner Zeitung in München, die mich für die nächsten Jahre als Korrespondent nach Rom geschickt hat.

»Fast am Ziel«, antworte ich. »Wir sehen schon die Stadt. Jetzt sind es vielleicht noch zwanzig Minuten.«

»Na dann, viel Glück«, sagt Klaus. »Und denkt immer daran, wie gut ihr es habt. Leben in Rom!«

»Habt ihr's gut«, das haben wir in den vergangenen Wochen unzählige Male gehört, von Kollegen und

Freunden in München, von Eltern und Geschwistern, den Kindergärtnerinnen unseres Sohnes Nicolas und der Klassenlehrerin unserer Tochter Bernadette.

»Rom, das ist doch ein Traum«, meinten sie alle und ich gab ihnen recht.

Am Abend vor der Abfahrt waren wir noch einmal mit unseren Nachbarn in einem Restaurant in München essen, in einer italienischen Trattoria versteht sich. Wir saßen im Wirtsgarten, es war ein herrlich milder Abend.

»So werdet ihr es demnächst immer haben«, meinte die Nachbarin. »Wie wir euch beneiden.«

Wir merkten nicht, wie sich hinter den Bäumen im Westen schwarze Wolken ballten. Auf einmal, der *vitello tonnato* kam gerade auf den Tisch, fegte eine Windböe durch den Garten, riss an den Decken, griff in die Sonnenschirme. Gleich darauf knallte der erste Donnerschlag, Hagelkörner prasselten herab, Gäste und Kellner flüchteten ins Haus. Ein dramatischer Abschied – ein böses Omen? Zum Glück sind wir nicht abergläubisch.

Wir verbrachten die letzte Nacht in unserem ausgeräumten Haus auf einem Lager aus Isomatten.

»Geht so Zelten?«, fragte Nicolas, der mit seinen fünf Jahren noch nie auf dem Boden geschlafen hatte.

»Bist du dumm«, sagte die zweidreiviertel Jahre ältere Bernadette. »Zelten tut man draußen.«

»Aber draußen regnet es doch, du Kuh«, krähte Nicolas.

Die beiden begannen sich sofort zu balgen. Wir waren alle aufgeregt, halb freudig, halb beklommen. Am nächsten Tag würden wir die Kinder für eine Woche zu meinen Eltern nach Tutzing am Starnberger See bringen, während wir in Ruhe die Wohnung in Rom einrichten wollten.

Ich schlief schlecht in jener Nacht. Unruhige Träume mischten sich mit Erinnerungen. Unscharfe Bilder mit blassen Farben, wie in einem alten Super-8-Film. Santa Margherita Ligure, 1969. Das erste Mal am Meer, kurz vor der Einschulung. Im Traum sah ich wieder die bunten Schirme, spürte den heißen Sand zwischen den Zehen, hörte das Schwapp, Schwapp der kleinen, auslaufenden Wellen. Draußen, bei dem dunklen Felsen im Meer, tauchte ab und an eine gelbe Taucherbrille mit dem Kopf meines Vaters auf, ein Wasserstrahl spritzte aus dem Schnorchel. Mein Vater verbrachte jenen Urlaub fast ausschließlich unter Wasser. Immer wenn er mit einem Seestern, einer Muschel oder einem lila Seeigel mit weißen Stachelspitzen an Land kam, schickte ich ihn energisch wieder los.

»Los, fang mir noch einen Kraken«, schrie ich. Schließlich hatte der dicke Italiener unter dem Nachbarschirm seinen Kindern auch so ein unheimliches Tier mit Fangarmen voller Saugnäpfe aus dem Meer getaucht. Das konnten wir unmöglich auf uns sitzen lassen. Mittags gingen wir dann immer zu Alfonso, der in seinem winzigen Strandlokal kleine Fische und *calamari* frittierte. Alfonso wunderte sich, wie viel ich mit meinen sechs Jahren davon verputzen konnte.

»*Mangia bene il bambino*«, sagte er anerkennend zu meinem Vater. »Der Junge isst aber gut.« Es wurden meine ersten italienischen Wörter.

Das war Santa Margherita, nichts Besonderes, ein ganz normaler Strandurlaub, aber er hat sich damals in meinen Jungenkopf eingebrannt wie Musik auf eine CD. Der Traum vom Süden.

Wieder watete mein Vater an Land, sein nasses Gesicht strahlte. In der Hand hielt er einen riesigen Kraken. Er wollte etwas rufen, doch dann begann das Bild plötzlich abzutauchen und eine Schiffssirene läutete. Nein, es war der Wecker. Sechs Uhr früh und wir vier

sprangen sofort hellwach von unseren Isomatten hoch.
Nun ging es los – unser römisches Abenteuer. Als wir
zwei Stunden später die Kinder bei meinen Eltern ab-
gaben, sagte meine Mutter zum Abschied: »Und grüßt
mir Italien. Habt ihr's gut!«

Wir verlassen den GRA und nehmen die Via Aurelia
Richtung Città del Vaticano, also Richtung Innenstadt.
Es ist Montagabend und es herrscht erstaunlich wenig
Verkehr. Wo sind die Römer? Weg, am Meer. Von früheren Italien-Reisen weiß ich: Man bleibt nicht im August in Rom, *non si fa.* Die Stadt gehört in dieser Zeit
den Katzen, den sandalierten Touristen und den Hausangestellten. Die bewachen nämlich die großen, ziegel-
roten und melonengelben Palazzi, die Mehrfamilien-
häuser, während die Herrschaft im Urlaub ist. Früher
waren all die Pförtner, Hausmeister und Dienstmäd-
chen Italiener, heute kommen sie oft von den Philippi-
nen. Sie sind fleißig und zuverlässig und haben, was
die Römer sehr schätzen, scheinbar kaum eigene Be-
dürfnisse. Oft hausen diese Philippiner das ganze Jahr
über in winzigen Pförtnerwohnungen seitlich des Ein-
gangs zum Palazzo oder in einem Kämmerchen neben
den Küchen der Wohnungen. Freundlich, leise und
nahezu unsichtbar verrichten sie ihre Arbeit wie Gei-
sterwesen. Jetzt, im August, aber leben sie auf, verabreden sich in den ferienverwaisten Wohnungen, streifen plaudernd in Grüppchen durch die Häuser oder
sitzen im Schatten der Pinien in den römischen Parks
beisammen.
    Unser Palazzo liegt in Prati, einem Stadtviertel am
rechten Tiberufer unweit des Vatikans, das nach der
italienischen Einigung 1870 mit klassizistischen, gutbürgerlichen Mehrfamilienhäusern entlang schach-
brettartig angelegter Straßen bebaut wurde. Ich hatte
das große, sechs Stockwerke hohe Haus, in das wir nun

einziehen sollten, nur flüchtig besichtigt. Ein Bekannter hatte mir im Frühjahr von der frei werdenden Wohnung im dritten Stock erzählt. Daraufhin flog ich sofort von München nach Rom, denn es ist nicht leicht, in einer besseren Gegend, noch dazu in zentraler Lage, eine Unterkunft zu finden. An jenem Tag regnete es in Rom, die riesige, dunkle Wohnung mit ihren langen Gängen und vielen Türen stand voller Umzugskisten, die Möbelpacker gingen ein und aus. Ein Blick in die Zimmer, ein Blick auf die Balkone, ein kurzes Gespräch mit dem Besitzer, einem gewissen Signor Cornetti, und ich unterschrieb den Mietvertrag, froh, so rasch eine Wohnung gefunden zu haben.

»Jetzt bin ich aber wirklich gespannt auf die Wohnung«, sagt Antonia, während wir im letzten Abendlicht die breite Wohnstraße entlangfahren.

»Ich auch. Ich habe sie ja damals gar nicht richtig gesehen. Doch ich bin sicher, sie wird dir gefallen.«

Wir finden rasch einen Parkplatz, schließlich ist es August, und stehen kurz darauf vor einem hohen Portal aus poliertem Holz. Suchend blicken wir auf die Klingelanlage aus blank geputztem Messing. Gut eineinhalb Dutzend Namen stehen darauf. Etwa die Hälfte der Nachnamen lautet auf Cornetti. Dann entdecke ich, ganz unten, die Aufschrift *portinaio,* Hausmeister. Ich drücke den Klingelknopf und es rührt sich – nichts. Ich klingele noch einmal und noch einmal. Schließlich meldet sich eine Männerstimme: »*Chi è?*« – »Wer ist da?« Dann summt der Türöffner, wir treten in einen eleganten, hohen, mit Marmor gefliesten Vorraum.

Schritte nähern sich und plötzlich steht Filippo vor uns. Filippo ist kein Philippiner, sondern Italiener, genauer gesagt Neapolitaner. Ein kleiner Mann in Khakihosen und Polohemd, mit leicht gewellten, kurzen schwarzen Haaren und ebenso schwarzen Knopfaugen. Er reicht uns die Hand und murmelt, er habe um diese Zeit eigentlich schon frei. Aber natürlich mache es nichts, dass wir erst so spät kommen. Er habe zwar die ganze Zeit auf einen Anruf von uns gewartet, aber selbstverständlich sei das kein Problem, dass wir uns den ganzen Tag über nicht gerührt haben und er deshalb immer in Reichweite des Telefons bleiben musste, obwohl er gerade so viel zu tun hat. Überhaupt kein Problem.

Wir sollten bald lernen, dass Italiener Kritik und andere unangenehme Dinge gerne verklausuliert ausdrücken. Schließlich soll niemand *brutta figura* machen. An diesem Abend aber bin ich zu müde, mir darüber den Kopf zu zerbrechen oder mich so recht schuldig zu fühlen. Filippo führt uns zu seiner kleinen, verglasten Pförtnerloge in einer dunklen Ecke der Eingangshalle links neben dem Tor und deutet auf ein Brett mit unzähligen Schlüsseln. Fünfzehn Wohnungen habe der Palazzo, doch im August sei kein Mensch zu Hause.

»Niemand außer mir und Federica, meiner Frau. Wir haben dennoch genug zu tun, müssen die Balkonblumen versorgen, den Innenhof pflegen. Außerdem lässt uns jeder der *signori* – der Herrschaften – eine Liste mit Reparaturen zurück. Und dann müssen wir natürlich noch die ganzen Ganoven fernhalten«, seufzt er und deutet mit einer weiten Handbewegung Richtung Straße.

»Welche Ganoven?«, fragt Antonia. Eine kleine Furche zeigt sich zwischen ihren Augenbrauen.

»Na ja, die ganzen Banditen eben. Die Diebe, Einbrecher, Fassadenkletterer, Vergewaltiger und Schlimmeres. All das Gesindel sucht jetzt in der Ferienzeit Straße für Straße, Palazzo für Palazzo nach leichter Beute ab. Erst vor einer Woche wurde zwei Häuser weiter im dritten Stock alles ausgeräumt. Der Hausmeister hat nichts gemerkt. Aber hier brauchen Sie überhaupt keine Angst zu haben. Ich passe ja auf.«

Filippo spürt Antonias zweifelnden Blick und versichert: »Federica passt mit auf. Außerdem haben wir Alarmanlagen, eine fürs Treppenhaus und eine für jede Wohnung. Die in Ihrer Wohnung ist leider kaputt. Aber gleich nach den Ferien wird sie gerichtet.«

Filippo führt uns zu einem großen Drahtkäfig in der Mitte der Halle. Die darin verlaufenden dicken Kabel setzen sich in Bewegung, als der Hausmeister auf einen Knopf an der Vorderseite des Käfigs drückt. Ratternd senkt sich ein hölzerner Aufzug aus dem dunklen Schacht herab. Filippo zieht die Drahttüre auf, klappt die beiden hölzernen Innentürchen auf und bittet uns in die Aufzugskabine, die mit ihren geschwungenen Spiegeln an den glänzenden hellbraunen Holzwänden aussieht wie ein Biedermeierzimmer. Rumpelnd geht es nach oben in den dritten Stock. Filippo nimmt einen langen Schlüssel mit gezacktem Bart aus der Tasche und dreht ihn viermal im Schloss.

»Die Tür ist gepanzert«, sagt er, während er sie aufzieht. »Bitte schön, treten Sie ein.«

Es ist atemberaubend – wenn auch leider nur im wahrsten Sinne des Wortes. Ein heißer, modriger Luftschwall schlägt uns aus dem stockdunklen Flur entgegen. Vorsichtig taste ich mich hinein. Mir ist, als dringe ich in eine altägyptische Grabkammer vor, und mir wird augenblicklich schwindlig. Hier ist offenbar den ganzen heißen Sommer über nie gelüftet worden. Ich stolpere zum erstbesten Fenster und reiße es auf. Die hereinströmende warme Stadtluft kommt mir wie ein Labsal vor.

»Es ist vielleicht ein wenig stickig hier drinnen«, sagt Filippo mitfühlend, »und Sie können natürlich gern nachts die Fenster auflassen. Aber seien Sie vorsichtig! Die Ganoven warten nur auf so eine Gelegenheit. Bei Freunden von uns sind sie vor einer Woche durch ein gekipptes Fenster eingestiegen.«

»Und was ist dann passiert?«

»Sie haben unsere Freunde mit einem K.-o.-Spray betäubt und alle Wertgegenstände mitgenommen.«

Wir beschließen dennoch, in dieser Nacht lieber beraubt zu werden, als zu ersticken. Zumal die Wohnung ja noch leer ist. Leer und dunkel. Antonia tastet die Wände nach einem Lichtschalter ab, findet ihn und drückt darauf. Nichts geschieht.

»Sie müssen sich erst bei einem Stromversorger anmelden«, erklärt Filippo. »Das kann jetzt in der Ferienzeit natürlich etwas dauern. Aber ich helfe Ihnen gleich morgen, dort anzurufen.« Dann zieht er zwei Kerzenstummel hervor und zündet sie an. Im schummrigen Licht sehen wir, dass der weiß geäderte schwarze Marmorfußboden mit einer dicken Schicht aus Staub und grünlichen Baumpollen überzogen ist. Ich bin Pollenallergiker. Filippo mustert uns fragend. Er will endlich nach Hause.

»Wo werden Sie heute Nacht schlafen? In einem Hotel?«

»Nein ... hier«, antworte ich zögernd. »Wir haben Isomatten und Decken mitgebracht. Morgen früh kommt dann der Laster aus Deutschland mit unseren Möbeln.«

Filippo schaut erst uns an, dann den dreckigen Boden und danach wieder uns. Schließlich reckt er leicht den Kopf und gibt einen dreifachen Schnalzlaut von sich: »Ts, ts, ts.«

Wir lernen bald, dass dies eine sehr vielseitige, vor allem in Süditalien beliebte Redewendung ist. Sie bedeutet, je nach den Umständen: »So etwas führen wir hier nicht.« – »Das geht nicht.« – »Das ist nicht erlaubt.« – »Das tut man nicht.« In unserem Fall meint Filippo: So lasse ich Sie hier nicht übernachten. Wortlos fährt er nach unten, um kurz darauf zwei bequeme Feldbetten hereinzuschleppen und in einem der Zimmer aufzubauen.

»Ein Römer würde so etwas nie für Sie tun«, erklärt er uns, damit wir uns keine Illusionen machen. »Die Römer sind kühl und scheren sich nicht um Fremde.« Er guckt uns tief in die Augen. »Aber ich bin zum Glück Neapolitaner.«

Es ist der Beginn einer wunderbaren Freundschaft.

Zwei

Auch in dieser Nacht schlafe ich schlecht. Die offenen Fenster bringen nur wenig Kühlung. Und ich muss ständig an die Ganoven denken, die nun in Trupps durch die Straßen ziehen. Vorsichtshalber lege ich mein kleines Schweizer Taschenmesser neben das Bett. Immer wieder stehe ich auf, mache mir mit meinem Handydisplay ein wenig Licht und tapse den Gang entlang von Raum zu Raum. Etwas huscht über eine Wand des Wohnzimmers. Verharrt. Huscht weiter. Zögernd gehe ich näher heran und entdecke einen Mauergecko. Seine schwarzen Augenpunkte blicken mich freundlich an. Wenigstens sind wir nicht allein.

Irgendwann schlafe ich doch ein. Im Traum erscheinen mir meine Eltern, die Nachbarn, mein Freund Klaus und sogar der Chefredakteur meiner Zeitung. Sie murmeln im Chor: »Wir beneiden euch! Leben in Rom! Habt ihr's gut!«

Ich wache auf, als es tagt, schleiche durch die schmutzige Wohnung und trete auf einen der Balkone. Er ist so klein, dass man gerade einmal zwei Stühle daraufstellen kann, und er geht auf die Straße hinaus. Draußen ist es verblüffend ruhig. Rom ruht noch. Nur die Vögel begrüßen bereits die ersten Sonnenstrahlen, die über die Hügel der Stadt mit ihren karminroten Dächern und tiefgrünen Pinien, über Türme und Kuppeln, Palmen und Zypressen streichen. Die Luft ist weich und duftig. Plötzlich erschauern die Blätter einer Akazie vor dem Haus und eine ganz leichte Brise bringt den Salzgeruch des Meeres mit.

Da ahne auch ich, wie gut wir es haben.

Ich wecke Antonia und wir gehen in die geräumige Ikea-Küche mit Blick hinab auf einen stillen, grünen Innenhof. In der Spüle liegen noch wer weiß wie alte Brotstücke und ein undefinierbarer, von grauem Schimmel umflockter Speiserest. Ein Drehknopf des Gasherdes ist abgerissen. Ich drücke die anderen Knöpfe – nichts tut sich. Immerhin tropft der Wasserhahn. Es gibt also fließend Wasser, allerdings nur kaltes. Der riesige Kühlschrank funktioniert nicht – klar, wir haben ja noch keinen Strom. Dafür sitzen eine Menge kleiner fahler Falter an der Decke und auf den Ablagen. Federica wird uns später versichern, die Tierchen seien völlig harmlos. Sie kämen von draußen herein, wenn sie etwas zu Essen witterten. Antonia ist da anderer Meinung. »Das sind Mehlmotten«, sagt sie so angeekelt, als tummelten sich Skorpione und giftige Riesentausendfüßler in unserer Küche. Wochenlang wird sie nun in Rom auf die Suche nach Mottenfallen gehen und sich schließlich von ihrer Mutter aus Deutschland welche schicken lassen.

Nun aber essen wir erst einmal die Kekse, die von der Fahrt übrig geblieben sind. Dazu trinken wir lauwarmes Wasser aus einer Plastikflasche. Unser erstes Frühstück in Rom.

Während wir beide unseren Gedanken nachhängen, klopft es plötzlich energisch an der Tür. Draußen steht Filippo mit einem Aluminium-Kännchen, aus dem es nach Espresso duftet. »*Dottor* Uuulrik«, sagt er, »möchten Sie ein bisschen *caffè*?« Dann fragt er, ob er eintreten dürfe, und kommt, ohne die Antwort abzuwarten, herein. Wie es uns so gehe, will er leutselig wissen.

Auf diese Frage hat man in Italien erst einmal und unter allen Umständen zu antworten, es gehe einem hervorragend. Erst danach tauscht man sich über Krankheiten, Autopannen, Wasserrohrbrüche und Todesfälle in der engeren Verwandtschaft aus. Antonia aber neigt selbst für deutsche Verhältnisse zu großer Direktheit. Daher deutet sie ohne Umschweife auf den schmutzverkrusteten Boden, die staubblinden Fenster, den desolaten Herd, die Falter und den offen stehenden, weil stromlosen Kühlschrank.

Filippo reibt sich das Kinn, mustert uns und setzt sein mitfühlendes Lächeln auf, das bedeuten soll: Ja, ja, die Welt ist schlecht. Dann sagt er: »Wissen Sie, nach dem Auszug der Vormieter bin ich im Juni mit Signor Cornetti durch die ganze Wohnung gegangen. Ich habe ihm alles genau gezeigt und gesagt, hier müsse gründlichst geputzt und einiges repariert werden.«

Der *padrone* habe jedoch nur geantwortet: »Jetzt warten wir erst einmal ab, ob es die neuen Mieter überhaupt bemerken. Dann können wir immer noch etwas unternehmen.«

»Natürlich merken wir es und beschweren uns auch«, ruft Antonia erbost. »Wo ist denn dieser Signor Cornetti? Wir haben ihn ja noch gar nicht gesehen.«

»Der *padrone* ist in Argentinien, und zwar noch mindestens fünf Wochen«, sagt der Hausmeister. »Er verbringt jeden Sommer dort bei seinem Bruder, der vor vielen Jahrzehnten ausgewandert ist und sich eine Wein-Hazienda gekauft hat. Wenn Signor Cornetti im September zurückkommt, wird er sich gewiss um alles kümmern, um die Alarmanlage, um Gas und Strom und natürlich um die Reinigung der Wohnung.«

»Aber unsere Möbelpacker rücken heute, jetzt, in den allernächsten Stunden an«, rufe ich lauter als gewollt, der Verzweiflung nahe. »Unsere Kinder kommen in ein paar Tagen. Und überhaupt müssen wir ab sofort hier leben und arbeiten. Wir können nicht bis September warten.«

Filippo tippt mir beruhigend mit den Fingern auf die Schultern. »Natürlich nicht. Federica und ich werden Ihnen helfen. Aber: *con calma, tutto con calma* – alles mit der Ruhe.«

»*Con calma*«, diese beiden Wörter bekomme ich in den folgenden Wochen noch oft zu hören. Von Federica, von Signor Cornetti, bei der Telecom, im Finanzamt und vielen anderen Behörden. Anfangs sträubt sich alles in mir dagegen. Ich habe mir bei meiner Zeitung vier Wochen Urlaub für den Umzug genommen und will bis zum ersten September alles »erledigt« haben: Wohnungseinrichtung, Anmeldungen, Anschaffungen und wenn möglich auch noch die Erkundung Roms und des Umlandes.

Noch an diesem ersten Tag in der »neuen« Wohnung erstelle ich eine lange Liste mit all den Dingen, die ich systematisch, gründlich, schnell und unbeirrbar abzuarbeiten gedenke. Sie reicht vom Bepflanzen der Balkone über den Erwerb einer Mottenfalle mit hormonellen Lockstoffen und dem Abschluss eines italienischen Handyvertrages bis hin zur Akkreditierung als Journalist beim Heiligen Stuhl. Gut 30 Punkte habe ich bald auf meinem DIN-A4-Blatt beisammen. Dafür sollten vier Wochen wohl reichen.

Doch da habe ich leider die Rechnung ohne die Italiener gemacht. Mit einem mal freundlichen, mal störrischen »*con calma*« lassen sie meinen teutonischen Tatendrang ins Leere laufen. Dieses »Immer mit der Ruhe« wird mich noch manches Mal zur Raserei bringen. Doch allmählich werde ich aus der Beobachtung nationaler Leidensgenossen lernen, dass es nur zwei Arten gibt, darauf zu reagieren: sich auflehnen und dem Land, wo die Zitronen blühen, alsbald enttäuscht den Rücken kehren. Oder sich fügen und Italien erleben, erleiden und neu lieben zu lernen. Ich werde schließlich den zweiten Weg wählen. Aber bis dahin wird es noch dauern.

Fürs Erste sind Antonia und ich Filippo für seinen Espresso dankbar. Noch dankbarer sind wir, als er wenig später seine Frau Federica heraufholt, um gemeinsam die nächsten Schritte bei der Urbarmachung unserer Wohnung zu beraten. Federica ist eine zierliche und dennoch zupackende, stets gutgelaunte Frau. Als Tochter italienischer Gastarbeiter in Waiblingen geboren, fühlt sie sich ein wenig als *tedesca,* als Deutsche, obwohl sie ab ihrem dritten Lebensjahr in Italien aufgewachsen ist. Aufmerksam und wissbegierig wird sie fortan das fremdartige Leben der *signori tedeschi* in ihrem römischen Palazzo beobachten. Zunächst vereinbaren wir, dass uns Federica beim Putzen der Wohnung hilft. Später wollen wir dann versuchen, die Kosten bei Signor Cornetti einzutreiben.

Gerade als die Hausmeisterin mit Eimern, Wischlappen und Scheuermittel beladen heraufkommt, fahren unten auf der Straße die Möbelpacker mit ihrem Lastwagen samt Anhänger vor. Filippo hat sich eine orangefarbene Leuchtweste übergestreift, fuchtelt wild mit den Armen und weist sie an, halb auf dem Bürgersteig zu parken. Er erklärt uns, wir hätten eigentlich bei der Stadtverwaltung eine Sperrung des Straßenabschnittes für den Umzug beantragen müssen. Aber so gehe es auch. Dann entfernt er von einer nahen Baustelle einige rot-weiß gestreifte Absperrbänder aus Plastik und drapiert sie mit Hilfe von Besenstielen und Gartengeräten um unseren Lastwagen herum. Es sieht beinahe professionell aus.

»Wir brauchen vor allem Strom«, sagen die beiden Möbelpacker zu mir. »Dann können wir Ihre Sachen mit der Hebebühne zu Ihren Balkonen hochschaffen und müssen nicht mit all dem schweren Zeugs durchs Treppenhaus«, erklären sie mit einem schrägen Blick auf die massive Ulmer Kommode, die einst die Aussteuer meiner Ur-Urgroßmutter enthielt. Nur: Wir haben leider keinen Strom.

Filippo bemerkt meinen ratlosen Blick und versteht sofort. »*Lo faccio io*«, sagt er, »Ich kümmere mich schon darum.« Dann rennt er in den Keller des Palazzo und führt von dort ein Stromkabel herauf. So löst sich unser Problem. Und während Federica oben in der Wohnung fegt und wischt, wandern unsere Betten, Blumentöpfe, Bücherkisten, Schränke, Bilder und – jawohl – Skier und Skistiefel die Fassade hoch und zum Fenster hinein.

Filippo genießt es derweil sichtlich, in seiner orangefarbenen Schutzweste und mit geschäftiger Miene auf der Straße auf und ab zu patrouillieren und den Passanten und Bekannten aus der Nachbarschaft, die noch nicht im Urlaub sind, zu erklären, das alles sei »*la roba*«, das »Zeug« der *signori tedeschi*, die soeben unter seiner Regie und seinem Schutz diesen Palazzo bezögen.

Am Abend ist ein Wunder vollbracht, wie es in Italien manchmal geschehen kann. Zwar stehen gut hundert Kisten unausgepackt in den Räumen herum. Zwar gibt es immer noch kein Licht, kein Gas und kein warmes Wasser. Zwar scheinen sich die Motten beständig zu vermehren. Muff, Staub und Knaster aber sind aus der Wohnung verschwunden. Und die Möbel stehen mehr oder weniger an den Stellen, an denen sie in den kommenden Jahren auch bleiben sollen.

Filippo inspiziert sein Werk, nickt zufrieden und meint, es sei für ihn nun Zeit, »den Schalter zu schließen«. Mit diesen Worten geht er hinunter in seine Hausmeisterwohnung, die sich irgendwo hinter der Pförtnerloge im Tiefparterre des riesigen Palazzo verbirgt. Federicas Pasta ist schon fertig.

Antonia und ich dagegen ziehen – oder genauer schwanken – noch, hundemüde wie wir sind, durchs Viertel. Wir entdecken eine kleine Trattoria, vor der einige Tische auf dem Trottoir stehen. Die römischen Straßenlaternen mit ihrem gelben Licht dringen kaum durch die heiße Nacht. Ausgehungert bestellen wir *carciofi alla romana* – in Wasser und Olivenöl gekochte und mit Minze, Knoblauch, Salz und Pfeffer gewürzte Artischocken –, im Ofen geschmortes Milchlamm mit Rosmarin-Bratkartoffeln und dazu *una birra grandissima,* ein sehr großes Bier.

»Sie sind wohl Touristen aus Deutschland?«, fragt die Kellnerin treffsicher.

Ich sehe Antonia an, und dann antworten wir wie aus einem Munde: »Nein, wir leben hier.«

Später rufen wir unsere Kinder an, die bei den Großeltern in Tutzing auf Neuigkeiten warten. »Gibt es in Rom Haie?«, will Nicolas wissen. Außerdem interessiert ihn, ob Haie eigentlich Schildkröten fressen.

Bernadette fragt besorgt: »Papa, geht es euch auch gut da in diesem Rom?«

In diesem Augenblick kann ich ganz ehrlich antworten: »Ja, mein Schatz, uns geht's gut.«

Dennoch wird auch diese Nacht schlafarm. Es ist einfach zu heiß, um Ruhe zu finden. Der ferienverwaiste Palazzo ist so dunkel und still, dass ich noch das kleinste Geräusch wahrnehme. Schabt da nicht etwas an der Außenwand? Ist es der Gecko? Oder sind da etwa Fassadenkletterer am Werk? Im Wachtraum stelle ich mir vor, wie sie mich mit K.-o.-Spray betäuben und dann die Ulmer Kommode meiner Ur-Urgroßmutter lautlos aus dem Fenster abseilen. Anschließend fahren sie mit unseren Skiern die Fassade hinab und auf dem Tiber aus Rom hinaus. Schweißgebadet schrecke ich hoch.

»Wenn wir wenigstens Strom hätten, um einen Ventilator anzustellen«, murmelt Antonia hitzetrunken.

Da kommt mir eine Idee. Ich gehe ins Bad und lasse die Wanne mit kaltem Wasser volllaufen, denn kaltes Wasser ist das Einzige, was wir in unserer Wohnung haben. Wir legen uns abwechselnd hinein. Das hilft erst einmal. Eine Dauerlösung ist es aber eher nicht. Im Geiste schreibe ich meine Erledigungsliste um. Punkt eins lautet nicht mehr: Büro einrichten. Sondern: Strom beschaffen.

Drei

Als wir am nächsten Morgen schwitzend erwachen, hören wir ein Pfeifen im Hof. Ich trete auf den langen, schmalen Balkon unseres Wohnzimmers und sehe, wie Filippo, mit einem Reisigbesen bewaffnet, fröhlich und *con grande calma* ein paar Blätter und Piniennadeln zusammenfegt. Ich glaube, er genießt es, dass seine zahlreichen *padroni* alle im Urlaub sind und ihm keiner irgendwelche Anweisungen geben kann. Leider muss ich nun seinen Morgen stören: »Guten Morgen, Filippo«, rufe ich hinunter. »Wie geht es Ihnen?«

»Hervorragend«, antwortet er. »Und Ihnen?«

»Ausgezeichnet«, flöte ich zurück. »Ich habe allenfalls ein *problemino,* ein Problemchen. Wir bräuchten endlich ein wenig Strom, genauer gesagt *subito,* sofort.«

Filippo nickt bedächtig und ruft von unten hoch: »Gerade habe ich noch zu tun. Aber sobald ich fertig bin, werde ich Ihnen helfen, *dottor* Uuulrik.« Er greift wieder zum Besen und fährt fort, im Zeitlupentempo den Hof zu entblättern. Ich zucke resigniert mit den Achseln und mache mich daran, Bücher aus den Kisten zu nehmen und die Regale zu füllen.

Im nächsten Augenblick klingelt mein Handy, einen Festnetzanschluss haben wir ja noch nicht. »*Pronto*«, melde ich mich und komme mir dabei schon extrem italienisch vor.

»*Pronto*«, erwidert eine vorsichtige Männerstimme. »Spreche ich mit Signor Uuulrik?«

»Si, sono io«, antworte ich. *»Chi parla?«*

Die Italiener sind ja ein sehr kommunikatives Volk. Ihre Telefonate aber beginnen sie wie Autisten. Statt sich mit ihrem Namen vorzustellen, melden sie sich stets mit einem anonymen *pronto* – die vorsichtigste Form eines verbalen Sich-Abtastens. Der Anrufer weiß also nie, ob er den richtigen Anschluss erreicht hat und, falls ja, ob er nun mit dem Hausherrn, dessen Sohn, dem Hausfreund der Gattin, einem Gast, Hausmeister oder sprachgewandten Papagei parliert. Daher schickt er erst einmal selbst ein *»Si, pronto«* in den Äther, um sich dann der Identität seines Gesprächspartners zu versichern. *»Parlo con il signor Uuulrik?«* Worauf der Angesprochene nun seinerseits zurückfragen muss, mit wem er eigentlich die Ehre habe.

So sind rasch mehrere Telefoneinheiten verstrichen, ehe man endlich zur Sache kommt.

Bis heute habe ich nicht herausbekommen, was das *pronto*-Ritual eigentlich soll. Allerdings habe ich mir eine Theorie zurechtgelegt. Diese Privacy-Theorie besagt: So kontaktfreudig die Italiener auch sind, sobald es an die eigenen vier Wände geht, geben sie sich zugeknöpft. *La casa,* so heißen Haus und Wohnung gleichermaßen, ist ein heiliger Ort und – im Gegensatz zur Piazza – der Familie, den engsten Freunden sowie als äußerst vertrauenswürdig überprüften Postboten und Fischhändlern vorbehalten. Niemals würde man einen entfernteren Bekannten so mir nichts dir nichts in die *casa* lassen. Da trifft man sich lieber unten in der Bar. Da das Telefon aber so etwas wie Ohr und Mund der *casa* ist, gelten die Privacy-Regeln auch hier. Das *pronto* dient folglich als eine Art Türspäher: Da wollen wir doch erst einmal sehen oder vielmehr hören, mit wem wir es zu tun haben.

Nachdem mein Anrufer also herausgefunden hat, dass tatsächlich *il signor* Uuulrik am Apparat ist, macht er sich an eine weitschweifige Erklärung, wer er selbst eigentlich sei. Er stellt sich als Angelo Neri vor – ich halte das gleich für einen Tarnnamen – und behauptet, er habe einen meiner Freunde, einen gewissen Karl, auf einer Wanderung im Umland von Rom getroffen. Sie hätten zusammen in einem Weiler namens Calcata ein Bier getrunken und seien ins Gespräch über die Etrusker gekommen. Dabei habe er diesem Signor Karl einiges über seine Entdeckungen erzählt und Signor Karl habe gemeint, das könne mich interessieren, den neuen Korrespondenten einer deutschen Tageszeitung in Rom. Daraufhin habe Signor Karl meine Telefonnummer weitergegeben, und deshalb rufe er, der Etrusker-Experte, jetzt bei mir an.

Nun ist Karl tatsächlich einer meiner ältesten Freunde. Ich kenne ihn noch aus unserer Studienzeit in München. Wir teilen seit jeher eine diffuse Italienschwärmerei und haben uns darin stets gegenseitig bestärkt. Unvergessen sind mir die italienischen Abende bei Karl, wenn in seiner WG die selbstgemachten Nudeln zum Trocknen über Stuhllehnen, Bettgestellen und Wäscheständern hingen. In seiner Studentenbude klebten keine Pin-up-Girls und auch nicht Marx und Lenin an der Wand, obwohl Karl bekennender Kommunist war, sondern Fotos von Salina, einer bildhübschen Insel vor Sizilien mit zwei spitzen Vulkankegeln. Karl hat es viel früher geschafft als ich, nach Italien zu ziehen. Er lebte zunächst als freischaffender Philosoph in Orvieto und begann irgendwann, deutsche und amerikanische Touristen durch Italien zu führen. Obwohl er so sein Hobby zum Beruf machte, verlor er nie die Begeisterung für das Land und fuhr fort, in jeder freien Minute auf Entdeckungstour zu gehen. So ist er wohl auch auf meinen Anrufer gestoßen.

»Weshalb genau rufen Sie mich an?«, frage ich nun.

»Es geht um eine Sache mit den Etruskern. Allerdings würde es zu weit führen, das am Telefon zu erörtern«, flüstert die Männerstimme. »Man weiß ja nie, wer alles mithört. Am besten wir verabreden uns irgendwo in Rom.«

Ich überlege nur kurz. Einerseits habe ich in diesen Tagen überhaupt keine Zeit, schließlich ist noch nicht einmal Punkt eins – die Sache mit dem Strom – auf meiner 30-teiligen Liste abgehakt. Andererseits entwickelt man als Journalist ein Gespür für interessante Geschichten. Und diese Geschichte könnte zumindest interessant werden. Also sage ich:

»Na gut, wo treffen wir uns?«

Der Mann erwidert: »Kennen Sie die Villa Giulia?«

Ich weiß, dass es sich um eine frühere Sommerresidenz der Päpste in Rom handelt, in der heute das italienische Etrusker-Museum untergebracht ist. Ich war vor 20 Jahren als Student schon einmal dort, habe aber nur noch eine vage Erinnerung daran.

»Ja«, sage ich, »ich weiß, wo das ist.«

»Sehr gut. Im Garten der Villa steht ein rekonstruierter etruskischer Tempel. Kommen Sie am übernächsten Montagabend um sieben Uhr dorthin.«

Noch ehe ich antworten kann, hat der Mann aufgelegt. Doch meine Neugierde ist geweckt. Ich platziere meinen neuen römischen Terminkalender mitten auf einen Stapel mit Kisten im künftigen Arbeitszimmer und trage meine erste römische Verabredung ein.

»Signor Uuulrik«, ruft Filippo in diesem Moment von unten herauf. »Wir können uns jetzt um Ihren Strom kümmern.«

Hastig – wie ein Verdurstender im Angesicht einer Oase – stolpere ich die vielen flachen Steinstufen des Treppenhauses hinunter.

Der Hausmeister hat bereits sein Telefonbuch hervorgeholt und die Nummer eines großen italienischen Energieversorgers herausgesucht. »Rufen Sie mal da an«, fordert er mich auf.

Wir gehen in den Innenhof des Palazzo und ich setze mich auf eine Steinbank zu Füßen einer haushoch aufragenden, schattenspendenden Zeder. Hier beginnt mein erstes italienisches Telefon-Behörden-Abenteuer. Ich wähle die Nummer. Eine Computerstimme antwortet, diese Nummer sei überholt, und nennt eine andere. Als ich sie eintippe, meldet sich wieder eine roboterhafte, aber freundlich klingende Frauenstimme. Die Nummer sei ferienbedingt derzeit nicht besetzt. In dringenden Fällen solle ich bitte folgende Nummer wählen. Ich gerate erneut an eine Automatenstimme … doch diesmal habe ich mehr Erfolg.

Angestrengt lausche ich der italienischen Ansage: »Wenn Sie an unseren Energieangeboten interessiert sind, drücken Sie die Taste eins. Wenn Sie einen Gas- oder Lichtanschluss benötigen oder beides, drücken Sie die Taste zwei. Wenn Sie einen Antrag auf Freischaltung eines bereits bestehenden Gas- oder Lichtanschlusses oder beides stellen wollen, drücken Sie …«

So geht es munter weiter, in rasender Geschwindigkeit und mit einem Behördenvokabular, dem ich nur mit Mühe folgen kann.

Zwar habe ich bei früheren Sprachaufenthalten in Rom und auf vielen Italien-Reisen ein passables Italienisch gelernt. Ich kann eine normale Unterhaltung führen, Zeitung lesen und die Fernsehnachrichten verfolgen – also all das, was ich als frischgebackener Italien-Korrespondent meiner Zeitung fürs Erste brauche. Die – selbst für Italiener – bis zur Unverständlichkeit verfeinerte Behördensprache des Landes bringt mich aber, zumal am Telefon, rasch an meine Grenzen.

Mir schwirrt der Kopf, als endlich die erlösende Auskunft kommt: »Falls Sie sonstige Auskünfte brauchen, drücken Sie die Taste null.« Ich drücke die Taste null. Es tutet – ein Mal lang, zwei Mal lang, dann knackt es, und ich fliege aus der Leitung. »Tut, tut, tut, tut«, das Besetztzeichen. Ich wähle noch einmal die Zentralnummer und drücke gleich zu Beginn der Computeransage die Taste null. Aber das hilft mir gar nichts. Unbarmherzig rattert die Stimme die einzelnen Möglichkeiten herunter.

Filippo, der die ganze Zeit mit seinem Besen in der Hand dabeisteht, fragt mich, ob alles in Ordnung sei. Antonia beugt sich hoch oben vom Balkon herab und schreit: »Stefan, klappt es jetzt mit dem Strom?« Sie wolle die Bohrmaschine anstecken, um die Dübellöcher für unsere Bilder zu bohren.

»Ja, ja, es scheint zu klappen«, brülle ich zurück und drücke diesmal die Taste zwei.

Die alte, freundliche Computerstimme meldet sich mit einer neuen Information zurück. »Sie haben den Service für einen Gas- oder Lichtanschluss oder für beides gewählt. Leider sind derzeit alle unsere Beratungsplätze besetzt. Bitte versuchen Sie es später noch einmal.«

Ich erwäge kurzzeitig, das Handy gegen den Zedernstamm zu schmettern.

Filippo grinst mich halb spöttisch, halb mitleidig an. Er kennt das alles seit Jahrzehnten, schließlich ist er in Italien groß geworden. »*Vuole un bicchierino di grappa, dottore?*«, fragt er mich. »Möchten Sie ein Gläschen Grappa?« Ich bitte ihn, doch endlich den *dottore* wegzulassen, und sage ansonsten weder ja noch nein.

»Federica«, schreit Filippo Richtung Hausmeisterwohnung. »*Il dottore vuole una grappa.*«

Verwundert kommt Federica mit einer dünnen, langen Flasche und zwei Gläsern heraus. »Es ist noch früh«, sagt sie und hat damit zweifellos recht.

Filippo und ich stoßen auf Rom an und stürzen unsere Gläschen hinab. Danach ist mir noch heißer. Ich denke wieder an den Starnberger See und das flauschige Grün der Roseninsel. Meine beiden Kinder planschen mit mir vergnügt im seichten Wasser. Wir haben Ferien, und alles ist gut.

Offenbar leide ich bereits an Halluzinationen. Nichts ist gut. Es geht gegen Mittag unseres dritten Tages in Rom, und noch immer ist Punkt eins meiner Liste nicht abgearbeitet. Filippo meint mal wieder, für ihn sei es nun Zeit, den Schalter zu schließen. Federica habe bereits Pasta aufgesetzt. Wir würden es am Spätnachmittag noch einmal probieren.

Vier Stunden danach trappele ich wieder die Steinstufen in den Innenhof hinunter. Filippo grüßt mich von einer Leiter herab. Er ist gerade dabei, die Ligusterbüsche zu kappen und dürre Wedel aus den Stechpalmen zu schneiden. »Jetzt, wo der ganze Palazzo im Urlaub ist, habe ich endlich einmal Zeit für solche Dinge«, sagt er.

Ich ziehe mein Handy aus der Tasche und drücke die Wahlwiederholungstaste. Um es kurz zu machen: Bereits eine halbe Stunde später habe ich einen Menschen aus Fleisch und Blut am Apparat. Leider handelt es sich um einen sehr ungehaltenen Menschen. »Wir haben August und kaum Personal«, mosert er in breitem römischen Dialekt. »Können Sie nicht im September noch einmal anrufen?«

Verzweifelt versuche ich dem Mann die Dramatik der Situation begreiflich zu machen. Ich sei der neue Korrespondent der größten, der allergrößten deutschen Qualitätstageszeitung von Weltruf und müsse baldmöglichst zu arbeiten beginnen, erkläre ich. Dazu bräuchte ich nun mal *subito* Strom. Mein Gesprächspartner scheint jedoch ein besonders hartgesottener Brocken zu sein: Zu meiner Verblüffung bleibt er völlig unbeeindruckt. Also lege ich nach. »Ich habe zwei kleine *bambini,* die in ein paar Tagen hier eintreffen werden. Um sie zu versorgen, brauche ich Strom.«

Der Mann brummt etwas von Millionen *bambini,* die ohne Strom aufwachsen würden.

Hilfeheischend blicke ich mich nach Filippo um. Und wieder einmal steht er mir in größter Not bei. Er nimmt mir das Telefon aus der Hand und beginnt, auf den Mann einzuplappern. Ich gestehe, dass ich nur wenig mitbekomme. So viel immerhin verstehe ich, dass die beiden auf einmal feststellen, sie seien in derselben *zona* – Gegend – eines Dorfes bei Neapel aufgewachsen und als Kinder sogar zum selben Friseur gegangen. Das erleichtert die ganze Prozedur natürlich ungemein. Filippo blinzelt mir aufmunternd zu und meint dann zu mir gewandt, nun brauche der *signore* von der Stromgesellschaft nur noch meinen *codice fiscale.*

Ich habe von dieser sagenumwobenen Buchstaben-Ziffern-Folge der italienischen Bürokratie bereits gehört. Jeder italienische Säugling bekommt, kaum dem Mutterleib entschlüpft, sofort einen solchen 16-stelligen alphanumerischen Code verpasst wie ein Kälbchen nach der BSE-Krise. Allerdings wird einem die Steuernummer nicht ins Ohr geknipst, sondern auf ein scheckkartengroßes Plastikstück geprägt. Sie setzt sich aus – teils verschlüsselten – Elementen des Namens, Geburtsdatums, Geschlechts und Geburtsortes zusammen und dient dazu, den künftigen Steuerbürger ein Leben lang identifizieren, erfassen und überwachen zu können.

Doch nicht nur Italiener, auch Ausländer, die im Lande leben, brauchen einen solchen *codice fiscale.* Ohne ihn lässt sich weder ein *rustico* in der Toskana kaufen noch ein Mobiltelefonvertrag abschließen oder gar ein verbilligtes Bahnticket erwerben. Und auch bei der großen Stromversorgungsgesellschaft, das muss ich nun lernen, wird man ohne *codice fiscale* als rechtliches Nullum, als ein Nichts, behandelt.

Mein betretenes Eingeständnis, ich hätte keinen *codice fiscale,* wischt Filippo erst einmal beiseite. Dann solle ich eben meinen deutschen *codice fiscale* angeben. So etwas gebe es in meiner Heimat nicht? Der Hausmeister kann es nicht fassen. Deutschland sei doch ein so zivilisiertes Land, wie könne es da keinen *codice fiscale* geben? Ich versuche ihm zu erklären, dass uns die deutschen Steuerbehörden natürlich durchaus auch Nummern zuteilen, dass diese aber nur für den Steuerverkehr gültig sind und keine darüber hinausgehende Bedeutung haben. Filippo blickt mich mit traurigen Augen ungläubig an und ich ahne, was er denkt: »Diese Barbaren!«

Kopfschüttelnd nimmt er die Verhandlungen mit dem Mann von der Stromgesellschaft wieder auf. Dieser will natürlich ebenfalls nicht glauben, dass dieser *tedesco* keinen *codice fiscale* besitzt. Unser Stromanschluss scheint in immer weitere Ferne zu rücken. Ich erwäge bereits, ein Tretrad mit Generator zu erwerben, um wenigstens mein Notebook betreiben zu können. Doch ich unterschätze das Verhandlungsgeschick Filippos. Gewitzt bringt er das Gespräch zurück zu dem Punkt, dass man doch einmal zum selben Friseur gegangen sei. Da werde man doch nun auch dem *tedesco* gemeinsam helfen können.

Das Gespräch der beiden wird immer herzlicher, Filippo fragt mich nebenbei nach einigen persönlichen Daten, macht sich eine Notiz, und am Ende verabschiedet er sich von dem Mann vom Stromwerk mit dem Vorschlag, bald einmal auf einen *caffè* vorbeizuschauen, um alte Erinnerungen aufzufrischen.

Stolz wedelt Filippo mir mit einem Notizblatt vor der Nase herum, nachdem er aufgelegt hat. »LRCSFN 63R19Z112 T« steht darauf. »Ihr *codice fiscale*«, sagt der Hausmeister.

Ich kann mein Glück kaum fassen. »Den kann doch nur das Finanzamt ausstellen«, wende ich ein.

»Das ist wahr«, sagt Filippo. »Theoretisch ist das schon richtig. In der Praxis aber kann sich jeder mit seinen Daten seinen persönlichen *codice* ausrechnen. Es gibt sogar Computerprogramme dafür. Sie sollten allerdings schon noch mal zum Finanzamt gehen, damit Sie Ihre offizielle *tessera* – Karte – mit Ihrem *codice fiscale* bekommen.« Mit dem Strom gehe übrigens nun alles in Ordnung. Ich würde schon sehen.

Ungläubig fahre ich mit dem ratternden Biedermeier-Aufzug nach oben.

Wenige Stunden später stößt Antonia, die gerade unsere Küchenkisten auspackt, einen spitzen Schrei aus. »Der Kühlschrank!«, ruft sie, »der Kühlschrank!« Tatsächlich summt das Gerät auf einmal leise vor sich hin. Es ist wie Musik in unseren Ohren. Wir haben Strom!

»Das müssen wir feiern«, findet Antonia und eilt aus dem Haus. Kurz darauf kommt sie mit einer eiskalten Flasche *spumante* zurück, die sie in einer Bar um die Ecke gekauft hat. »Komm, wir laden Filippo und Federica ein«, sagt sie. »Schließlich haben wir ihnen einiges zu verdanken.«

Der *portinaio* und seine Frau sind sehr einverstanden, bestehen allerdings darauf, bei ihnen unten im Hof zu feiern. Als wir mit unserer Flasche und ein paar Gläsern herunterkommen, haben sie schon auf einem Tisch aus Gusseisen unter der Zeder aufgetischt: Töpfchen mit eingelegten grünen Oliven, mit Knoblauch gewürzte Auberginen und mit Sardellenpaste gefüllte Cocktailtomaten stehen darauf, außerdem Chips, allerlei Nüsse und ein Teller mit einer Art Gugelhupf, der betörend nach Rum duftet. »Das ist ein *babà*«, erklärt Federica, »der Traditionskuchen Neapels. Probieren Sie doch!«

Das lassen wir uns nicht zweimal sagen. Während die Dämmerung zwischen die Zeder, die beiden Pinien und die Magnolie herabsinkt, leeren wir Töpfchen um Töpfchen. Der *spumante* verflüssigt das Italienisch von uns *tedeschi,* und so ratschen wir bald über Gott und die Welt. Fledermäuse jagen zwischen den Zweigen nach Mücken, in den Pinien zirpen die Zikaden. Der Lärm der Stadt bleibt durch die Mauern der Palazzi ausgesperrt. Fast fühlen wir uns wie in der römischen Campagna, wie auf dem Land.

Während Filippo eine Flasche *limoncello* holt, den seine neapolitanischen Verwandten selbst hergestellt haben, gibt uns Federica eine erste Einführung in die Palazzo-Kunde. In den fünfziger Jahren habe Ercole Cornetti, *il padrone,* also unser Vermieter, das Haus als künftigen Stammsitz für sich und seine sechs Kinder von der Witwe eines Richters am nahe gelegenen Kassationsgerichtshof gekauft. Der alte Palazzo der urrömischen Familie Cornetti in einer Gasse bei der Piazza Navona sei den *signori* zu feucht, düster und eng geworden. Als Architekt habe der *padrone* das neu erworbene Haus in Prati mit seinen vielen Wohnungen sogleich aufwendigst renoviert. »Allein die einbruchsicheren Fenster eines einzigen Wohnzimmers haben so viel gekostet wie ein ganzer Mittelklassewagen«, erzählt Federica und schnalzt anerkennend mit der Zunge. Auch bei den großen Schiebetüren zwischen den Wohn- und Schlafräumen, den – mittlerweile in die Jahre gekommenen – Marmorbädern und der Eingangshalle sei nicht gespart worden. »Nur die Hausmeisterwohnung haben sie betont einfach gestaltet«, meint sie betrübt. Dennoch seien sie und Filippo froh gewesen, als sie dank eines entfernten Cousins, der in die Familie Cornetti eingeheiratet habe, vor 20 Jahren hier einziehen und die Hausmeisterstelle übernehmen konnten. Als ausgebildete Kindergärtnerin habe sie in Rom damals keine feste Stelle gefunden. Und Filippo sei froh gewesen, seine Arbeit am Fließband in einer Konservenfabrik bei Neapel aufgeben zu können.

»Doch wer weiß, ob das so klug war«, wendet Filippo düster ein. »Wenn der alte *padrone* stirbt, kann es sein, dass uns seine sechs Kinder mit einem Tritt in den Hintern auf die Straße setzen. Die sind ja so was von geizig! Womöglich nehmen sie sich einen Philippiner als Hausmeister. Der kostet sie fast gar nichts.«

Anhand solcher Bemerkungen erkennen wir bald, dass unsere *portinai* nicht allzu gut auf den Cornetti-Clan zu sprechen sind – den alten *padrone* und dessen Frau einmal ausgenommen. »Die leben doch alle nur vom Geld des Signor Ercole«, meint Federica missbilligend. Und für eine Familie, die sich so katholisch gebe, seien die Verhältnisse ziemlich in Unordnung. Sie erzählt von einem der Söhne des *padrone*, der ein rechter Schwerenöter sei und seiner Frau das Leben vergälle, von einer unehelichen Mutter in der Enkelgeneration, von allerlei *zitelle* – »späten Mädchen« –, die keinen Mann fänden, von Geschiedenen und anderen »Gestalten«, die ihrer Ansicht nach dem Palazzo kaum zur Zierde gereichen. Und dann sei da noch der *incubo* – das heißt »Albtraum« –, der in der Wohnung über uns hause. Aber wir würden sie ja alle bald kennenlernen, wenn sie Anfang September aus den Ferien zurückkämen.

Natürlich brennen wir nun vor Neugierde, vor allem darauf, was es mit dem *incubo* auf sich hat. Doch unsere beiden Palazzo-*ciceroni* meinen nur schmunzelnd, das würden wir schon früh genug erfahren. Nach und nach bekommen wir an diesem Abend immerhin noch heraus, dass die sechs Kinder des *padrone*, die so zwischen Ende 40 und Anfang 60 sind, in sechs verschiedenen Wohnungen des Palazzo leben. Weitere *appartamenti* seien mit der Enkelgeneration und deren Nachwuchs belegt. Nur unsere werde vermietet, am liebsten an Ausländer, weil man sich mit denen nicht allzu lange binde und zudem eine hohe Miete verlangen könne.

Am nächsten Morgen klingelt erstmals die Türglocke, denn nun gibt es ja Strom. Filippo steht im Blaumann und mit allerlei Werkzeug vor der Tür, um mir beim Anbringen der Deckenlampen zu helfen. Da unsere Räume extrem hoch sind, etwas über drei Meter, ist das gar nicht so einfach.

Ich turne gerade tollkühn wie ein Hochseilartist auf Filippos Klappleiter herum, als der erste Anruf aus der Zeitungszentrale eintrifft. »Wie läuft es bei Ihnen in Rom? Sie liegen wohl den ganzen Tag am Strand, *dolce vita far niente,* höhöhö«, dröhnt meiner Chefs aus München. »Kommen Sie gut zurecht in *Bella Italia?*«

Jetzt nur keine Blöße zeigen, denke ich mir, schließlich wollte ich unbedingt nach Italien. »Es läuft hervorragend«, frohlocke ich. »Es läuft alles ganz nach Plan. Ich habe sogar schon Strom in der Wohnung.« Dass dies das Einzige ist, was ich bislang zustande gebracht habe, verschweige ich ebenso wie die Tatsache, dass ich den Strand nur kurz beim Landeanflug vom Flugzeug aus gesehen habe.

»Prima«, antwortet der Chef. »Dann können Sie uns ja heute gleich einen Artikel schreiben. Ich weiß schon, Sie haben noch dreieinhalb Wochen Urlaub. Aber gerade haben die Agenturen gemeldet, vor Sizilien sei ein Passagierflugzeug ins Meer gestürzt. Deshalb wollten wir Sie bitten ...«

Wer kann da schon Nein sagen? Dummerweise habe

ich jedoch noch keinen Festnetzanschluss, geschweige denn eine Hochgeschwindigkeits-Internetverbindung. Fünf Minuten später sitze ich daher schwitzend auf meinen Kisten im Büro und versuche verzweifelt, mich über Laptop und Handy ins Internet einzuwählen, um die neuesten Informationen des Zivilschutzes, der Flugsicherung, der italienischen Nachrichtenagenturen und anderer Ämter abrufen zu können. Quälend langsam bauen sich die Seiten auf, und entsprechend quälend gestaltet sich die Fabrikation meines ersten Korrespondentenberichts.

Am nächsten Tag ruft mich ein Freund an und fragt, ob ich bei dem Absturz persönlich dabei gewesen sei. Der Artikel habe sich so gelesen. Womöglich war das als Kompliment gemeint, womöglich auch nicht.

Vier

Langsam werden unsere Kisten weniger und die riesige Wohnung wird wohnlicher. Allmählich entdecken wir auch ihre Besonderheiten. So ist schon am Fußboden zu erkennen, in welchem Trakt wir uns gerade befinden. Diele, Wohn-, Ess- und Arbeitszimmer sind mit einem auberginefarbenen, weiß geäderten Marmor sozusagen hochherrschaftlich ausgelegt. Das wirkt bombastisch, trifft nur leider so gar nicht meinen Geschmack.

»Immerhin ist der Marmor hygienisch und kühl«, meint Antonia. »Und warte erst einmal ab, bis die Weihnachtszeit kommt und sich die Kerzen darin spiegeln. Dann wird der Boden auch dir gefallen.« Sie wird wohl recht behalten.

Unser Schlafzimmer, die Kinderzimmer und der sie verbindende Gang sind mit schönen dunklen Holzdielen versehen. Der dritte Sektor dagegen, zu dem der Hintereingang, ein winziges Zimmer mit Duschklo, die Küche und ein Haushaltsraum gehören, weist ziemlich gewöhnungsbedürftige billige Kacheln mit spinatgrünem Blumenmuster auf. Es besteht kein Zweifel: Dies war einst das Reich der Dienstboten. Wie wir später in anderen Wohnungen des Hauses noch sehen werden, ist dies bis heute in vielen Familien das Reich der Dienstboten, die meist in Gestalt einer Philippinerin lautlos ihren Service verrichten.

Leider haben wir keine Dienstboten. Deshalb beschließen wir, den Servicebereich umzufunktionieren.

Der schmale Hintereingang wird ab sofort zum Haupteingang aufgezackt, da er über eine gepanzerte Tür verfügt. Der ursprüngliche Haupteingang mit seinen beiden eindrucksvollen, aber leicht aufzudrückenden Türflügeln ist dagegen von innen mit zwei langen Vierkanteisen verbarrikadiert und daher ohnehin nur mühsam zu gebrauchen. »Das ist wegen der Einbrecher«, hat uns Filippo schon am ersten Tag beruhigt. »Ohne die Eisenstangen stünden die Banditen im Nu mit dem Messer in der Hand bei Ihnen am Bett.«

Das wollen wir vermeiden. Daher stellen wir die großzügige Flügeltür von nun an außer Dienst. Die elegante Diele soll uns als Raum zum Wäschetrocknen dienen. Später wird sie zudem noch die rasch anwachsende Steine-, Wurzel- und Muschelsammlung von Bernadette und Nicolas beheimaten. Wir selbst und alle Gäste werden also fortan die Wohnung durch den schäbigen Hintereingang betreten. Das Dienstbotenkabuff mit seinem winzigen Fenster und dem Duschklo wandeln wir, so grandios, wie es die Verhältnisse erlauben, in unseren Gästetrakt um.

Freunde mit Auslandserfahrung haben uns schon vor unserem Umzug nach Rom gewarnt, wir würden uns in Italien nicht mehr vor Übernachtungsgästen retten können. Unsere Wohnung würde schnell zum Hospiz mutieren. Wir waren naiv genug, das für übertrieben zu halten.

Am Freitag der ersten Woche inspizieren Antonia und ich unser Werk der ersten Tage. Wir schreiten von Raum zu Raum und stellen fest: Es ist noch nicht gut. Zwar sind bereits die meisten Kisten ausgepackt, zwar schlafen wir längst nicht mehr in Filippos Behelfsbetten, zwar funktionieren – dank erneuter Hilfe des Hausmeisters – mittlerweile auch der Gasherd und die Warmwasserboiler, zwar wird es Licht, wenn wir »es werde Licht« denken und den Schalter drücken. Ein göttliches Gefühl. Doch statt schöner Lampen baumeln großteils noch nackte Glühbirnen von den Decken, die Bücher stapeln sich mangels Regalen auf dem Boden und in Wohnzimmer und Gästetrakt herrscht gähnende Leere. Unsere Möbel reichen einfach nicht aus für diese weitläufige römische Etagenwohnung. Was also tun? Teure Einrichtungsstücke zu kaufen, für die wir dann in ein paar Jahren bei unserer Rückkehr nach Deutschland keinen Platz mehr haben, erscheint uns sinnlos. Also meint Antonia: »Weißt du was, wir fahren heute Abend zu Ikea.«

»Ikea in Rom?«, frage ich ungläubig.

»Genau«, sagt sie. »Ich habe in der Stadt Reklametafeln gesehen.«

Federica klärt uns auf, es gebe sogar zwei dieser Schweden-Center in der Stadt. Freilich lägen beide ziemlich weit außerhalb, im Osten und Süden des GRA, der großen Ringstraße, und am Freitagabend herrsche dort ein einziger Stau.

»Ach was«, sagen wir uns. »Jetzt ist doch August, da wird alles leer sein. Und bei Ikea können wir in aller Ruhe unsere Einkäufe erledigen.«

Schon auf der Ausfallstraße zum GRA merken wir, dass nicht alle Römer ans Meer oder in die Berge gefahren sind. Ein paar Milliarden, so erscheint es uns, wuseln auf ihren *motorini* und in ihren flinken Kleinwagen über die Straßen. Sie wollen offenbar alle zum selben Einrichtungshaus fahren wie wir. Immerhin erhalten wir so eine erste Lektion in Sachen Rushhour in Rom.

Wir fühlen uns, als seien wir auf die Autoscooter-Bahn eines Rummelplatzes geraten. Von allen Seiten schießen Fahrzeuge auf uns zu, um im letzten Augenblick abrupt abzubremsen und Haken schlagend an uns vorbeizuziehen. Zeitgleich dröhnen rechts und links Vespas in aberwitzigem Tempo vorbei. Die Fahrer scheinen, Zentauren gleich, mit ihren Gefährten verwachsen zu sein. In tollkühnen Kurven wuseln sie zwischen den Autoschlangen hindurch. Oft fehlen nur wenige Zentimeter zu einem Crash, doch niemand regt sich darüber auf. Zwar wird ständig aufgeblinkt, gehupt und mit lässigen Handbewegungen gewunken. Doch das alles dient den Römern nur dazu, sich blitzschnell abzusprechen und so in Sekundenbruchteilen jeder neuen Verkehrslage anzupassen. Wir lernen rasch: Nicht Verkehrsschilder, Ampeln und andere Manifestationen abstrakter Regeln ordnen hier den Verkehr, sondern die zur hohen Kunst gereifte Fähigkeit der Italiener, in jeder Lage zu kommunizieren und zu improvisieren. So wird der Straßenverkehr schließlich zur Parabel für das ganze Land.

Voller Bewunderung versuchen wir uns dem Treiben anzupassen. Da ich als Mann schon per definitionem kein Multitasker bin, wie Antonia stets behauptet, besteht sie schon in diesen ersten Tagen darauf, künftig bei all unseren Fahrten in Rom am Steuer zu sitzen. Da sie als Frau schon per definitionem unfähig oder – noch schlimmer – unwillig ist, Stadtpläne und Landkarten zu lesen, wie ich oft zu beklagen habe, stimme ich dieser Rollenverteilung sofort zu. Immerhin: Sie scheint zu funktionieren. Zielstrebig und ohne Karambolagen bewegen wir uns Richtung GRA.

Doch dann passiert es. Wir stehen gerade mitten im Stau, als neben uns am Straßenrand eine *signora* mit ihrem roten Smart auszuparken versucht. Rums – sie bumst an das Vorderauto, rums – sie stößt gegen den hinter ihr stehenden Wagen. Dank dieser Schaukelstrategie bekommt sie ihr Auto nach zwei Minuten frei. Dass dabei mehrere kleine Dellen und Kratzer an den Stoßstangen zurückbleiben, schert in Rom, pardon, keine Sau. Schließlich schlägt die *signora* das Lenkrad scharf nach links ein und schießt aus der Parklücke. Dummerweise steht unser Passat im Weg. Nun ist es wirklich wie Autoscooter. Der Smart prallt schräg gegen die rechte hintere Tür, schrammt die Beifahrerseite entlang, löst sich, zieht abrupt an uns vorbei und verschwindet im Getümmel. Die *signora* würdigt uns dabei keines Blickes.

Zurück bleiben eine faustgroße Delle und ein roter Farbstreifen im silbergrauen Lack unseres Autos. In Deutschland wäre das ein Fall für Polizei und Versicherungen und ein schönes Geschäft für die Vertragswerkstätten der beteiligten Automarken: ausbeulen, umspritzen und dabei gleich noch einen Ölwechsel machen. In Rom dagegen wird einfach weitergefahren. Die Autos sehen daher deutlich mitgenommener aus als in Deutschland. Doch die Fahrer wirken irgendwie glücklicher.

Allerdings ist das Fahren auch in Rom, aller Künste der Italiener zum Trotz, lebensgefährlich. Das gilt vor allem für die vielen jungen, risikofreudigen Easy Rider auf ihren *motorini*. Nahezu täglich sehen wir bei unseren Fahrten durch die Stadt ein auf die Straße geschmettertes *motorino*. Dann wirken diese bunten, munteren, pfeilschnellen Freiheitssymbole auf einmal so traurig und hilflos wie eine auf den Rücken gedrehte Schildkröte. Die meisten unserer Freunde in Rom, die mit dem *motorino* unterwegs sind, haben schon einen oder mehrere, oft ziemlich schwere Unfälle gehabt. Und an manchen Straßenlaternen, etwa in der Via Aurelia Antica, sehen wir die rührenden kleinen Altäre der Verkehrstoten. Ein Foto ist dann an den Laternenmast geklebt, auf dem der Name, das Alter und der Todestag des Motorradfahrers stehen. Drumherum sind frische Blumen, weiße Lilien und leuchtend gelbe Gerbera etwa, gebunden. Die Mama, die Schwester oder die *fidanzata* des Toten erneuern sie oft über viele Jahre.

Da Antonia und ich in Deutschland nie Motorrad gefahren sind, halten wir es für besser, nicht ausgerechnet in Rom damit zu beginnen. »Das heben wir uns für die Zeit auf, wenn wir einmal in der Toskana in Rente leben«, versprechen wir uns halb im Scherz. Unsere römischen Freunde aber sind fassungslos, dass wir nicht mit dem *motorino* fahren, ja, dass wir es nicht einmal können. »Sie haben wirklich nie Vespafahren gelernt, *dottore*?«, fragt mich etwa Filippo immer mal wieder, wenn er mich mit dem Fahrrad losstrampeln sieht. Dabei mustert er mich in einer Weise, dass ich mich asozial und grenzdebil fühle. Ich versuche ihm zu erklären, in Deutschland sei das Fahrrad im Straßenverkehr sehr populär, deswegen führen dort keineswegs alle jungen Leute Motorrad. Doch das kann er einfach nicht glauben.

Endlich auf dem GRA angekommen, machen wir eine weitere Entdeckung: Auf normalen Autobahnen fahren die Italiener üblicherweise auf der linken Spur. Bei starkem Verkehr ist sie daher stets verstopft. Schon auf der mittleren Spur ist deutlich weniger los und rechts tummeln sich allenfalls noch ein paar polnische Lastwagenfahrer. Schließlich möchte jeder hier im Lande auf der Überholspur fahren, egal mit welchem Tempo. Das ist man sich schon schuldig. Ganz anders aber auf dem GRA: Auf dieser Stadtautobahn rund um Rom gibt es per definitionem keine Überholspur, da auf allen Fahrspuren überholt werden darf. Die Folge: Die Autofahrer verhalten sich vernünftig. Rechts fahren die Langsamen – sie vergeben sich hier auf dem GRA ja nichts. Links fahren die Schnellen. Deshalb geht es auf der Ringstraße oft erstaunlich gut voran, manchmal sogar besser als auf dem Mittleren Ring in München.

Jetzt aber ist Freitagabend, und wer noch nicht an der Küste oder in den Bergen weilt, der will nun dorthin – oder zu Ikea. So dauert es fast zwei Stunden, bis wir den riesigen blauen Flachbau mit der gelben Aufschrift in der Nähe der Autobahnauffahrt nach Napoli erreichen. Wunderbarerweise finden wir schnell einen Parkplatz, da sich einige Immigranten gegen ein kleines Trinkgeld als Einweiser behilflich zeigen. Schon saugt uns die Rollrampe ins Innere des Einrichtungshauses – und katapultiert uns aus Rom und Italien heraus. Ikea ist, wie Hilton oder McDonald's, einer jener globalen Orte, die überall zwischen Malmö und Mumbai, Miami und Manila gleich sind: gleiche Einrichtung, gleiches Licht, gleicher Geruch, gleiche Namen. So treffen wir viele alte Bekannte wie Billy, das Wandregal, oder Molger, den Handtuchhalter. Ausstellung und Verkauf sind hier exakt so wie in Deutschland organisiert. Und die Italiener halten sich erstaunlicherweise an die schwedischen Regeln. Sie stellen sich diszipliniert wie die Briten an den Kassen an und sie essen sogar die seltsamen Dinge, die in allen Ikea-Restaurants angeboten werden: Köttbullar etwa, nach Sägemehl schmeckende Hackfleischbällchen in Rahmsauce, oder Rispanna, die schwedische Reispfanne mit Lachs und Hühnchen.

Eines aber ist anders und beweist, dass wir in Italien sind. Mitten in dem riesigen Speisesaal steht ein hell erleuchteter Glaskasten, der aus der Ferne an eine Folge von Aquarien erinnert, aus der Nähe an eine Reihe futuristischer Telefonzellen. In den Glaskäfigen sitzen und stehen die Raucher und frönen ihrem Laster. Einige Kinder drücken sich von außen die Nasen an den Scheiben platt, um die in Quarantäne qualmenden Männer und Frauen zu begaffen. Unwillkürlich sehen Antonia und ich uns nach Erdnussautomaten zum Füttern der seltsamen Wesen um. Die Raucher wirken bei all der Aufmerksamkeit, die ihnen da entgegenschlägt, ein wenig gehemmt, uncool geradezu. Doch was können sie schon tun?

Italien führte Anfang 2005 über Nacht ein striktes Rauchverbot für Restaurants und Bars ein. Ursprünglich sollte das Interdikt bereits vom 1. Januar an gelten, aber das war wegen der Neujahrsfeiern nicht durchsetzbar. So ist es nun eben seit dem 10. Januar 2005 nur noch in abgeschlossenen Raucherräumen mit separater Lüftung erlaubt, sich eine Zigarette oder den traditionsreichen *mozzicone,* einen Zigarrenstummel, anzustecken. Bei Verstößen droht ein saftiges Bußgeld – und zwar besonders für den Wirt.

Was wohl keiner in Europa geglaubt hätte, das geschah – und gleicht einem Wunder: Die Italiener, durchaus ein Volk starker Qualmer, hielten sich vom ersten Tag an nahezu ausnahmslos an das Rauchverbot. Wer weiter qualmt, der tut dies brav in Separees mit Sonderbelüftung, wie das Gesetz es befiehlt. Da die wenigsten Lokale solche Giftlerzimmer einrichten können, bleibt den Rauchern nur, nach draußen vor die Tür zu gehen. Das ist im milden Rom meist nicht schlimm, im kalten L'Aquila, der Abruzzen-Hauptstadt, dagegen schon. Immerhin haben viele Wirte nun Heizpilze vor ihren *trattorie* und *locande* aufgestellt, an denen sich die Verbannten wärmen. Für Nichtraucher dagegen sind wunderbare Zeiten angebrochen. Sie können sich die Nächte in den Restaurants und Kneipen von Trastevere um die Ohren schlagen, ohne danach Pullover und Sakko tagelang zum Lüften auf den Balkon hängen zu müssen. Der Geruch kalter Asche, der einer durchzechten Nacht so zuverlässig wie der Kater folgte, ist in Italien verflogen.

Schnell haben sich alle daran gewöhnt. Wie genau die neue Regel im Land der Genüsse und der Genießer befolgt wird, werden wir bei unserem ersten Heimaturlaub bemerken. Wir sitzen gerade in unserer Münchner Lieblingstrattoria und warten aufs Essen, als sich ein Freund eine Zigarette anzündet. Entsetzt schreien unsere Kinder wie aus einem Munde: »Aber das darfst du doch nicht.« In jener Münchner Nacht hängen wir wieder unsere Pullover nach draußen.

Die Bewohner der stiefelförmigen Halbinsel stehen ja eigentlich in Verruf, sich eher wenig um Gesetz, Recht und Regeln zu scheren. Vorschriften, von der Geschwindigkeitsbegrenzung bis zur Steuerpflicht, werden hier lediglich als Empfehlungen aufgefasst, die man je nach den Umständen befolgen oder verwerfen kann – so heißt es in der einschlägigen Literatur über den Homo italicus. Wer länger hier lebt, wird bestätigen: Dieses Klischee stimmt. Meistens, aber nicht immer. Denn bisweilen können italienische Polizisten, Schalterbeamte oder Hausverwalter eisern und kleinlichst auf der Erfüllung der abwegigsten Vorschriften beharren oder bei Gesetzesverstößen aberwitzig hohe Geldstrafen verhängen. Ob das geschieht oder nicht, folgt strikter Willkür, das heißt, es hängt von der jeweiligen Stimmungslage des Vertreters der Obrigkeit ab.

So kann es Urlaubern im meist toleranten *bel paese* durchaus passieren, dass sie für den Kauf eines gefälschten Gucci-Gürtels bei einem Straßenhändler richtig zur Kasse gebeten werden. Einer dänischen Touristin, die sich eine falsche Dior-Sonnenbrille zugelegt hatte, wurden unlängst in Ventimiglia an der ligurischen Riviera 10 000 Euro Strafe aufgebrummt. Der Hinweis, dass eine Straße weiter unzählige Produktpiraten ihre Schätze mitten auf den Gehsteigen ausbreiten und von den vorbeiflanierenden *carabinieri* völlig unbehelligt bleiben, nützt dem Ortsfremden in solchen Fällen gar nichts. Schließlich kann sich die Obrigkeit auf den alten Rechtssatz berufen: keine

Gleichheit im Unrecht. Wer selbst frevelt, soll nicht darauf bauen können, dass ein anderer Frevler straflos bleibt. *Così fan tutte* – das gilt selbst in Italien nur bedingt.

Nun gibt es in Italien mehr Gesetze, Rechtsverordnungen und Satzungen, mehr geschriebenes Recht also, als in den meisten anderen Ländern der Welt. Daher gilt hier theoretisch der Grundsatz: Was nicht ausdrücklich erlaubt ist, das ist verboten. Da der italienische Bürger unmöglich alle Vorschriften einhalten kann, wenn er überleben möchte, hat er die Kunst des *arrangiarsi* entwickelt. Er schlängelt sich zwischen den Paragraphen hindurch wie ein *motorino*-Fahrer zwischen den Autos, und wenn er dabei mit diesem oder jenem Gesetz kollidiert, dann fährt er einfach weiter.

Die Folge: Der Bürger lebt ständig im Unrecht und in der Furcht, von der Finanzpolizei, den *carabinieri,* der *polizia dello stato,* den *vigili urbani* oder irgendeinem grauen Bürokraten aus dem Bauamt beim Schopf gepackt zu werden. Diese Angst macht den italienischen Bürger, der ja eigentlich Herr im Staatshaus sein sollte, zu einem renitenten Untertanen. Er versucht, so gut es eben geht, sich dem Staat zu entziehen oder ihm eins auszuwischen. Der Staat reagiert darauf, indem er noch mehr Gesetze verabschiedet und gelegentlich zum drakonischen Vollzug schreitet. Der Bürger dagegen findet immer neue Lücken und Listen – ein Teufelskreis. Auch deswegen stößt ein Politiker wie der Medienmagnat Silvio Berlusconi auf so viel Sympathie. Nicht obwohl, sondern weil er in zahlreiche Strafprozesse verwickelt war und als Premierminister vor allem mit der Justiz kämpfte, gilt er vielen Italienern als vertrauenswürdig und bewundernswert.

Doch zurück zum Rauchverbot. Warum wird es noch in der hintersten Kneipe im letzten Dorf Kalabriens, wo sich Fuchs und Hase definitiv gute Nacht sagen, klaglos eingehalten? Warum entsagen die Italiener hier der Kunst des *arrangiarsi*? Die Soziologen werden noch eine Antwort darauf finden müssen. Meine persönliche Theorie lautet: Die Italiener finden das Rauchverbot sinnvoll. Sie haben die neue Norm des Staates geprüft – und gebilligt. Nur deshalb halten sie sie ein. So erweisen sie sich, auf Umwegen, doch noch als die Herren im Hause und zeigen ein Maß an praktischer Vernunft, um welches andere Völker wie die *tedeschi* sie beneiden.

Über solchen Gedanken vergeht selbst ein Freitagabend bei Ikea. Schon haben Antonia und ich je neun Stück Köttbullar ohne schwerwiegende Folgen verspeist und, mit Hilfe der afrikanischen Immigranten vom Parkplatz, fünf Billy-Regale, zwei Molger, eine Jeans-Couch für das Gästezimmer, dazu mehrere Stehlampen, Badteppiche, Geschirrhandtücher und einen Sessel namens Ektorp Tullsta in und auf unserem Auto verstaut. Zwei weitere Fahrschulstunden bei mehr als 30 Grad im nächtlichen römischen Verkehr später sind wir wieder in Prati vor unserem Haus angelangt. Filippo hat natürlich längst den Schalter geschlossen. Ich wage es nicht, ihn zu stören. Im Auto wollen wir unsere Beute jedoch auch nicht lassen. So beginnen wir – der Aufzug ist leider zu eng – Billy und seine Gefährten die Treppen hochzuschleppen. Danach trage ich mich mit dem Gedanken, den Besuch einer Rückenschule in meine Prioritätenliste aufzunehmen.

Fünf

Von Schmerzen gepeinigt stehe ich an diesem Samstagmorgen auf und krieche zur Bar um die Ecke, um Hörnchen für uns zu holen. *»Buon giorno, dottore«*, begrüßt mich Massimo, der *barista*, der mich bereits kennt, mit einem mitleidigen Blick. *»Come va?«*

»Hervorragend«, lüge ich routiniert und bitte um einen dreifachen *caffè*. Danach fühle ich mich besser. Es wird auch Zeit. Schließlich müssen wir zum Flughafen. Es gilt, unsere Kinder in Deutschland abzuholen.

Wir haben Nicolas und Bernadette am Telefon immer wieder vorgeschwärmt, wie gut uns Rom gefalle, wie groß unsere Wohnung sei und wie herrlich man darin spielen könne. Endlich fallen wir uns am Flughafen München in die Arme. Nach der Verabschiedung von den Großeltern geht es sofort zurück nach Rom. Während des Flugs streiten die beiden, wer am Fenster sitzen darf. Sie staunen über die hohen Gipfel der Alpen und über die runden Vulkanseen nördlich von Rom. Erwartungsfroh treffen sie schließlich mit uns am Flughafen Fiumicino ein. Wir nehmen ein Taxi in die Innenstadt, um den Kindern – und uns – bei der Hitze die langwierige Fahrt mit Zug und Bus zu ersparen.

Wie ich in den kommenden Monaten noch herausbekommen werde, lassen sich die römischen *tassisti*, die Taxifahrer, in drei Spezies einteilen: 1. die Landesliebhaber; 2. die Fußballfans; 3. die Politiker-Fresser. Dieses Mal haben wir Glück. Unser Fahrer gehört zur ersten Kategorie. Höflich erkundigt er sich, ob wir Touristen und das erste Mal in Rom seien. Wir antworten ebenso höflich wie bestimmt, in unserem Falle handele es sich beileibe nicht um Touristen, sondern um Römer – Neu-Römer genau genommen.

Der *tassista* nimmt das mit skeptischer Miene hin und fragt, wie uns die Stadt gefalle. Dann beginnt er, ohne die Antwort abzuwarten, über die vielen Mängel Roms und Italiens zu klagen, den Verkehr, den Müll, die korrupten Politiker, die hohe Steuerlast, die unpünktlichen Flugzeuge und das dämliche Fernsehprogramm. Diese Litanei ist ein beliebter und gefährlicher Eröffnungszug der Römer im Gespräch mit Ausländern. Der Neuling darf da, das haben wir bereits gelernt, bloß nicht den Fehler begehen, in das Wehklagen einzustimmen. *Ci mancherebbe* – das wäre ja noch schöner! Quod licet Jovi non licet bovi.

Die einzige korrekte Reaktion des Fremden in solchen Fällen besteht in einem flammenden Protest: »Sie mögen ja recht haben, aber ...«, hat die Replik zu beginnen, »glauben Sie bloß nicht, dass es bei uns in Deutschland (Frankreich, England, Amerika, Burkina Faso etc.) besser ist! Im Gegenteil! Da sind die Missstände noch viel schlimmer. Im Übrigen hat sich in Rom doch so vieles verbessert, seit ich das letzte Mal vor zehn (20, 65) Jahren als Pilger (Austauschschüler, Wehrmachtssoldat) da war. Die Luft ist sauberer (was sogar stimmt), das Bussystem ist zuverlässiger (stimmt ebenfalls) und das Fernsehprogramm hat geradezu einen Qualitätssprung gemacht (eine dreiste Lüge, den Wehrmachtssoldaten einmal ausgenommen).«

Damit ist der Boden bereitet, um die unbestrittenen Vorzüge des ganzen Landes zu loben. »Diese Geschichte, diese Kunst, diese Küche, diese herzlichen, schönen, intelligenten und schöpferischen Menschen«, gilt es zu schwärmen. »Ein Leben reicht nicht aus, um alle Schönheiten Italiens kennenzulernen (was in jeder Beziehung stimmt).«

Jetzt wird eine Wandlung in dem Gesprächspartner vorgehen. Der eben noch freundlich abwartende Römer wird einem nun um den Hals fallen – was auf Taxifahrten nicht ungefährlich sein kann – und begeistert in das Loblied auf sein Land einstimmen. »Genau«, wird er sagen und mit der Faust auf das Lenkrad eintrommeln, »nirgendwo lebt es sich besser als in Italien. Stellen Sie sich nur vor, was wir vergangenes Weihnachten alles gegessen haben …« Es folgt eine Aufzählung, die einem das Wasser im Mund zusammenlaufen lässt. »Und dann unsere vielen Regionen: *l'Alto Adige* (Südtirol), *la Toscana, Sicilia* – Ah! Waren Sie zum Beispiel schon einmal im Frühling bei Sonnenuntergang auf der Insel Salina vor der sizilianischen Nordküste?«

Spätestens jetzt zahlt es sich aus, wenn man in den vergangenen Jahrzehnten seine gesamte Freizeit auf Reisen in Italien verbracht hat und – deutsche Gene determinieren – generalstabsmäßig auch noch den hinterletzten Ort besichtigt hat. »Ja, ja, Salina im Frühjahr bei Sonnenuntergang ist schon ein Gedicht«, kann man dann kontern. »Besonders, wenn man auf jener kleinen Steinbank unter dem Feigenbaum zwischen den weißen Inseldörfern Leni und Rinella sitzt und aufs Wasser schaut. Aber noch schöner ist es auf der winzigen Insel Alicudi, zwei Tragflügelbootstunden entfernt, finden Sie nicht auch?«

Nun kann ein Italien-Ping-Pong folgen, das sich gewaschen hat. Man schmettert sich gegenseitig die Schönheiten des Landes um die Ohren, dass es nur so kracht. Hitzige Diskussionen entfachen: Wo gibt es die beste Mozzarella? Warum ist umbrisches Olivenöl dem apulischen vorzuziehen? Und weshalb sollte Noli den schönsten Strand Liguriens besitzen? Am Ende der Taxifahrt sind alle enttäuscht, dass es schon vorbei ist. Es gäbe noch so viel zu erzählen von *Bella Italia*. *»Alla prossima volta!«*, verabschiedet man sich gerührt. »Bis zum nächsten Mal!« Man hat einen neuen Freund gewonnen.

Auf dieser Fahrt vom Flughafen nach Prati läuft es dagegen ein wenig anders. Der *tassista* überrascht mich alsbald auf dem falschen Fuß. »Wo fahren Sie denn am Wochenende hin, wenn Sie von Rom aus schnell ans Meer wollen?«, fragt er lauernd, um dann rasch zuzuschlagen. »Ich jedenfalls gehe am liebsten nach Santa Severa.«

Zerknirscht muss ich einräumen, noch nie dort gewesen zu sein, ja noch nicht einmal von diesem Ort gehört zu haben.

Der Taxifahrer triumphiert. »Sie waren noch nieeee in Santa Severa?«, schreit er in gespielter Enttäuschung. »Dabei ist das der mit Abstand schönste Ort an der Küste vor Rom. Schnell zu erreichen, und doch weit genug weg, um den Abwässern der Stadt auszuweichen. Und dann das alte Kastell, die Fischlokale, der feine, flache, von Muschelschalen schimmernde Strand – sogar unsere Präsidenten machen dort Urlaub!«

Nicolas und Bernadette hören aufmerksam zu, während wir ihnen in aller Kürze das Gespräch übersetzen. Sie tuscheln miteinander. Dann meint Nicolas: »Wir wollen nicht nach Rom, wir wollen nach Santa Severa, ans Meer. Dort gibt es sicher Haie.«

»Nichts da«, sage ich. »Papa und Mama müssen in Rom erst mal jede Menge erledigen. In den nächsten Jahren kommen wir dann noch oft genug ans Meer.«

Wir steigen aus und zahlen mit Bedauern die 40 Euro plus Trinkgeld, die das Taxi vom Flughafen kostet. Schließlich wissen wir noch nicht, dass allein der Santa-Severa-Tipp jeden Euro wert ist.

Den Kindern gefällt vor allem der Aufzug in unserem Palazzo. »In dem Drahtkäfig könnten wir doch gut einen Affen halten«, schreit Nicolas. Auch die Wohnung sei schön, findet Bernadette, nach einer ersten Erkundungsrunde. »Nur ein bisschen klein, oder Papa?« Ich habe offenbar am Telefon zu viel geschwärmt. Wir zeigen den beiden ihre Kinderzimmer und sie beginnen sofort, ihre Spielsachen aus den Kisten zu packen. »Die sind jetzt erst einmal für ein paar Tage beschäftigt«, meine ich lachend zu Antonia. »Derweil können wir weiter die Wohnung einrichten.«

Außerdem gilt es ja noch ein paar harte Brocken aus meiner Erledigungsliste abzuarbeiten, den Telefonanschluss etwa oder die Aufenthaltsgenehmigung. Doch als ich gerade dabei bin, mich durch die automatischen Ansagen der Telecom zu wählen, dröhnt es aus dem Kinderzimmer: »Uns ist heiß! Uns ist langweilig! Wir wollen ans Meer!«

Wie von einer Hornisse gestochen springe ich auf und rase hinüber. »Das gibt es doch nicht, dass euch jetzt schon langweilig ist! Ihr seid gerade einmal eine halbe Stunde in unserer neuen Wohnung in Rom! Wie soll denn das werden! Natürlich ist es in Italien im Sommer heiß. Aber ihr beiden scheint mir die Hitze ganz gut zu vertragen, besser als Mama und ich jedenfalls.«

Bernadette sieht mich mit ihren großen braunen Augen an. Ihr Gesicht ist gerötet. »Das darfst du nicht glauben, Papa«, stöhnt sie. »Wir schwitzen wie die Schweinsbären.«

Antonia und ich müssen lachen. Die Kinder haben recht. Wir können bei dieser Hitze nicht einfach den ganzen August durcharbeiten. Der Familienrat tritt zu einer ersten römischen Krisensitzung zusammen und er beschließt mit vier zu null Stimmen: Morgen früh geht es nach Santa Severa.

Die Römer sind keine Frühaufsteher, schon gar nicht am Sonntag. Deshalb sind wir bereits nach einer guten halben Stunde Autofahrt um acht Uhr morgens am Strand. Der Anblick überwältigt uns. Glatt und friedlich und leuchtend blau wie ein oberbayerischer Sommersee liegt das Meer vor uns. Harmlose, flache Wellen schwappen an den Strand der mondsichelförmigen Buchten, die durch aufgeschüttete Felsbrocken vom offenen Meer abgetrennt sind. Die Sonne steht noch recht tief und taucht die hübschen weißen Villen mit ihren grünen Gärten, die Palmen der Uferpromenade und die menschenleeren Reihen der gelben, grünen und blauen Liegestühle in das Augustlicht. Amseln trillern, Möwen krächzen und ab und an lässt ein zärtlicher Wind die Palmwedel rascheln.

Wir sehen uns an. Das hier ist nur ein ganz gewöhnlicher, kleiner italienischer Familienbadeort mit seinen Ferienhäuschen, Eisdielen und Badeanstalten. Doch es ist zugleich das Paradies. Mir ist, als ob meine Kindheitserinnerungen vom ersten Mittelmeerurlaub in Santa Margherita auf einmal wieder Gegenwart seien. Unfassbar erscheint mir der Gedanke: Dieses Paradies wird in den kommenden Jahren direkt vor unserer Haustür liegen – Strand und Meer, jederzeit verfügbar für einen langen, verbummelten Sonntag mit *spaghetti con vongole* und *fritto di paranza* zum Mittagessen oder für einen kurzen Abendspaziergang unter der Woche, so wie in München die Isarauen. Seit diesem Tag ist Santa Severa unsere Zuflucht, wenn uns Rom, die Kapitale, mal wieder mit ihrem prächtigen Chaos überwältigt. Wenn wir wieder einmal Stunden vergeblich in einer Behörde verbracht haben. Wenn uns die Sommerhitze der Stadt zerfließen lässt und der Verkehrslärm den Kopf flutet. Oder wenn ich den x-ten Artikel über die x-te italienische Regierungskrise geschrieben habe.

Wir blicken uns genauer um. Südlich der Sichelbuchten beginnt ein langer, offener, feiner Sandstrand,
blitzsauber und frisch gerecht. Bernadette und Nicolas
stürzen sich gleich auf die unzähligen kleinen perlmuttfarbenen, rosafarbenen und bläulichen Muschelschalen, die uns der Taxifahrer verheißen hat. Daneben
entdecken sie die blassrötlichen Gehäuse und Zangen
der Taschenkrebse, schneeweiße, schildförmige Skelette von Tintenfischen und hübsche, fein geäderte Kieselsteine in allen Farben. Jauchzend laufen unsere
Kinder durchs seichte, warme und erstaunlich klare
Wasser. Dann machen sie sich daran, die erste Sandburg zu bauen.

Am Ende des Strandes steht eine richtige Burg am
Wasser, wuchtig, kompakt, lehmfarben, wie eine marokkanische Kasbah. Wir schlendern vor und sehen sie
uns näher an. Hinter dem Kastell mit seinen runden
Sarazenentürmen liegt ein befestigter, von drei Mauerkränzen geschützter mittelalterlicher *borgo*. Der untere Teil der Außenmauern besteht aus riesigen, unregelmäßigen Felsbrocken, die so perfekt ineinander
eingepasst sind, als hätten Zyklopen sie zusammengepresst. In einem kleinen Marinemuseum im Inneren
des *borgo* erklärt uns ein Herr, die Mauern seien mehr
als zweitausend Jahre alt. Burg und *borgo* seien im
Mittelalter auf etruskischen und römischen Ruinen errichtet worden.

Im *borgo* mit seinen kleinen, von Palmen und Bougainvilleen bestandenen Plätzen sind heute mehrere
Kunstgewerbeläden untergebracht, in denen schöne,
vielfarbige Keramiken verkauft werden. Vor einem
Häuschen bastelt ein Alter liebevoll an Miniaturmodellen historischer Segelschiffe. Auch allerlei Ritterutensilien bis hin zur Rüstung werden verkauft – zur
Freude von Nicolas.

Mittlerweile ist es fast unerträglich heiß geworden,

für unsere Verhältnisse jedenfalls. Am Strand rücken nun die römischen Badelegionen an: Großfamilien mit Tupperdosen voller Nudelsalat, Gruppen von Halbwüchsigen mit ihren iPods, ältere Herren mit eleganten, garantiert markenechten Sonnenbrillen und mehreren Zeitungen bewaffnet und die *signorine*, die in ihren winzigen Bikinis – aber nie oben ohne, *non si fa* – an der Wasserlinie entlangtänzeln, unter den wachsamen Blicken der allzeit einsatzbereiten Bademeister auf den hölzernen Hochsitzen.

Obwohl es annähernd 40 Grad Lufttemperatur hat, geht nur eine Minderheit ins Meer. Und diese Minderheit planscht im knietiefen Wasser in Ufernähe. Kaum einer schwimmt im eigentlichen Sinne. Schon nach 20, 30 Metern kann man das Meer für sich alleine genießen, sofern man nicht gerade von einem Surfer gerammt, einem Schnorchler harpuniert oder einer *medusa* geküsst wird – was alles zum Glück nicht allzu häufig passiert.

Warum also fahren – fast – alle Italiener im August ans Meer? Jedenfalls nicht, um zu schwimmen. Unsere empirischen Studien ergeben: Hauptzweck ist immer noch das Sonnenbad. Allen Hautkrebsstudien zum Trotz räkeln sich Jung und Alt stundenlang und schattenlos in der gleißenden Mittagshitze. Die *abbronzatura* wird bereits im Frühjahr zielstrebig aufgebaut. Bis zum Herbst sollte mindestens der Farbton einer Schokolade mit 75 Prozent Kakaogehalt erreicht sein. Dafür gilt es zu schwitzen und zu leiden. Denn Bräune hat ihren Preis.

Heißt das nun, die Italiener sind eher unsportlich? Keineswegs. Im Gegenteil. Sport wird derart ernst genommen, dass er nicht einfach so beiläufig, freizeitmäßig wie bei uns in Deutschland betrieben wird. Der Italiener schwimmt nicht amateurhaft ein paar hundert Stöße im Meer herum, *ci mancherebbe*, er zieht in der *piscina*, im Sportschwimmbad, seine Bahnen. Er radelt nicht in Jeans und Sweatshirt und mit Picknickkorb über die Dörfer, sondern stiert im neonfarbenen, hautengen Profidress auf Rennrädern mit salamischeibendünnen Reifen die Schnellstraßen entlang. Er geht nicht spazieren, schon gar nicht allein im Wald, sondern er joggt *in compagnia*, in Begleitung von Freunden, durch die Stadtparks. Selbst das Bergwandern wird, wenn überhaupt, als Leistungssport betrieben.

Einer der Cornetti-Brüder aus unserem Palazzo etwa erzählt uns einmal, er steige jeden Sonntag mit einem Freund auf den 2216 Meter hohen Monte Terminillo, den höchsten Berg Latiums. Nicht zum Vergnügen natürlich, sondern zum Training. Im Übrigen boomen die *palestre*, die Fitnesscenter, in denen die Römer nach der Arbeit bis tief in die Nacht *bella figura* machen. Am Meer dagegen wird auf Teufel komm raus gebräunt. Aber selbst das ist bei der Affenhitze anstrengend genug.

So viel Arbeit muss natürlich belohnt werden. Deswegen sind die Strandrestaurants in Santa Severa auch rasch überfüllt. Wer zu spät kommt, dem bleibt nur die *pizza al taglio* im Stehen. Wir haben an jenem ersten Santa-Severa-Sonntag Glück. Wir bekommen einen Tisch auf der schattigen Veranda des Saraceno, der schon bald unsere Lieblings-Badeanstalt werden wird. Der *padrone*, seine Frau, diverse Töchter, Cousinen und deren Freunde, kurz gesagt, die komplette, allem Servicestress zum Trotz stets freundliche Großfamilie schuftet von Ostern bis in den Oktober hinein von morgens um sieben bis weit nach Mitternacht, um den Traum vom italienischen Strandleben möglich zu machen. Mit *caffè* und *gelato* zu jeder Tageszeit, einem üppigen *pranzo*, Mittagessen, Campari und frisch belegten *tramezzini* gegen Abend, sauberen Toiletten,

Duschen mit kräftigem Wasserstrahl, gepflegten Liegen, Strandsesseln, Schirmen, einem makellosen Sandstreifen, dem Volleyball-Feld, allerlei Bötchen und der Sicherheit eines aufmerksamen Bademeisters.

Wir dachten bis dahin, eine italienische Badeanstalt zu betreiben sei ein Zuckerschlecken – mit Sonne, Strand und Meer als Arbeitsmitteln statt Neonlampe, Fließband und Computer. Nun sehen wir, wie sehr wir uns da getäuscht haben. Von wegen *dolce vita*!

»Ich sage Ihnen, ich bin froh, wenn's vorbei ist und endlich der Oktober kommt«, seufzt Signora Gualdini, die geduldige Wirtin des Saraceno, als wir an diesem Nachmittag erstmals mit ihr ins Gespräch kommen. »Wir arbeiten momentan achtzehn Stunden am Tag, die ganze Woche. Das halten Sie nicht ewig durch!« Deswegen machten sie Mitte Oktober alles dicht. Dann gebe es noch vier Wochen reichlich Arbeit – um Schirme zu flicken, die Bar zu weißeln und die ganze Anlage mit Brettern zu vernageln, zum Schutz vor den salzigen Winterwinden. »Danach kann ich dann ein paar Monate ausruhen, und die brauche ich auch«, sagt sie, während ihr ein halbes Dutzend Kinder Geldstücke auf der flachen Hand entgegenstrecken und nach verschiedenen Eissorten schreien. »Ja, der Winter«, schmachtet sie mit sehnsüchtigen Augen. »Wenn es Ihnen schon jetzt im August hier in Santa Severa gefällt, dann lassen Sie sich überraschen, wie schön es erst im Januar sein wird!«

Glücklich wie die Könige mit unserem ersten Ausflug fahren wir vier am Spätnachmittag nach Hause. »Es ist so schön in Italien«, meint Nicolas, während wir an Hügeln voller Akazien, Pinien und Eukalyptusbäumen vorbei über die autobahnartig ausgebaute Via Aurelia Richtung Rom fahren. Ein wenig schläfrig von Sonne und Meer schauen die Kinder aus dem Fenster.

Plötzlich ruft Bernadette: »Sieh mal, Mama! Was machen denn die Frauen da mitten auf der Autobahn?« Bei den Damen handelt es sich um Prostituierte, die in ihrer knappen Arbeitskleidung auf den Leitplanken in der Mitte der Schnellstraße sitzen. Zwei von ihnen haben sich einen Sonnenschirm aufgestellt, sitzen darunter und lesen Zeitung.

»Die machen offenbar Picknick«, meint Antonia rasch.

Doch damit lassen sich die Kinder nicht abspeisen. »Wieso machen die hier Picknick?«, hakt Nicolas nach. »Da ist es doch gar nicht schön. Wieso gehen die denn nicht an den Strand?«

»Vielleicht wollen sie ja dorthin und warten auf den Bus«, komme ich Antonia zur Hilfe.

»Man macht doch kein Picknick, wenn man auf den Bus wartet«, ruft Nicolas empört.

»Tja, dann weiß ich es auch nicht«, sage ich beiläufig. Das Thema bleibt uns in Rom erhalten. Zumal die oft aus Schwarzafrika und Osteuropa stammenden Damen auch noch im Winter und selbst bei heftigem Regen an den Ausfallstraßen der Hauptstadt unverdrossen Picknick machen.

Zu Hause angekommen, finden wir den gesamten Palazzo still und dunkel vor. Auch Federica und Filippo sind offenbar nicht da. Ich suche den passenden Bartschlüssel für das Portal und drehe ihn im Schloss. Knarzend springt die schwere Holztüre auf. Wir treten in die dunkle Eingangshalle, atmen tief die kühlere Luft ein, drücken auf den Aufzugsknopf. In diesem Augenblick geht es los.

Ich habe den Zweiten Weltkrieg nicht miterlebt, aber etliche schauderhafte Erzählungen von Verwandten über den Fliegeralarm gehört. So ungefähr muss das gewesen sein. Ein markerschütterndes, pulsierendes Geheule bricht aus allen Ecken des Palazzo über uns herein. »WÄÄÄÄÄAP! WIIIIAP! WÄÄÄÄÄAP!« Mir ist, als flöge mir eine Kreissäge in Überschallgeschwindigkeit um den Kopf, immer schneller, immer enger. Hätte ich mehr Haare, sie stünden mir senkrecht zu Berge. Mein ganzer Körper beginnt zu vibrieren, mein Magen lehnt sich auf. Schweiß bricht mir aus. Hilflos zucke ich vor und zurück, wie ein Huhn vor dem Überqueren einer Autobahn.

Die Kinder versuchen, sich die Ohren zuzuhalten, schreien: »Mama! Papa! Hilfe! Was ist das?«

Wir hören sie kaum. »WIIIIAP! WÄÄÄÄÄAP! WIIII-IAP!« Es wird immer lauter. Der Boden scheint zu zittern, sich aufzuwerfen. Es gibt kein Entrinnen. Die Posaunen blasen zum Jüngsten Gericht.

Als Erstes fasst sich Antonia. »Mist, die Alarmanlage«, brüllt sie mir ins Ohr. »Du hast vergessen, die Alarmanlage auszustellen.«

»Wieso ich?«, brülle ich zurück, »du hättest doch genauso daran denken können.«

»Ist doch egal«, schreit Antonia, »stell sie jetzt endlich aus! Schnell!«

»WÄÄÄÄÄAP! WIIIIAP! WÄÄÄÄÄAP!«

Die Alarmanlage! Filippo hat sie mir am ersten Tag kurz erklärt. Die Anlage in unserer Wohnung funktioniert noch immer nicht, diejenige für die Eingangshalle und das Treppenhaus des ganzen Palazzo dagegen umso besser. »Wenn ich im Dienst bin, ist sie abgestellt. Nachts und am Sonntag aber ist sie scharf«, hat mich der Hausmeister gewarnt. Wenn ich da heimkäme, müsse ich sofort einen vierstelligen Code in ein kleines Kästchen rechts der Haustüre tippen. Daraufhin gehe eine Kontrolllampe aus. Danach müsse ich den Code nochmals eingeben, um den Alarm wieder scharf zu stellen. Insgesamt habe ich 120 Sekunden Zeit, um mich schadlos in meine Wohnung zu begeben.

»Wehe, Sie machen etwas falsch«, drohte Filippo ungewohnt harsch. »Dann wird es fürchterlich, *dottore*.«

Nun ist es fürchterlich. Verzweifelt suche ich nach dem Lichtschalter, finde ihn aber nicht. Also muss ich den Code nach Gefühl in das Kästchen tippen. »Falls Sie sich vertun, lässt sich der Alarm fünf Minuten lang gar nicht mehr abstellen«, hat Filippo gewarnt. Natürlich vertippe ich mich.

»WIIIIIAP! WÄÄÄÄÄAP! WIIIIIAP!«, kreischen die Furien grässlicher los als zuvor. Das jüngste Gericht hat entschieden. Die Pforten der Hölle öffnen sich. Wir sind verdammt – wenn schon nicht für alle Ewigkeit, so doch für fünf endlose Minuten.

Zu welchem Heiligen beten die Italiener beim Läuten einer Alarmanlage? Ich bin sicher, es gibt einen. Denn in Italien existiert ein *santo* für alle Fälle. Nur hilft mir das jetzt auch nichts, schließlich kenne ich seinen Namen nicht.

In diesem Augenblick naht weltliche Hilfe. Die Tür zur Hausmeisterwohnung öffnet sich wie von Geisterhand. Heraus kommen Federica und Filippo. Ein wenig derangiert sehen sie aus, in Hausschlappen ohne Socken, die Haare verwuschelt, die Gesichter gerötet. Aber das ist mir in diesem Augenblick völlig egal. »Dottor Uuulrik!«, schreit Filippo und ringt die Hände. »*Cosa ha combinato!* – Was haben Sie denn da angerichtet!«

Ich weiß nicht wie, doch irgendwie stehen wir dann alle gemeinsam die fünf Minuten durch. »WÄÄÄÄÄAP! WIIIIIAP! WÄÄÄÄÄAP!« Danach zieht Filippo eine Taschenlampe aus seiner Hosentasche, leuchtet auf das Kästchen und tippt beherzt die richtige Ziffernfolge ein. Die Posaunenklänge ersterben. Die Pforten der Hölle schließen sich. Eine göttliche Stille tritt in den Palast. Und alles ist gut.

Sechs

In dieser Nacht können wir alle kaum schlafen. Nein, es sind nicht die Spätfolgen des Alarms. Es ist die Hitze. Die Zeitungen haben bereits am Morgen in großen, mit Wüstenfotos bebilderten Artikeln gewarnt, nun komme der *gran caldo*, die große Hitze des Sommers. Besonders schlimm solle es diesmal werden, im Süden sogar mit Temperaturen bis zu 46 Grad. Ich nehme das allerdings nicht ernst. Wie könnte es denn noch heißer werden?

Doch es wird noch heißer. Selbst am Strand war es heute kaum mehr auszuhalten. Hier in der Stadt ist es noch schlimmer. Sogar jetzt in der Nacht kühlt es nicht ab. Die Straßen wirken wie Fußbodenheizungen, die Wände der Palazzi wie Heizkörper. 02.00 Uhr – 33 °C zeigt unser Messgerät an. Und dann diese Schwüle. Schwer atmend liegen wir ohne Decken auf unseren Betten. Wegen der Einbrechergeschichten, die uns Filippo nahezu täglich genießerisch auftischt, wagen wir es nicht mehr, die Fenster offen zu lassen.

Schließlich stehe ich auf, laufe auf bloßen Füßen durchs Wohnzimmer, um wenigstens aus dem Marmorboden ein bisschen Kühle in meinen Körper abzuleiten. Ich öffne die Tür zum Wohnzimmerbalkon und trete nach draußen. Die Luft steht feucht und schwer im Hof, kein Hauch ist auf der Haut zu spüren. Ich tapse weiter auf den Küchenbalkon – dieselbe drückende Atmosphäre. Schließlich probiere ich den Balkon des Arbeitszimmers aus, der auf die Straße hinausgeht. Und da, auf einmal, spüre ich wieder dieses leichte Wehen vom Meer. Kein Zweifel: Dies ist die luftigste, die erträglichste Stelle in unserer ganzen *casa.*

Ich nehme mir ein eiskaltes Bier aus dem Eisschrank, ein italienisches, nicht die Welt, aber wegen des Bieres sind wir ja nicht hierhergekommen. Ich setze mich auf einen alten Gartenstuhl, ziehe mein T-Shirt aus, fühle den kühlenden Windhauch auf der Haut, trinke in langsamen Schlucken und spüre genussvoll der von außen und innen aufsteigenden Kühle nach.

Es riecht gut auf unserem kleinen Balkon. Wir haben ihn in der vergangenen Woche mit allerlei mediterranen Gewächsen aus einem üppig bestückten *vivaio,* einem Gartencenter, bepflanzt. Ein Feigenbäumchen, ein Rosmarin, ein Oleanderstrauch, ein Ginster, eine Bougainvillea, lauter Pflanzen also, die sich in Deutschland nur mit Mühe und zumeist im Keller überwintern ließen. Hier, im milden römischen Klima, werden sie sicher prächtig gedeihen, und zwar ohne Schildläuse, Spinnmilben und andere winzige Teufel, die mich zu Hause in München mehr als einmal zur chemischen Keule greifen ließen. Das denke ich zumindest. Erst später wird mir der albanische Angestellte des *vivaio* gestehen: »Wir spritzen das gesamte Pflanzenzentrum jeden Abend mit einem Giftspray ab. Sonst würden uns die Viecher im Nu alles auffressen.« Auch ich werde nach ein paar Wochen zum Gift greifen, weil unsere Feigen, Engelstrompeten und Rosen von einem feinen weißen Gespinst überzogen und gemeuchelt werden.

In dieser heißen Nacht ist es ganz still draußen auf der Straße, einer jener kostbaren Momente, in denen Rom schläft. Da höre ich ein leises Geräusch. Ein weißer, zerbeulter Fiat schiebt sich im funzelig-gelben Licht der römischen Laternen bedächtig die Straße entlang. Er hält kurz vor unserem Palazzo. Eine alte Frau in zerschlissenen Kleidern steigt aus, klappt den Kofferraumdeckel hoch und holt, soweit ich erkennen kann, zwei Tiegel heraus. Sie stellt die Töpfchen in einiger Entfernung voneinander auf dem Bürgersteig auf und fährt fast lautlos wieder von dannen. In den Tellern sind offenbar Essensreste, Ravioli vom Vorabend, ein paar Fischköpfe, wer weiß.

Auf einmal sind sie da, die samtpfötigen Herren der römischen Ruinen, der verwilderten Gärten und verbuschten Parks. »*I signori gatti*«, nennt sie Federica respektvoll, die Katzen-Herrschaften. Sie ernähren sich nicht, wie anderswo auf dieser Erde, von Mäusen oder gar Ratten. O nein, *ci mancherebbe*. Die *signori gatti* warten vielmehr auf die Leckerbissen, die ihnen die vielen Katzenfreunde Roms bereiten. Vier, fünf, sechs der geschmeidigen Tiere haben sich mittlerweile um die beiden Teller geschart, schwarze, bernsteinfarbene, getigerte. Sie fressen langsam, ohne Gier, geradezu würdevoll, wie *signori* eben, die in dem beruhigenden Wissen leben, dass immer genug für sie da sein wird.

»Was siehst du?«, fragt Antonia plötzlich. Sie ist, ebenfalls lautlos wie eine Katze, auf den Balkon getreten.

Ich deute wortlos nach unten. Meine Frau nickt lächelnd. Sie mag Katzen. Um der Hitze zu trotzen, hat sie ihre dunkelbraunen, gewellten Haare zu einem Pferdeschwanz zusammengebunden, wie früher, als wir noch Studenten waren.

»Kannst du nicht schlafen?«, frage ich. Sie nickt wieder. Wir schweigen eine Weile und blicken in die Dunkelheit. »Bereust du es, dass wir hierhergekommen sind?«, frage ich ganz leise.

Für mich ist Italien ein Lebenstraum, seit ich mich erinnern kann. Ein Traum, der sich langsam und stetig verdichtete und schließlich zur Wirklichkeit gerann. Da war Santa Margherita. Da war, ein wenig später, nämlich 1973, ein Urlaub mit den Eltern und einer befreundeten Familie auf Elba. Auch diese Ferien blieben in meinem Gedächtnis hängen, wie kleine goldene Klumpen im Sieb eines Schürfers. Ich sehe noch die drei italienischen Mädchen mit den langen, dunklen Haaren, den ovalen Gesichtern und den schwarzen Augen vor mir, die durch die schneeweiße Bungalowanlage im maurischen Stil bei Porto Azzurro streiften. Warum war mir im Bauch so flau? Was war das für eine wohlige Traurigkeit? Ich war damals neun Jahre alt und ich rätselte, was das alles zu bedeuten hatte. Mein Italien-Infekt hatte sich jedenfalls verschärft.

Ich erinnere mich auch an die große Tafel, die der Wirt des Hotels auf Elba jeden Abend für uns alle aufbaute. An die Platten voller *vongole* und *cozze, calamaretti*, *gamberi* und *fritto di pesce*. Die Gerüche, die klirrenden Gläser, das Gelächter. Mein erster erfolgloser Versuch, heimlich einen Campari zu trinken. Schon der Geruch brachte mich zum Würgen. Und dann die Fahrten mit dem orangefarbenen Schlauchboot aus sogenannter Elefantenhaut und dem Vier-PS-Außenbordermotor, der ständig absoff, zu den verwunschenen Buchten Elbas.

Einige Jahre später dann Venedig im Frühling. Ein Schock der Schönheit, ein Wirbel aus Spiegelbildern in blaugrünen Kanälen, gotische Palazzi, Palladio-Kuppeln, Gondeln, Tauben, Masken, Gesichter. Schließlich eine Klassenfahrt nach Rom. Der mit Schülern überfüllte Zug, Rucksäcke, Bierbüchsen und schmutzige Tennissocken – und dann die Trümmerlandschaft des Forum Romanum, jene rätselhaften Eingeweide Roms, der schaurige steinerne Ring des Kolosseums, der die

Erinnerung an all die blutigen Spiele umschloss, die lauen Sommernächte mit moussierendem Lambrusco und allzu lieblichem Frascati auf der Spanischen Treppe, am Trevi-Brunnen und in den Gassen Trasteveres.

Spätestens damals wurde die Krankheit chronisch und von da an ging es jedes Jahr zwei-, dreimal nach Italien, nach Ligurien, in die Toskana, an die Küsten bei Neapel und nach Sizilien. Und immer wieder nach Rom. In meinem Redakteursbüro bei der Zeitung in München hängte ich ostentativ eine große Italien-Karte an die Wand, auf meinem Schreibtisch stand Jahr für Jahr der neueste »Sehnsuchts-Kalender Toskana«. Und natürlich erzählte ich jedem, der es nicht hören wollte, es sei mein Ziel, Italien-Korrespondent zu werden. Bis mein Chefredakteur eines Tages – genau genommen nach sehr vielen Jahren – sagte: »Dann lassen wir halt den Ulrich in Gottes Namen nach Italien gehen!«

Es ist nicht ungefährlich, sein lang erträumtes Ziel zu erreichen. Bestenfalls reibt sich nun die Wirklichkeit schmerzhaft mit dem Traum, um sich am Ende mit ihm zu versöhnen. Schlimmstenfalls wird der Traum zum Albtraum und hinter der Ziellinie gähnt ein bodenloses Loch. Wir werden in Rom noch Menschen kennenlernen, die an der Erfüllung ihrer Italien-Sehnsüchte zerbrachen. Andere wendeten sich vorzeitig enttäuscht von der Stadt ab. Wieder andere haderten mit den Fallstricken des römischen Alltages – und meinten doch mit glänzenden Augen, die Zeit hier sei die beste ihres Lebens. Und einige wollten nur für ein paar Jahre bleiben – und kamen dann nie wieder von Rom los.

Antonia war nie Italien-krank. Sie reiste immer gerne mit mir dorthin, aber es hätte auch ein anderes Land, Spanien oder Frankreich etwa, sein können. Der

Umzug nach Rom ist nicht die Erfüllung ihres Traumes. Sie liebte ihre Arbeit in München, die sie nun auf Jahre hin unterbrechen muss. Sie denkt viel an ihre Eltern, Verwandten und Freunde, die wir zurückgelassen haben. Und sie fragt sich, wie unseren beiden kleinen Kindern der Wechsel bekommen wird.

Das alles geht mir jetzt, in dieser heißen Nacht auf dem kleinen Balkon zur Straße, durch den Kopf, und ich frage sie noch einmal: »Bereust du es, dass wir hierhergezogen sind?«

Antonia schüttelt langsam den Kopf. »Ich würde es bereuen, wenn wir es nicht getan hätten.«

Ein schleifendes Geräusch aus der Wohnung lässt uns aufhorchen. Das muss Nicolas sein, der auf der Rutsche von seinem Hochbett herabschlittert. Kurz darauf sind seine kleinen Füße auf dem Marmorboden des Wohnzimmers zu hören. Patsch, patsch, patsch, patsch. Er sucht und findet uns, und kurz darauf kommt auch seine Schwester. Allmählich wird es eng auf dem Balkon. Wir kuscheln uns aneinander und genießen gemeinsam den kühlen Hauch, der noch immer von der Küste herüberweht.

Als wir am nächsten Morgen aufwachen, knallt die Sonne bereits so erbarmungslos herab, dass Bernadette und Nicolas sogleich schimpfen: »Wir schwitzen fürchterlich!« Es reiche ihnen jetzt von Rom. »Wir wollen nach Hause zurück, nach München. Hier ist es uns zu heiß.«

Was tun? Vor September wird es nicht kühler werden und wir können auch nicht einfach in den Urlaub ans Meer oder in die Berge flüchten, dafür ist hier einfach zu viel zu tun. Meine Erledigungsliste hängt penetrant und vorwurfsvoll in meinem Büro und protzt mit ihren vielen unabgehakten Punkten.

»Wir überlegen uns was«, versuche ich die Kinder

zu trösten, bevor ich in die Bar gehe, um Hörnchen zu holen.

»*Buon giorno, dottore*, wie geht's?«, fragt Massimo, der *barista*, wie gewohnt.

Diesmal halte ich mich nicht mit dem Floskelritual auf. »Schlecht«, rufe ich brüsk. »Es ist einfach viel zu heiß. Ich hätte nicht gedacht, dass es in Rom so heiß werden würde.«

Massimo schnalzt leicht missbilligend mit der Zunge. »Ts, ts, ts.« Sind doch Weicheier, diese *tedeschi*. Dann geht er um die Theke herum, öffnet die Glastür und streckt den Kopf hinaus. Prüfend saugt er die Luft ein, wie ein Reh, bevor es auf eine Lichtung tritt. Er zieht die Tür rasch wieder zu und sagt: »*È vero. Fuori c'è l'Africa* – draußen ist Afrika.«

Hier drinnen in seiner Bar dagegen manifestiert sich ein wohltemperiertes Mitteleuropa. Während ich aus dem winzigen Tässchen mit dem dicken Rand meinen *caffè* schlürfe, beginnt mein Körper langsam zu trocknen und mein Kopf auf Betriebstemperatur herabzukühlen. Warum ist es hier in der Bar so angenehm? Richtig, da drüben über dem Fenster hängt ein flacher weißer Kasten mit Lamellenschlitzen am unteren Ende, aus denen mit leichtem Summen kühle Luft strömt. Eine Klimaanlage. Das ist es! Auch wir brauchen eine Klimaanlage. Ich knalle einen »Äeuuoro« auf den Tisch (mir wird es nie gelingen, unser aller Gemeinschaftswährung korrekt auf Italienisch auszusprechen) und renne hinaus, quer durch Afrika, in den Palazzo, die Treppen hoch, in unsere Wohnung. »Ich hab's!«, schreie ich noch auf der Schwelle. »Macht euch schnell fertig! Wir fahren los und kaufen eine Klimaanlage.«

In der Garage begegnen wir Filippo, der gerade bedächtig seinen Besen spazieren führt. »Eine Klimaanlage wollen Sie kaufen?«, fragt er nachdenklich. »Dann passen Sie bloß auf. Bei den meisten Modellen muss man ein hässliches, großes Loch für die Abluft in die Wohnungsmauer bohren. Und das dürfte Signor Cornetti gar nicht gefallen.«

»Aber *i bambini*!«, rufe ich Mitleid heischend. »Sie sterben vor Hitze!«

Filippo blickt auf Bernadette, die bereits genug Italienisch versteht, um wie auf Kommando so theatralisch nach Luft zu schnappen wie ein Guppy in einem veralgten Aquarium. Der Hausmeister reibt sich bedächtig das Kinn. *Bambini* sind in Italien heilig, erst recht, seit es kaum mehr welche gibt. »Kaufen Sie einen *pinguino*«, entscheidet er dann. »Wie ich gehört habe, ist das ein Modell ohne Abluftschlauch. Da brauchen Sie kein Loch in die schöne Wand unseres ehrbaren Palazzo zu bohren.«

Gesagt, getan. Gehorsam fahren wir zu einem riesigen Einkaufszentrum namens Galileo Galilei jenseits des GRA, das uns Filippo genannt hat, um uns bei 40 Grad im Schatten auf die Suche nach dem Pinguin zu machen. Hier ist Amerika: eine riesige überdachte Shopping-Mall auf zwei Etagen mit Fast-Food-Restaurants, Sushi-Bars, Levis-Center und Nike-Shops. Pop-Musik. Springbrunnen. Kurzberockte Hostessen, die uns Lunch-Coupons und Last-Minute-Angebote für High-Speed-Internet-Connections in die Hand drücken.

Eigentlich hasse ich diese Malls, die allmählich auch Italien verseuchen. Schließlich sind sie das Gegenteil all jener kleinen *alimentari*, Weinläden, Buchhandlungen, Boutiquen, telefonzellengroßen Schuhgeschäfte, Zeitungskioske, Steinpilz-Verkäufer an Straßenständen und fliegenden Fischhändlern und Regenschirmreparierern, die den Reiz italienischer Innenstädte ausmachen.

An diesem Tag aber bin ich begeistert. Denn hier ist es kühl, ja geradezu frostig, vulgo saukalt. *Viva l'America!* Endlich können wir aufatmen. Ähnlich ergeht es offenbar den vielen römischen Familien, die sich mitten im Ferienmonat August ins Galileo Galilei aufgemacht haben, um ein wenig Antarktis-Atmosphäre zu genießen. So wohlig räkeln sie sich im 17 Grad frischen Hamburger-Lokal, als speisten sie gerade in einer südtoskanischen Edeltrattoria bei im Barrique ausgebauten Morellino. Manchen Familien, die sich aus ihren stickigen römischen Wohnungen mit der gesamten Generationenfolge vom Urgroßvater bis zum Kleinkind einschließlich der jeweiligen Betreuungs-Philippinerinnen hierhergeflüchtet haben, ist anzusehen, dass sie entschlossen sind, nicht vor Ladenschluss wieder abzuziehen.

Wir dagegen können es uns nicht so sorglos im Hamburger-Shop gemütlich machen. Schließlich sind wir im Auftrag des Hausmeisters unterwegs. Es gilt, die Mission Pinguin zum Abschluss zu bringen. Also suchen wir ein überdimensioniertes Elektronik-Kaufhaus auf, das in Namen und Ausstattung verblüffend an ähnliche Etablissements in München, Hamburg oder Gelsenkirchen erinnert. »Wir wollen einen *pinguino* kaufen«, erklären wir dem gähnenden Jüngling am Info-Pult.

»Zoo-Artikel führen wir hier nicht«, knurrt der nasengepiercte Kundenbetreuer und amüsiert sich köstlich über seinen Scherz.

Nach einigem Hin und Her und ausführlichem Schlangestehen an diversen Info-Pulten landen wir bereits nach 40 Minuten im neonweißen Kellergeschoss. Hier stehen sie tatsächlich: Pinguine aller Arten, große und kleine, dicke und dünne, teure und nicht ganz so teure. Die Arktis lebt.

Wie wir rasch recherchieren, schließlich bin ich

Journalist, ist *pinguino* eine Marke der Firma *De'-Longhi*, die für »Umweltfreundlichkeit, elegantes Design und das perfekte Wohlfühlklima« steht. Das behauptet jedenfalls die Firma *De'Longhi*, und die weiß es am besten. Umweltfreundlichkeit, Eleganz, *benessere* – das ist genau das, was zu uns passt. Leider haben die meisten ausgestellten Pinguine einen dicken Ziehharmonikaschlauch im Hinterteil stecken – das Abluftrohr. Sie scheiden daher sofort aus, schließlich wollen wir das Antlitz unseres ehrbaren Palazzo nicht verschandeln.

»Wir suchen einen *pinguino* ohne Rohr«, erklären wir der Fachverkäuferin, die sich gerade aus dem Staub machen will. »Denn wir wollen kein Loch in die Wand bohren.«

Nun verhält es sich mit der Qualität italienischer Fachverkäufer umgekehrt proportional zur Größe des Fachgeschäfts: Je kleiner der Laden und je persönlicher das Verhältnis zum Kunden, desto fachmännischer der Verkäufer. Liebevoll werden dann selbst die abwegigsten Wünsche perfekt erfüllt, etwa das Flicken eines uralten Lederrucksacks von Antonia oder die Reparatur meiner 20 Jahre alten Lieblingssonnenbrille, auf die ich mich gesetzt habe. Je größer und unpersönlicher dagegen das Geschäft, desto besser stehen die Chancen, auf eine Fachkraft zu stoßen, die einen Rucksack kaum von einem Känguru und einen Taschenrechner nicht von einem Handy unterscheiden kann.

Für unser Elektronik-Kaufhaus verheißt diese Regel wenig Gutes. Die gestiefelte Dame vom Fach weiß dennoch schnell Rat. »Nehmen Sie dieses Modell«, sagt sie, »das hat kein Rohr.« Tatsächlich. Nur ein dünnes Stromkabel ragt aus der Rückseite dieses ausgestellten Pinguins. Erleichtert packen wir das Gerät und ziehen ab.

Auf der Heimfahrt klingelt das Handy. Es ist mein

Schwiegervater. Er ist Ingenieur. Begeistert erzählen wir ihm von unserem Einkauf, doch er wirkt nicht überzeugt. Ein Kühlgerät entziehe der Luft im Raum Wärme, behauptet er. Und diese Wärme müsse dann irgendwohin. Daher gebe es die Abluftrohre. Ein Kühlgerät ohne Abluftrohr sei technisch schwer vorstellbar, meint er höflich. Es klingt erschreckend überzeugend. Trotzdem antworte ich ihm, in Italien gingen die Uhren eben ein wenig anders als in Deutschland und im Übrigen habe mich eine Fachverkäuferin beraten.

Im Palazzo angekommen, ist von Filippo nichts zu sehen. Der Biedermeieraufzug erweist sich wieder einmal als hübsch, aber unpraktisch, weil zu eng. Also wuchte ich den Pinguin schwitzend Stufe um Stufe empor bis zu unserer Wohnung. Als ich den Vogel schließlich von seinen Plastikfesseln, dem Karton, der Styroporhülle und dem Seidenpapier befreit habe, kommt eine grässliche Überraschung zum Vorschein. Der Ohnmacht nahe ziehe ich ein dickes, ziehharmonikaförmiges Rohr aus der Verpackung. Und da, im Hinterteil meines *pinguino*, klafft ein großes, rundes Loch!

Wütend stopfe ich das Gerät wieder in den Karton und fahre ins Galileo Galilei zurück. Die Fachverkäuferin, die uns bedient hat, ist verschwunden, vermutlich geflüchtet, und ihre Kollegen meinen herablassend, natürlich habe jeder Pinguin ein Abluftrohr. Wer das nicht verstehe, sei ein Ignorant. Schließich entziehe ein Kühlgerät der Luft im Raum Wärme, und diese Wärme ... Das kenne ich schon. Einer der Fachmänner räumt immerhin ein, er habe von einem Apparat gehört, der mit einer ganz anderen Technik arbeite, mit Kühlaggregaten nämlich, und daher ohne Rohr auskäme. Ich schöpfe noch einmal Hoffnung.

In den folgenden Tagen lerne ich so gut wie alle Elektronik-Fachgeschäfte Roms kennen. Der vorwurfsvolle, hitzefiebrige Blick von Bernadette und Nicolas treibt mich voran. Schließlich werde ich fündig. Ein Supermarkt ganz in der Nähe unseres Palazzo preist ausdrücklich schlauchlose Klimageräte an. »Sie legen einfach zwei Eisbeutel aus Ihrem Gefrierfach in den Wassertank des Geräts und tauschen die Beutel gelegentlich aus«, informiert mich der Fachverkäufer. »Und schon wird Ihre Wohnung wunderbar kühl.«

In der Gebrauchsanweisung des Geräts steht, es könne Räume bis zu 45 Quadratmeter kühlen. Ich beschließe, probehalber mit dem wesentlich kleineren Arbeitszimmer zu beginnen. Ich hole also die gefrorenen Kühlaggregate aus dem Gefrierfach unseres Eisschranks und lege sie in den Wassertank. Dann schalte ich das Gerät ein. Zur Kontrolle lese ich noch einmal die Raumtemperatur ab. Sie beträgt 29,8 Grad. Das Gerät summt vertrauenerweckend und ich wähne schon ein wenig Kühle aus den Lüftungsritzen strömen. Beruhigt gehe ich ins Bett.

Am nächsten Morgen stürme ich erwartungsvoll ins Arbeitszimmer. Ich freue mich auf die Kühle. Endlich! Ich öffne die Tür – und trete ins Caldarium eines Römerbades. Die Luftfeuchtigkeit ist dank unseres Klimageräts über Nacht auf etwa 80 Prozent gestiegen. Und die Raumtemperatur beträgt nun 30,2 Grad.

Nachdem wir auch dieses Gerät unter Mühen und viel Kopfschütteln der Verkäufer über diese *tedeschi* zurückgegeben haben, behelfen wir uns auf die konventionelle Art: Wir kaufen mehrere Ventilatoren einer deutschen Fachfirma. Die Dinger funktionieren ganz gut. Und wenn es in den kommenden Jahren wirklich unerträglich heiß werden sollte, dann bringe ich meine Familie über den August einfach nach Deutschland an den Starnberger See. Da ist es wenigstens nass und kalt, auch wenn das unsere Verwandten und Freunde immer entschieden bestreiten.

Sieben

An diesem Abend ist es so weit. Ich habe mein Date
mit einem Unbekannten, dem geheimnisvollen Etrus-
ker-Experten. Die Etrusker, so viel weiß ich, lebten
und herrschten von etwa 800 bis 100 vor Christus in
Latium, der Toskana und Umbrien. Sie stellten die
ersten Könige des jungen Roms und wurden am Ende
vom römischen Reich erobert und aufgesaugt. Obwohl
sie also seit mehr als zwei Jahrtausenden unterge-
gangen sind, spielen sie bis heute in der kollektiven
Phantasie der Italiener und speziell der Römer eine
gewichtige Rolle. Sie gelten als das geheimnisumwit-
terte Urvolk Italiens. Ihre Herkunft liegt, wie es sich
für einen Mythos gehört, im Dunkeln. Ihre Sprache ist
noch immer nicht ganz entziffert und über ihren Tod
weiß man mehr als über ihr Leben. Schließlich haben
sie überall in den heute einsamen Tuffsteinschluchten
zwischen Siena und Rom riesige Nekropolen mit
Zehntausenden Gräbern hinterlassen. Auf unseren
Wanderungen werden wir noch viele solcher schaurig-
schönen Totenstädte durchstreifen. Von den Städten,
in denen die Etrusker lebten, sind dagegen kaum Reste
erhalten. All das nährt die Phantasie und fördert den
Mythos.

Ich mache mich zu Fuß auf zur Villa Giulia, schließlich habe ich seit unserer Ankunft noch nicht viel Gelegenheit gehabt, Rom zu durchstreifen. Zunächst
laufe ich über den Ponte Margherita und blicke hinab
auf den schlammigen, sommermuffigen Tiber. Leider

haben die Römer ihren Fluss in ein tief unterhalb des Straßenniveaus liegendes Steinbett gesperrt und ihn so gleichsam aus ihrer Stadt verbannt. Schon aus kurzer Entfernung zeigen nur noch die stämmigen Platanen mit ihren waschlappengroßen Blättern entlang der Uferstraßen und die schönen alten Brücken an, dass da irgendwo ein Fluss durch die Stadt strömen muss.

Ein paar hundert Meter weiter öffnet sich eine Straße auf das grandiose Oval der Piazza del Popolo, das einem gigantischen Empfangssalon der Stadt gleicht – nur unter freiem Himmel. Die Piazza wurde einst von den Päpsten konzipiert, um die Pilger, die nach langer, mühsamer und wegen der Brigantenüberfälle gefährlicher Reise aus dem Norden hier eintrafen, gleich zum Auftakt mit der Pracht ihres katholischen Roms zu überwältigen. In der Mitte ragt ein Obelisk auf, den Kaiser Augustus aus dem ägyptischen Heliopolis stehlen ließ. Am Südende der Piazza bewachen die Zwillingskirchen Santa Maria di Montesanto und Santa Maria dei Miracoli den Eingang zur Via del Corso. Auf den ersten Blick wirken die Kirchen identisch, doch sie sind es nicht. Wer will, kann wie auf einem Suchbild für Kinder die Unterschiede herausfinden.

So viel Zeit aber habe ich nun auch wieder nicht. Ich steige, wegen der Hitze so bedächtig wie ein betender buddhistischer Mönch, die vielen Stufen zum Pincio hinauf, einer herrlichen Gartenanlage voller Palmen, Pinien und Eichen, garniert mit einer Terrasse, die den vielleicht schönsten Blick über Rom gewährt. Jetzt, am Abend, strahlen die erd- und feuerfarbenen Kuppeln und Palazzi der Stadt in einem mattgoldenen Licht, das die Konturen weichzeichnet und das Bild eines romantischen Gemäldes entstehen lässt. Genau gegenüber, wo sich die Sonne im Westen senkt, steigt die weiß schimmernde Kuppel von Sankt Peter empor wie ein barocker Heißluftballon.

Hinter dem Pincio beginnt der Park der Villa Borghese, der Garten der Römer, mit seinen Teichen und Tempeln, Brunnen und Buchsbaumhecken, dem Zoo, den Kunstakademien und Museen. Hier ist eigentlich immer etwas los, und sei es eine Vorführung von Inlineskatern, die schnell wie Kugelblitze einen Parcours aus kleinen Plastikhütchen durchlaufen. Junge Burschen spielen auf Rollschuhen Fußball, *bambini* fahren einander mit Gokarts über den Haufen, Japaner strampeln kichernd in Fahrradwagen die Kieswege entlang. Auf den Mäuerchen sitzen knutschende Liebespaare, eine alte *signora* an einem Kiosk bringt ihrem täppischen Sohn bei, wie man Zuckerwatte aufdreht – und mitten durch diesen Jahrmarkt der Menschlichkeiten reiten die *carabinieri* in ihren staubfreien, perfekt sitzenden Uniformen und gewienerten Stiefeln auf gestriegelten Rössern, als seien sie Besucher aus einer anderen, heroischen Welt.

Wir werden mit Bernadette und Nicolas noch öfter in die Villa Borghese gehen, in der es zu jeder Jahreszeit etwas zu erleben gibt, und sei es ein romantisches kleines Puppentheater, das Mozart-Opern aufführt. Besonders gefällt den Kindern aber, dass überall diese kleinen Trinkbrunnen mit dem köstlichen römischen Wasser sprudeln, das einst schon die römischen Kaiser über ihre Aquädukte in die Stadt fließen ließen. Fasziniert erforschen unsere Kinder die verschiedenen Trinktechniken der Römer. Die einen schöpfen mit der Hand, die anderen verdrehen den Kopf und halten direkt den Mund unter die Brunnenöffnung, wieder andere drücken den Daumen so geschickt auf den Wasserstrahl, dass dieser in ihren Mund umgeleitet wird. Breitbeinig stellen sich Nicolas und Bernadette vor die Brunnen und trinken in gierigen Schlucken. Wenn es ganz heiß ist, dann lassen sie sich das kalte Wasser einfach auf den Kopf plätschern.

Die Villa Borghese birgt aber zugleich Gefahren, wie sie auch in anderen römischen Parks und auf vielen Gehsteigen der Stadt lauern. »Tretminen«, haben wir sie getauft, die oft tellergroßen Haufen, die die Hunde der Römer ungeniert mitten auf den Gehsteigen hinterlassen. Fast nie sieht man dann ein Herrchen zu Schäufelchen und Plastiktütchen greifen, um die Mine zu entschärfen. Und da Römer große Hunde lieben und entsprechend viele in ihren Wohnungen halten, wird der Gang durch die Stadt für die Einheimischen oft zu einem Hindernislauf. Während die Touristen gefahrenvergessen den Kopf in den Wolken tragen, um verzückt die Kirchen und Paläste zu bestaunen, schleichen die erfahrenen Römer mit gesenktem Haupt über die Wege, den Blick starr auf den Teerbelag gerichtet.

Spätestens nach dem zweiten, dritten anrüchigen Erlebnis machen es die Zugereisten dann genauso. Deshalb betreten Antonia, Bernadette, Nicolas und ich besonders gefährliche Gebiete wie kleine Grünanlagen in der Nähe von Spielplätzen nur noch im Gänsemarsch. Bernadette macht dann die Vorhut und brüllt alle paar Sekunden: »Achtung! Tretmine halblinks voraus!«

Da ich heute allein unterwegs bin, muss ich eben selbst aufpassen. Wie ein Storch schreite ich über die Haufen hinweg, bis ich endlich die Villa Giulia erreiche. Ich komme gerade rechtzeitig vor Kassenschluss um 18.30 Uhr an, kaufe für vier Euro ein Ticket und steuere die großen, stillen, menschenleeren Innenhöfe der für Papst Julius III. erbauten manieristischen Villa an.

Gepflegte Buchsbaumhecken, Lorbeerbäumchen und Rosenstöcke – eine Oase der Ruhe, bewacht von turmhohen, harzig duftenden Schirmpinien. Das Knirschen meiner Schritte auf den Kieswegen stört die Stille, und ich komme mir wie ein Eindringling vor. Schnell finde ich den kleinen etruskischen Tempel, der hier Anfang des 19. Jahrhunderts nachgebaut worden ist. Ich blicke mich um. Kein Mensch ist zu sehen. Natürlich darf ich hier nicht mit deutscher Pünktlichkeit rechnen. Sie wird von den Römern zwar durchaus bewundert, aber als unerreichbares Ideal behandelt. Die akademische Viertelstunde kann in Italien durchaus eine ganze Stunde dauern. Bis dahin würde allerdings das Museum schließen.

Ich betrachte den Tempel ein wenig genauer. Er besteht aus einem verschlossenen quadratischen Raum und zwei Säulen, die ein bemaltes, mit Schnitzereien verziertes hölzernes Vordach tragen. Ich gehe die Stufen auf den Vorplatz hinauf, bestaune einen leeren, steinernen Sarkophag. Da höre ich wieder das Knirschen von Schritten auf dem Kies. Ein kleiner Mann in einem grauen Straßenanzug mit zu kurzen Hosenbeinen schlendert wie beiläufig auf mich zu. Als er auf meiner Höhe angekommen ist, murmelt er: »Signor Uuulrik?«

Ich nicke. »Ja, der bin ich.«

»*Bene*«, sagt der Mann. »Sie sind also gekommen.« Er reicht mir die Hand: »Angelo Neri ist mein Name. Schön, Sie kennenzulernen.«

Wir mustern uns prüfend. Er hat eine große, gebogene Nase, graugrüne, mal stechend, mal unruhig blickende Augen und in die Stirn geklatschte braune Haare. Er ist mir nicht auf Anhieb sympathisch.

»*Allora?*«, frage ich.

»Kommen Sie hierher, hinter den Pinienstamm«, flüstert er, »in Rom weiß man nie, wer einen alles belauscht.« Er zieht mich leicht am Ärmel. Dann beginnt er schnell und mit beschwörendem Blick auf mich einzureden. »Es geht um eine Entdeckung, eine große Entdeckung. Eine Weltsensation. Ich möchte, dass Sie darüber berichten. In Ihrer Zeitung. Aber es muss groß sein. Die Hauptnachricht auf Seite eins. Können Sie mir das zusagen?«

»Tut mir leid, das kann ich nicht, solange ich überhaupt nicht weiß, um was es geht.«

»Geduld!«, flüstert der Mann. »Sie werden alles erfahren und mit eigenen Augen sehen. Aber es muss gut vorbereitet sein. Es geht um das wichtigste Geheimnis der Etrusker, ihr größtes Heiligtum, ihren wertvollsten Schatz. Meine Freunde und ich sind überzeugt, ihn gefunden zu haben.«

Eine bizarre Geschichte, denke ich mir und frage: »Warum wenden Sie sich deswegen ausgerechnet an mich, einen deutschen Journalisten? Warum informieren Sie nicht die italienischen Medien?«

»Das haben wir durchaus versucht«, sagt der Mann. Seine Stimme klingt ärgerlich. »Doch es war vollkommen fruchtlos. Sie wollten oder durften uns nicht glauben. Die italienischen Zeitungen sind nicht wirklich unabhängig. Sie kleben zu sehr an der Politik.«

»Und die Politik? Wenn Sie so eine grandiose Entdeckung gemacht haben, warum schalten Sie dann nicht das Kulturministerium ein?«

»Auch das haben wir versucht«, erwidert er und klopft auf eine verschlissene schwarze Aktenmappe. »Da drinnen sind alle unsere Briefe. Wir haben sogar an den italienischen Präsidenten geschrieben. Und auch ermutigende Antworten erhalten.« Seine Stimme wird heiser vor Rage. »Aber es hat alles nichts genutzt. Die Kulturgüteraufsicht erteilt uns keine Grabungserlaubnis. Sie weigert sich sogar, unsere Fundstelle sichern zu lassen. Da haben wir die Gerichte angerufen, bis die jedoch entscheiden, dauert es Jahre. Nun haben wir Angst, dass Grabräuber die Schätze plündern. Unsere einzige Hoffnung ist noch, über das Ausland Druck zu machen. Wenn eine große ausländische Zeitung prominent darüber berichtet …« Er verstummt und schaut mich erwartungsvoll an.

Halb belustigt, halb verblüfft flüchte ich mich in ein

Lachen. Dann murmele ich zögernd: »Bevor ich irgendetwas sagen kann, müsste ich mir zuerst einmal anschauen, was Sie da entdeckt haben.«

»Sie werden alles zu sehen bekommen. Aber es ist nicht so ganz einfach. Wir müssen sehr vorsichtig sein. Fürs Erste aber hoffe ich, dass Ihnen klar ist, um was für eine Entdeckung es hier geht.« Er wird wieder ganz eifrig. »Eine Sensation. Eine Weltsensation.«

»Aber um was geht es denn nun genau?«

Der Mann rückt ganz nahe an mich heran und blickt mir so ernst in die Augen, als wollte er mir mitteilen, ich wäre durchs Staatsexamen gefallen. Dann sagt er: »Um *Fanum Voltumnae*.« Und noch einmal, jede Silbe betonend: »Es geht um Fa-Num Vol-Tum-Nae.«

»Aha«, sage ich und ertappe mich dabei, wie ich mich am Kopf kratze.

»Sie haben davon gehört?«

»Nun, *per essere sincero*, um ehrlich zu sein, eher nicht ...«

»Das habe ich befürchtet«, sagt der Mann und schickt ein leises »Ts, ts, ts« hinterher, als Zeichen der Missbilligung von so viel Ignoranz. »Alle reden von den Etruskern, aber niemand weiß etwas über sie. Dabei ist Fanum Voltumnae ... Vielleicht ist es das Beste, Sie finden das selbst heraus. Und wir treffen uns in ein paar Wochen wieder.«

Ich bin ratlos. Einerseits ärgere ich mich über die selbstgefällige Art des Mannes und fürchte, nun einen egozentrischen Spinner am Hals zu haben. Andererseits finde ich die ganze Geschichte irgendwie amüsant. Ich fühle mich wie in einem dieser Historienkrimis, die derzeit so en vogue sind. Abgesehen davon will ich in meiner Zeit in Rom ohnehin ein bisschen mehr über das Volk der Etrusker erfahren. Warum also nicht die Sache ein wenig weiterverfolgen? Was kann ich dabei schon verlieren? »Wo werden wir uns treffen?«, frage ich. »Wieder hier?«

»Nein, das wäre zu auffällig. Ich werde Sie kurz vorher auf Ihrem Handy anrufen.« Er gibt mir die Hand und sagt: »Ich zähle auf Sie.« Dann dreht er sich abrupt um und geht mit seinen zu kurzen Hosenbeinen schnurstracks Richtung Ausgang.

Acht

Als ich nach Hause komme, stürmen mir Antonia, Bernadette und Nicolas schon an der Türe entgegen. »Wie war es?« – »Was hat der Mann gesagt?« – »Warst du bei den Etruskern?«, rufen sie durcheinander.

»Ich sage nur: Fanum Voltumnae«, erwidere ich müde, ohne mich auf weitere Erläuterungen einzulassen. Immerhin weiß ich selbst noch nicht, worum es eigentlich geht. Also verbarrikadiere ich mich in meinem Arbeitszimmer und hänge das selbstgemalte Schild »Bitte nicht stören« an die Tür, um mich erst einmal in den zwei, drei Etrusker-Büchern, die in den Regalen stehen, und im Internet schlau zu machen. Ich stöpsele das Telefon aus, hebe das Notebook vom Schreibtisch und stelle es auf den Boden in die Ecke neben der Telefonbuchse. Dann verbinde ich den Computer mit der Buchse und versuche fluchend, mich über die langsame analoge Leitung einzuwählen.

Das klingt kompliziert für einen Menschen, der Anfang des 21. Jahrhunderts nach Christus in der Medienbranche arbeitet? Das ist kompliziert! Dass ich nach wenigen Wochen in Italien überhaupt schon einen Telefonanschluss habe, grenzt bereits an ein Wunder. Es ist allein der Tatsache zu verdanken, dass der freundliche Vormieter, ein deutscher Diplomat, sein Telefon beim Auszug nicht abgemeldet hat, um uns den Start zu erleichtern. Die Prozedur, den Vertrag bei einer sehr großen italienischen Telefonfirma auf mich umschreiben zu lassen, einen ISDN-Anschluss mit zwei Nummern – eine fürs Büro und eine für die Privatwohnung – einzurichten und gar noch einen ADSL-Internet-Anschluss mit Flatrate zu bekommen, soll mich noch viele Monate kosten. Sie wird mir unzählige Arbeitsstunden rauben, mich frühzeitig ergrauen und bisweilen in nackten Defätismus verfallen lassen. »Wie wäre es, einfach eine weiße Flagge zu hissen, unser Zeug zusammenzupacken und nach München zurückzukehren?«, werde ich mich noch so manches Mal fragen.

Nahezu täglich rufe ich bei der großen italienischen Telefonfirma an, um mich zu beschweren. Nahezu täglich versacke ich dabei erst einmal in Warteschleifen und automatischen Ansagen, bis ich, an guten Tagen, einen Menschen an den Apparat bekomme. Dieser Mensch tröstet mich dann immer wieder mit den Worten: »Ja, ja, ich sehe schon, dass Sie das alles bereits vor mehreren Wochen beantragt haben. Ich kann mir auch nicht erklären, warum das bei uns noch nicht bearbeitet wurde. Wollen Sie jetzt einen *sollecito*, eine Mahnung, abgeben?«

»Mit dem größten Vergnügen«, antworte ich dann resigniert. Denn ich weiß, was nun folgen wird.

»Dann gebe ich jetzt Ihre Mahnung in den Computer ein«, erwidert prompt der Telecom-Mensch. »Sicher wird sich bald einer unserer Techniker bei Ihnen melden. Wenn nicht, rufen Sie einfach in ein paar Tagen noch einmal an.«

Ich rufe also wieder an. Und wieder. Und wieder. Ich bekomme Hilfe von einer netten Mitarbeiterin der deutschen Botschaft, die über jahrzehntelange Erfahrung mit der großen italienischen Telefonfirma verfügt. Ich erhalte Unterstützung von italienischen Eltern der Mitschüler meiner Kinder, die bei besagter Telefonfirma arbeiten. Ich erfreue mich vollsten moralischen Beistandes von Filippo, Federica, dem *barista*

Massimo und anderen Römern aus der Umgebung. Sie versichern mir alle: »Nein, nein, das liegt nicht daran, dass Sie Ausländer sind. Uns Italienern ergeht es genauso.«

Ich tröste mich ein wenig mit einer Bürokratiegeschichte von Umberto Eco. Darin beschreibt er seine vergeblichen Versuche, in Italien einen Ersatzführerschein ausgestellt zu bekommen – unter Einschaltung allerlei hochgestellter Persönlichkeiten. Als ich die Geschichte früher einmal las, hielt ich sie für Satire. Inzwischen weiß ich: Eco hat untertrieben.

Da meine Erlebnisse mit der Telefonfirma allenfalls in einem Doppelband von der Größe der beiden römischen Telefonbücher Platz haben, mache ich es an dieser Stelle kurz: Ich vermeide es normalerweise, Vitamin B einzusetzen, das heißt, Beziehungen spielen zu lassen. Zugegeben, weniger aus edler Gesinnung, sondern weil es am Ende doch umständlich ist und einen zu Dankesbriefen, Blumensträußen und Revanche-Gefälligkeiten zwingt. In Italien lerne ich umzulernen. Nichts scheint hier verschlungener als der direkte Weg durch Ämter, Behörden und große Telefonfirmen. Wie noch zu zeigen sein wird, führt er manchmal, nach endlosen Schleifen, direkt ins Nichts.

Also beginne ich nach einigen Monaten, vom ständigen Internetsurfen über eine römische Analogleitung nervlich zerrüttet und moralisch zermürbt, eine Abkürzung zu suchen. Ein seit langem in Rom lebender Journalistenkollege gibt mir schließlich den goldenen Tipp: Die Telecom hat einen Beauftragten, der sich speziell um ausländische Journalisten kümmert – schließlich will man im Ausland *bella figura* machen. Ich schicke dem Beauftragten eine E-Mail und schildere ihm kurz meine Probleme. Ein paar Tage später sind alle meine Wünsche erfüllt.

Doch zurück zu den Anfangszeiten meines Telefon-
kampfes und zu den Etruskern. Ich bin gerade dabei,
Fanum Voltumnae in die Suchmaske von Google ein-
zugeben, da ruft mich Antonia. »Komm doch mal raus
und stell dich unseren Nachbarn vor.«

Sie hat im Treppenhaus die Familie kennengelernt,
die schräg unter uns wohnt und gerade aus den Ferien
heimgekommen ist: Sergio, Paola und deren fünf Jahre
alten Sohn Alessio, kurz Ale genannt. Sergio, ein Enkel des *padrone*, ist ein stattlicher Mann mit einer
kräftigen römischen Nase und kurzen schwarzen Haaren. »*Piacere*« – »Angenehm«, sagt er und drückt uns
fest die Hand, als wir ihn in unsere Wohnung bitten.
Hinter ihm kommt Paola herein, eine hübsche Frau
Mitte 30, hellhäutig, rotblond, grüne Augen – und aus
Sizilien. »Unter meinen Vorfahren sind Normannen«,
wird sie uns später stolz erklären.

Wir setzen uns auf unseren Wohnzimmerbalkon,
schützen uns mit Schirmmützen vor der gelb durch die
Pinienzweige giftenden Sonne und trinken – Kaffee.
Jawohl Kaffee. In Italien, in Rom. Das heißt: Antonia
und ich trinken Kaffee, während Sergio und Paola verlegen mit ihren Löffeln in der seltsamen, dünnen la-
kritzfarbenen Brühe rühren. »Ah, *caffè americano*«,
rufen sie dann bestürzt.

Italiener bezeichnen Filterkaffee als *caffè americano* – obwohl man so ursprünglich einen mit heißem
Wasser verdoppelten Espresso nannte. Der Ausdruck
caffè americano ist dabei nicht unbedingt freundlich
gemeint. Schließlich gilt das – ansonsten in Italien be-
wunderte – Amerika keineswegs als Hort kulinari-
scher Lebensart. *Caffè americano* wird in Italien allenfalls in Touristenabsteigen der oberen Adria sowie
in drittklassigen Geschäftshotels viertklassiger Pro-
vinzstädte gereicht – und selbst dort zum Glück immer seltener.

»Schmeckt euch unser deutscher Kaffee?«, fragt Antonia so unbefangen, wie es nun einmal ihre Art ist.

»Boh«, meint Paola achselzuckend, was sich am ehesten mit »Hm« übersetzen lässt. Also nicht mit dem anerkennenden »Mmm«, sondern mit dem skeptischen »Hm«. Paola entstammt einer adeligen Familie aus Catania und ist sehr gut erzogen. Sie würde nie unmittelbar und brutal wie eine Deutsche ihr Missfallen äußern. Sie würde nie, wie gewisse deutsche Ehefrauen, ihrem Mann direkt und im vorwurfsvollen Ton ins Gesicht sagen, er sei kein Multitasker. Die schärfste Kritik, der schärfste Ausdruck tiefsten Missvergnügens, zu dem Paola fähig ist, ist ein achselzuckendes »Boh«.

Die Römer, und so auch Sergio, sind – bisweilen – direkter. »Warum trinkt ihr so etwas in Deutschland?«, fragt er, ehrlich erstaunt.

»Weil es uns schmeckt«, erwidert Antonia freundlich, was allerdings eher auf sie allein zutrifft. Ich trinke viel lieber *caffè*, also Espresso.

Trotz allem wird es ein netter Nachmittag. Paola und Sergio erzählen uns ein wenig von der verzweigten Großfamilie, die in diesem Palazzo haust. Paola deutet an, es sei nicht immer leicht für sie gewesen, sich nach der Heirat an die römische Familie ihres Mannes zu gewöhnen.

»Wieso?«, wollen wir natürlich wissen.

»Nun ja«, Paola zögert, »da wäre zum Beispiel der *incubo*.«

Wir stutzen. Von diesem *incubo* haben uns auch schon Filippo und Federica erzählt. *Incubo* bedeutet »Albtraum«. Sollte es im Palazzo etwa spuken? Reichen denn nicht schon die Geckos und Mehlmotten?

»Der *incubo*?«, frage ich gedehnt.

»Ihr werdet ihn bald kennen- oder vielmehr hören lernen«, kichert Sergio. Bald komme der *rientro*, die alljährlich Anfang September mit großem Aplomb begangene »Heimkehr« der Italiener aus den großen Ferien. »Dann kehrt auch der *incubo* heim. Ihr werdet es schon merken. Denn er wohnt direkt über euch«, sagt Paola. »Aber auch wir im zweiten Stock bekommen noch genug davon mit.«

»Gefällt es euch denn nicht im Palazzo?«, fragt Antonia.

»*Boh*«, antwortet Paola.

»Warum habt ihr euch dann nicht woanders eine Wohnung genommen?«, frage ich.

Sie blicken mich erstaunt an. »Die Wohnung hier gehört meiner Mutter«, sagt Sergio dann. »Darin wohnen wir praktisch umsonst. Eine ähnlich große Wohnung woanders zu mieten, das könnten wir uns nicht leisten.«

Sergio arbeitet als Ingenieur in einer Computerfirma. Paola ist Sprechstundenhilfe. Die Gehälter in Italien sind deutlich niedriger als in Deutschland. Wenn etliche Italiener trotzdem einen hohen Lebensstandard haben, gut essen gehen, viel reisen und sich modisch kleiden können, dann liegt das an zweierlei: Zum einen arbeiten sie, entgegen manchem Vorurteil in Deutschland, viel und hart. Zum anderen herrscht in den Familien immer noch großer Zusammenhalt. Da die jungen Eltern von heute oft nur noch ein Kind haben, fließt all die Zuwendung der alten Großfamilien eben bei diesem Kind zusammen. Zum Beispiel bei Alessio alias Ale.

Alessio hat Haut- und Haarfarbe von seiner Mutter geerbt. Obwohl er kein Deutsch spricht und Nicolas noch keinerlei Italienisch, verstehen sich die beiden sofort prächtig. Unser Sohn nimmt »Aläääää«, wie er ihn in perfekter römischer Aussprache nennt, bei der Hand und führt ihn in sein Zimmer. Nun muss man wissen, dass Nicolas, ähnlich wie sein Vater, kein Multitasker ist, das heißt, er konzentriert sich gerne auf eine Sache. In seinem Fall ist es Playmobil. Ob nun zu Weihnachten, zum Geburtstag oder als Mitbringsel, immer wünscht er sich »Plääämobbil«, wie er sagt.

Die Folge: Sein gar nicht mal so kleines römisches Zimmer ist schon bald nach seinem Einzug nur noch bedingt betretbar. Am Eingang lauern diverse Dinosaurier, in der Zimmermitte haben sich Piraten auf einer Schatzinsel verschanzt, und unter dem Hochbett schlagen sich Ritter um eine Burg. Am Boden vor dem Bücherregal aber sind seine liebsten Plääämobbil-Stücke aufgebaut, die Schiffe, und zwar drei an der Zahl: ein überdimensionierter Kohlefrachter, eine Motorjacht und ein kleines gelbes U-Boot.

Als Ale das Zimmer sieht, stößt er einen gellenden Schrei aus. Wir laufen alle herbei. Er zeigt mit dem Finger verzückt auf das Spielzeugchaos und schreit: »Plääämobbil! Nicolas hat auch Plääämobbil!« Dann stürzt er sich auf die Sachen. Für die nächsten Stunden sind die beiden beschäftigt – und lernen nebenbei Fremdsprachen.

»*Cavaliere*«, sagt Ale und zeigt auf eine Figur.

»Ritter«, sagt Nicolas und nickt.

In den folgenden Wochen werden wir bemerken, wie Nicolas, wenn er für sich im Zimmer mit seinen Plastikmännchen spielt, immer öfter mal italienische Ausdrücke in seine Selbstgespräche einführt. »*Aiutami!*«, – »*Forza!*«, – »*Dammi questo!*«, klingt da auf einmal aus dem Kinderzimmer.

Wie sich beim alsbald fälligen Gegenbesuch zeigt, sammelt auch der neue Freund unseres Sohnes frenetisch Playmobil. Nur: Ale ist ein Einzelkind. Er ist ein *maschio*, ein Junge. Und nicht bloß das. Er ist ein italienischer Einzelkindjunge. Das bedeutet, dass ihn seine Eltern in einer Weise verwöhnen, verhätscheln und mit Spielsachen überhäufen, wie es in Deutschland allenfalls Großeltern im Stadium fortgeschrittener Verantwortungslosigkeit zustande brächten.

Wenn Ale morgens aufsteht und schreit: »Ich will ein Modellflugzeug«, dann saust sein Vater garantiert gleich mit der Vespa los, um sämtliche Spielwarengeschäfte *in zona*, in der näheren Umgebung, abzuklappern. Wenn Ale klagt: »Mir ist zu heiß«, wird sofort ein *pinguino* samt Rohr angeschafft und ein Loch in die Wand gebohrt. Wenn Ale Fischstäbchen mit Orangenmarmelade zum Abendessen möchte, dann tischt seine *mamma* eben tagelang Fischstäbchen mit Orangenmarmelade auf. Nur in einem sind seine Eltern unerbittlich: Ale muss, seiner zarten Konstitution zum Trotz, Fußball spielen, zweimal die Woche in einem Jugendclub, bei Hitze oder Kälte.

»Ein römischer Junge, der nicht Fußball spielen kann, ist bei seinen Kameraden unten durch«, erklärt uns Sergio, der – nach eigenem Bekunden – in seiner Jugend ein famoser Fußballspieler war. »Deswegen muss Ale trainieren, trainieren, trainieren. Da hilft alles nichts.«

Um dem kleinen Alessio den grausamen Drill ein wenig zu versüßen, gibt es immer mal wieder – oder vielmehr: immer öfter – eine Großpackung Playmobil. Das schlägt sich natürlich in Alessios Kinderzimmer nieder. Nie werden wir vergessen, wie Nicolas nach seinem ersten Besuch bei seinem Freund kreidebleich wieder zu uns heraufkommt. »Ale hat sieben Playmobil-Schiffe – und ich nur drei«, wispert er mit vor Empörung zitternder Stimme.

Diese Schmach können wir natürlich keinesfalls auf sich beruhen lassen. Niemals werden wir uns der aggressiven italienischen Flottenpolitik beugen! Nicolas beschließt daher, von mir – gegen Antonias Rat – ermuntert, sich zu Weihnachten und zum Geburtstag weitere Schiffe zu wünschen. Das bringt uns tatsächlich näher an Ales Arsenale heran. Doch, um ehrlich zu sein: Der Rückstand ist nicht mehr aufzuholen. Unsere Bemühungen gleichen ein wenig den verzweifelten Versuchen Kaiser Wilhelms II. und seines Konteradmirals Alfred von Tirpitz, mit der englischen Flotte gleichzuziehen. Auch das führte bekanntlich nicht zum Erfolg. Geschichte wiederholt sich eben doch.

Nur: Das bilaterale Verhältnis zwischen Ale und Nicolas bleibt aller Aufrüstung zum Trotz friedlich, ja dezidiert freundschaftlich. Die gemeinsamen Interessen wiegen einfach zu schwer. Ich tröste Nicolas zudem mit dem Versprechen, beim nächsten Mal würden wir garantiert Fußball-Weltmeister. Ale quittiert das freilich mit Hohngelächter.

Eines Vormittags gegen Ende August klingelt Filippo an der Tür, um uns wie gewohnt die Post zu bringen. Er zögert, wieder zu gehen, und ich merke, dass er etwas auf dem Herzen hat. Also bitte ich ihn herein und wir setzen uns auf einen *caffè* auf den Balkon. Mittlerweile haben wir eine Espressomaschine gekauft. Filippo schüttet drei, vier Löffel Zucker hinein, bis der Löffel praktisch in der eingedickten Flüssigkeit steht, nippt, setzt die Tasse ab und trinkt dann den Rest in einem Schluck aus. »Die Ferienzeit geht zu Ende, *dottore*«, sagt er dann.

»Ich weiß«, erwidere ich. »Wir haben bereits Sergio, Paola und Alessio kennengelernt.«

»Ja«, sagt er wehmütig, »und bald wird wieder der ganze Palazzo voll sein. Den ganzen Tag werden sie schreien: *Filiiiii, vieni qui, vieni qua!* (Filippo, komm hierher, komm da her!) Oh, diese *signori*!«

Ich nicke stumm.

»Immerhin«, meint er dann beiläufig, »kommen dann auch wieder einige Bekannte von mir hier vorbei.«

»Was für Bekannte?«, frage ich arglos.

»Nun ja, ein Weinhändler aus den Albaner Bergen, ein Mozzarellahändler aus der Gegend von Paestum und natürlich Teodoro, der Fischverkäufer aus Terracina. Vielleicht wollen Sie ja auch das eine oder andere von ihnen kaufen, *dottore*«, sagt Filippo. »Die Qualität ist wirklich einmalig. Viel besser als alles, was Sie in den Läden Roms kaufen können. Dafür garantiere ich. Denn diese Lieferanten sind alles Leute meines Vertrauens.«

Der Hausmeister legt unwillkürlich eine Hand auf die Brust und guckt so treuherzig aus seinen dunklen Knopfaugen, als schwöre er gerade auf die italienische Verfassung.

Ich weiß bereits, dass man in Rom seinen Frascati, seinen Büffelkäse und seine Goldbrassen nicht in einem x-beliebigen Geschäft kauft, *ci mancherebbe, non si fa*. Man geht vielmehr zu einem Händler *della sua fiducia*, seines Vertrauens. Genauso wie man natürlich nur einen Klempner, einen Taxifahrer und einen Friseur seines Vertrauens beschäftigt. Das geht bei manchen Römern so fort bis hin zum Gemeindebeamten oder Freudenmädchen ihres Vertrauens. Das *fiducia*-Prinzip bringt zum Ausdruck, dass das Leben nicht abstrakten Regeln folgt, keinen theoretischen Konzepten von Rechten und Pflichten gehorcht, sondern den komplizierten chemischen Gesetzen der Zu- und Abneigung und der altrömischen Maxime *manus manum lavat* – eine Hand wäscht die andere.

Ich erinnere mich noch gut an einen unserer ersten Tage in Rom, als Filippo angewidert auf eine Schale mit Feigen in unserer Küche deutete und mit inquisitorischer Strenge fragte: »Wo haben Sie denn die gekauft?« Unsere verstörte Antwort, die Früchte stammten aus dem nächsten Supermarkt, quittierte er mit einem fassungslosen »Ts, ts, ts«. Feigen, so belehrte uns der Hausmeister, kaufe man keinesfalls im Supermarkt, sondern nur bei einem ganz bestimmten sizilianischen Obstladen in Monteverde. Der Verkäufer sei ein Mann seines Vertrauens.

Ich bin also vorbereitet. Daher teste ich Filippos Wein aus Frascati – er ist mir zu harzig und zu leicht. Ich probiere auch seine Mozzarella aus der Milch der fetten Rinder von Paestum – sie schmecken ausgezeichnet, doch das tut auch der weitaus günstigere Büffelkäse aus dem Supermarkt. Aber dann kommt Teodoro. Seitdem gehören auch wir zu den Freunden des *fiducia*-Prinzips, jedenfalls beim Fischkauf.

Neun

An einem hitzeweißen Vormittag Anfang September klingelt es an der Tür. Ich habe gerade mit der großen italienischen Telefonfirma telefoniert und bin entsprechend übellaunig. Daher reiße ich den Hörer der Gegensprechanlage aus der Halterung und brülle hinein: »Wenn Sie eine alte Mozzarella verkaufen wollen, drücken Sie bitte die Taste eins. Wenn Sie einen gepanschten Frascati verhökern wollen, drücken Sie bitte ...«

»*Pronto*«, ruft eine rauchige Stimme dazwischen. »*Sono Teodoro, il pescivendolo*« – »Ich bin Teodoro, der Fischverkäufer.« Ich gebe mich geschlagen und drücke auf den Türsummer. Dann öffne ich die Haustür und spähe neugierig ins Treppenhaus.

Von unten sind keuchende Laute und schlurfende Schritte zu vernehmen. Offenbar schleppt sich ein schwerverwundeter Mann nach oben. Augenblicklich bereue ich meinen Gefühlsausbruch an der Sprechanlage. Dann taucht Teodoro auf dem Treppenabsatz unter unserer Wohnung auf. Genau genommen rieche ich ihn bereits, bevor ich ihn sehen kann: Ein durchdringender Duft nach Fisch erfüllt plötzlich das ganze Treppenhaus. Warum muss ich jetzt an Asterix und Obelix denken? Genau, wegen Verleihnix, dem Fischhändler.

Als Teodoro näher kommt, rieche ich noch etwas anderes – scharfen Tabakrauch. Dann steht er vor mir: ein kleiner, drahtiger Mann in einem viel zu weiten gestreiften Polohemd, Jeans und alten Turnschuhen. Mit seinen wild abstehenden schwarzen Haaren, der Hakennase im zerfurchten Gesicht und dem kühnen Schnurrbart, unter dem ein qualmender Zigarrenstummel hervorlugt, sieht er aus wie ein alter Seeräuber. Doch in der Hand hält er keinen Säbel, sondern einen großen braunen Korb aus Weidenruten, der mit Zeitungspapier abgedeckt ist.

Der Korb scheint sehr schwer zu sein. Keuchend kommt Teodoro auf dem Treppenabsatz an. Warum hat er nicht den Aufzug genommen? Richtig, der ist ja wieder einmal defekt. Der Mann stellt den Korb vor unserem Eingang ab, nimmt den Zigarrenstummel aus dem Mund und fletscht die Zähne oder vielmehr das, was davon übrig ist – und das ist nicht viel. Dann stellt er sich vor. Es klingt so etwa wie: »*Bon di, dottur, son Teodor, il pesciven.*« Ich habe anfangs Mühe, ihn zu verstehen, da er mit Silben geizt und kaum ein Wort zu Ende ausspricht. Aber ich werde in der kommenden Zeit viel Gelegenheit haben, die Sprache des Fischhändlers zu erlernen. Seine Besuche werden zu einem kleinen Ritual, das die Woche strukturiert und mich viel über das harte Leben eines zähen, kleinen Mannes im scheinbar so lieblichen Italien lernen lässt.

Der *pescivendolo* wird fortan immer dienstags und donnerstags gegen Mittag kommen. Antonia ist um diese Zeit stets mit dem Auto unterwegs, um Bernadette und Nicolas in der Deutschen Schule Rom an der Via Aurelia Antica abzuholen. Da dort, wie überall in dieser Stadt, chronischer Parkplatzmangel herrscht, fährt sie immer schon eine Stunde vor Schulschluss hin, um noch eine Lücke zu ergattern. Sie unterhält sich dort mit anderen Eltern, von denen die Mehrzahl Italiener sind, und sie nimmt sich auch Bücher mit, um im Auto Vokabeln und Grammatik zu pauken. Als wir nach Rom kamen, konnte sie nur ein bisschen Urlaubsitalienisch. Jetzt, nach wenigen Wochen, plaudert sie schon mit italienischen Freundinnen, als sei sie in den Gassen Trasteveres aufgewachsen, so scheint es mir jedenfalls.

Aber zurück zu Teodoro. Ich höre immer schon am langen Klingeln, dass er es ist. »*Son Teodor, il pesciven*«, meldet er sich dann. Ich bitte ihn herein. Er macht zur Einleitung jedes Mal eine Bemerkung über das Wetter, wobei er sommers wie winters mit bedächtiger Miene feststellt, draußen wehe doch ein nettes, laues Lüftchen. Dann stellt er seinen Weidenkorb in unserer Küche auf dem Fußboden ab, kniet sich daneben und zieht die Zeitungspapiere weg. Unter der ersten Schicht kommt seine alte Handwaage aus Messing zum Vorschein, unter der nächsten je nach Jahreszeit und Fang ein kleiner Berg aus glitschigen Fischen, Garnelen und Muscheln.

»Was haben wir denn heute?«, fragt Teodoro stets, um sich dann selbst zu antworten, während er die Fische in die Höhe hält: »Heute hätten wir einen schönen, großen Steinbutt oder vier kleine Seezungen, zwei Goldbrassen – und da sind auch noch einige Sardinen und ein Zackenbarsch. Außerdem diese Miesmuscheln aus dem Golf von Gaeta, sehr schöne Miesmuscheln. Was möchten Sie, d*ottur*?«

Ich wähle dann jeweils aus, worum mich Antonia oder die Kinder gebeten haben. Während ich unserem freundlichen Fischhändler einen starken *caffè* mit ganz viel Zucker bereite, verlangt er nach einem scharfen Messer, um in unserem Spülbecken die Fische auszunehmen und zu putzen. Plattfischen wie Steinbutt und Seezunge zieht er langsam die Haut ab. Das gibt ein schabend-knirschendes Geräusch, das mir jedes Mal Schauer über den Rücken jagt. Ich muss dann immer an die abgezogene Haut des Märtyrers Bartholomäus denken, in der sich Michelangelo auf dem Fresko mit dem Jüngsten Gericht in der Sixtinischen Kappelle selbst porträtiert hat.

Die Fischabfälle klaubt Teodoro sorgfältig zusammen, um sie in eine Plastiktüte zu stecken und wieder mitzunehmen. Danach putzt er noch Messer und Spüle, schlürft genussvoll seinen *caffè*, packt den Weidenkorb, steckt das Geld in die Brusttasche, bedankt sich und entschwindet. Zurück bleiben stets eine Schale mit sauber geputzten, frischen Meerestieren – und ein beißender Geruch nach Tabak und Fisch.

Jedes Mal, wenn er tief über die Spüle gebeugt an den Fischen herumschnippelt, halten wir ein kleines Schwätzchen. Teodoro fragt, was ich gerade für einen Artikel über Italien für meine Zeitung schreibe, und ich lasse mir von ihm ein bisschen über sein Leben erzählen. So bekomme ich Mosaikstein für Mosaikstein das Bild eines Berufes, der im modernen Europa mit seinen Supermärkten, Spezialitätenläden, Tiefkühltransportern und Hygienevorschriften bald aussterben dürfte: dem des fliegenden Fischhändlers.

Dabei war es Teodoro eigentlich in die Wiege gelegt, ein ganz normaler Fischer zu werden. Doch dann ließ ihn sein Dickkopf einen anderen Weg gehen. Und das kam so:

»Meine Vorfahren waren allesamt Fischer in Terracina, seit Jahrhunderten, so weit der Mensch denken kann«, erzählt Teodoro eines Tages stolz. »Kein einziger Bauer war darunter.« Auch sein Großvater wurde Fischer, sein Vater und schließlich sein älterer Bruder. Damit begannen die Probleme. Denn der junge Teodoro musste mit seinem Bruder zusammen zum Fang hinausfahren auf das herrliche Meer vor Terracina, einem uralten Hafenstädtchen auf halbem Weg zwischen Rom und Neapel. Wenn der Morgen dämmerte oder die Abendsonne unterging, dann schienen das Kap der Zauberin Circe, die einst Odysseus' Gefährten in Schweine verwandelte, der Burgberg von Gaeta und die Pontinischen Inseln wie glühende Traumgebilde über der Meeresfläche zu schweben. Teodoro aber hatte nicht viel von all dieser mediterranen Schönheit. »Denn ich habe mich dauernd mit meinem Bruder gestritten. Er war der Ältere, er wollte kommandieren. Doch ich wollte nicht gehorchen. Ich konnte nie fremden Befehlen folgen.« Also hängte er die Netze an den Nagel – und wurde *pescivendolo*.

14 Jahre war Teodoro damals alt, 40 Jahre sind seitdem vergangen. 40 Jahre, in denen der sonnengegerbte Mann einem so gleichmäßigen Arbeitsrhythmus folgen sollte, als steuerte ihn ein Metronom: Jeden Dienstag, Mittwoch, Donnerstag und Freitag setzt er sich mit seinem Weidenkorb voller Fische in den Zug von Terracina nach Rom, bei 40 Grad im Sommer genauso wie bei 6 Grad im Winter. Vom Hauptbahnhof fährt er mit dem Bus nach Prati, um dort 20 bis 30 Familien – alles Kunden seines Vertrauens – abzuklappern. Längst ist der schlurfende Teodoro mit seinem Weidenkorb eine Institution im Viertel. Die *clienti* erwarten ihn bis heute so gewiss wie das Läuten der Petersdomglocken, und wenn er doch einmal ausbleibt, weil das Meer zum Fischen zu stürmisch oder der Fang zu mickrig ist, dann gibt es einen kleinen Aufruhr. Dann laufen die philippinischen Hausmädchen oder die *signore* und auch ich zu Francesco, dem Friseur an der Ecke, der alles auf der Straße mitbekommt, und fragen ihn: »War Teodoro schon da?«

Schüttelt Francesco daraufhin, begleitet von einem leisen »Ts, ts, ts« den Kopf, dann heißt es, den nächsten *alimentari* oder Supermarkt zu stürmen, um eine Alternative fürs Mittagessen einzukaufen.

Wie gesagt, das sind Ausnahmen. Normalerweise kommt Teodoro zuverlässig mit seinen feuchten Schätzen. Und er hat keine Probleme, sie an die Römer zu bringen. Im Gegenteil. Oft schüttelt er bedauernd den Kopf und sagt: »*Mi dispiasch* – tut mir leid, aber die Venusmuscheln sind schon verkauft.«

Seine Kunden sind ihm dabei nicht alle gleich. Manchmal hält er einen schönen Fisch zurück und meint, den müsse er erst noch der *signora* aus dem gelben Eckhaus anbieten. Schließlich gibt es zwischen den *clienti* diverse Abstufungen des Vertrauens. Sie folgen den Jahren, in denen Teodoro sie beliefert, allerdings nicht nur. Natürlich hat die Familie eines *carabinieri*-Oberst oder gar eines *onorevole*, eines Abgeordneten, im Zweifel Vorrang. Und natürlich soll ein *monsignore*, ein hoher Geistlicher des Vatikans, ebenfalls fürstlich speisen.

Ein *giornalista tedesco*, der noch dazu erst seit kurzem in Rom lebt, hätte da eher schlechte Karten und müsste womöglich an etlichen Tagen mit Sardellen oder einem übrig gebliebenen Seebarsch vorlieb nehmen. Der *caffè* mit viel Zucker, meine privilegierte Beziehung zu Filippo, dem Hausmeister, und unsere vielen Küchengespräche lassen mich aber rasch in der Gunst des *pescivendolo* steigen, sodass Antonia, Bernadette und Nicolas selten darben müssen.

Mehrmals fällt mir auf, dass sich Teodoro müde voranschleppt und die Augen unter den buschigen Brauen kaum aufbekommt. Ich unterstelle ihm zunächst ein exzessives Nachtleben, verwerfe diese Hypothese jedoch bald wieder und frage ihn beim nächsten Mal ernsthaft besorgt, wann er eigentlich morgens aufstehen müsse. »Um kurz nach ein Uhr«, meint er beiläufig.

»Wie, um kurz nach ein Uhr? Das kann doch nicht sein, dass Sie jede Nacht um diese Zeit aufstehen?«

»Nicht jede«, antwortet Teodoro, »nur an den vier Tagen, an denen ich nach Rom komme.«

»Aber warum, *Dio mio*, stehen Sie derart früh auf?«

»Um rechtzeitig am Hafen zu sein, wenn gegen zwei

Uhr die Nachtfischer ankommen«, sagt er. »Die haben oft was dabei, was ich brauchen kann, einen schönen *tonno*, Thunfisch, zum Beispiel.« Um vier Uhr noch was nehme er dann den Zug nach Rom. Und am Nachmittag sei er wieder zu Hause. So geht das seit 40 Jahren. »Und so wird das noch mindestens fünfzehn Jahre weitergehen.« Denn viel Geld, so seufzt Teodoro, habe er nicht.

Dabei war er eigentlich bereits ein gemachter Mann. Sein Sohn hatte eine Stelle bei der Gemeinde gefunden und er selbst hatte sein Haus in Terracina beinahe abbezahlt. »Aber nun will dieses Weib es mir wegnehmen.« Dieses Weib, das ist Teodoros Frau – zumindest war sie das bis vor kurzem. Die beiden haben früh geheiratet, den Sohn bekommen und dann lange glücklich und friedlich beieinander gelebt, so erinnert sich jedenfalls der *pescivendolo*. »Ich war ein sehr guter Ehemann«, meint er augenzwinkernd, »meiner Frau fehlte es an nichts!« Vor ein paar Monaten aber habe sie sich plötzlich völlig verändert. Schuld seien ihre neuen Freundinnen, richtige Hexen, Emanzen, die über ihn herzögen und seine Frau immer mehr aufhetzten. Dabei habe er sich doch nie, niemals etwas zuschulden kommen lassen.

»Wirklich niemals?«, frage ich ungläubig.

Teodoro hebt den Kopf von der Spüle, in der er gerade einen schönen Zackenbarsch schuppt, und denkt angestrengt nach. »Mir fällt da nichts ein«, meint er dann, geradezu resigniert. »Gewiss, ich habe ein wenig gespielt mit Freunden, Karten und Würfel und so. Da verliert man schon mal ein wenig Geld. Vielleicht habe ich auch ein bisschen Schmuck von ihr versetzt. Wer weiß das schon noch? Und einmal, als sie mich richtig wütend gemacht hat, da musste ich sie doch verprügeln. Aber sonst? Nein, sonst fällt mir nichts ein.«

Das alles sei jedenfalls kein Grund, ihn aus seinem

hart verdienten Haus zu werfen, klagt Teodoro und reißt die schwarzen Augen ganz weit auf. »Nicht wahr, *dottur*!« Aber genau das habe dieses Weib nun getan, mit Hilfe einer parteiischen Richterin und seines nichtsnutzigen Anwalts, der gewiss heimlich mit seiner Frau gemeinsame Sache mache. »Wissen Sie, wo ich jetzt schlafe? In meinem Auto. Jawohl, in meinem Auto. Und wenn ich Wäsche aus meinem eigenen Haus holen will, dann sagt meine Frau, ich müsse mich vorher anmelden. Dabei ist es mein Haus. Ich habe es bezahlt, über all die Jahre mit meinen Fischen.«

Die Sache wird sich über die Wochen gefährlich zuspitzen. Teodoro wirkt, wenn er kommt, immer niedergeschlagener und redet sich immer mehr in Rage. Eines Tages murmelt er in tiefstem Dialekt Verwünschungen, die ich nur teilweise verstehe. Doch was ich kapiere, ist mehr als genug. Das Maß sei voll, schimpft Teodoro. Eines Nachts werde er sich ein scharfes Fischmesser nehmen, in sein Haus eindringen und seine Frau erstechen. Danach werde er mit seinem Fischkorb wie jeden Morgen an den Bahnhof von Terracina gehen und sich dort vor den Zug werfen.

Ich bin schockiert. Und kann nicht einschätzen, wie ich das Ganze aufnehmen soll: als letztlich folgenloses italienisches *teatrino* oder als Ankündigung einer Tragödie? Ich bitte den *pescivendolo*, sich zu setzen, bereite ihm einen *caffè corretto* mit einem großen Schuss Grappa zu und versuche ihm ins Gewissen zu reden. »Machen Sie bitte keine Dummheiten«, flehe ich ihn an. »Wenn Sie schon nicht an sich denken, dann denken Sie wenigstens an Ihren Sohn.«

Ich weiß, wie sehr er an dem jungen Mann hängt, wie stolz er auf ihn ist. »Zerstören Sie nicht auch sein Leben.« Ich spüre, wie dieses Argument durch seine Wut und seine Verzweiflung dringt.

Er nickt ein paarmal, ganz langsam. Dann murmelt

er: »*Va be, va be, dottur.* Es geht schon in Ordnung. Ich werde keine Dummheiten machen.«

Auf das Wohl seines Sohnes lasse ich ihn versprechen – denn er ist abergläubisch – mich anzurufen, bevor er irgendetwas Unwiderrufliches tut. Beunruhigt blicke ich ihm aus dem Fenster nach, wie er mit seinem Weidenkorb die Straße entlanggeht, gebückter und schlurfender denn je.

Die Sache verfolgt mich. Müsste ich mehr tun? Und wenn ja, was? Mir gehen all die grausigen Familientragödien durch den Kopf, die sich in Italien sicher nicht öfter ereignen als in anderen europäischen Ländern, die hier jedoch in den Medien über Wochen, Monate und Jahre exzessiv verfolgt und bis in die allerletzten Details immer wieder aufbereitet werden. Das »Verbrechen von Cogne« etwa, bei dem es um die Frage geht, ob eine hübsche, junge Mutter in einem kleinen Feriendorf des Aostatals ihren drei Jahre alten Sohn mit 17 Schlägen auf den Kopf getötet hat. In den Zeitungen und Talkshows nehmen Dutzende von Experten dazu Stellung, die Bürger geben auf Websites und in Umfragen der Meinungsinstitute ihr Urteil ab und ein Fernsehsender ließ sogar ein Modell des Todeshauses von Cogne anfertigen, um die Tat besser illustrieren zu können. Der kleine Samuele wird so – im Bewusstsein der Italiener – immer wieder erschlagen. Und die Bürger gewinnen dadurch den falschen Eindruck, in ihrem Land gehe es besonders gewalttätig zu, was sich statistisch nicht belegen lässt.

Nur: Was nützt alle Statistik, wenn Teodoro durchdreht? Ich gehe ein Stockwerk hinunter und klingele an der Tür von Paola und Sergio. Paola macht auf. Sie trägt eine Schürze und entschuldigt sich, sie bereite gerade die Fische zu, die Teodoro gebracht habe.

»Um ihn geht es«, sage ich und erzähle ihr von meinen Befürchtungen.

Paola nickt und meint, der Fischhändler habe auch mit ihr darüber gesprochen, ich dürfe das nicht zu dramatisch nehmen. Teodoro sei ein Schauspieler, ein Theatraliker und ein Schlitzohr. »Aber er ist gewiss kein Verrückter und schon gar kein Mörder.« Die Sache werde sich bestimmt wieder einrenken.

Tatsächlich bessert sich die Stimmung des Fischhändlers in der Folgezeit. Er habe den Anwalt gewechselt und sei guter Hoffnung, bald wieder in sein Haus einziehen zu können, erzählt er. »Im Übrigen schlafe ich in meinem Auto inzwischen richtig gut.«

Mittlerweile sind auch die langen italienischen Sommerferien zu Ende und wir erleben das Schauspiel des *grande rientro* mit. Für uns ist das ein denkwürdiges Spektakel: Auf unserer Straße, in Francescos Friseursalon, im *alimentari* und natürlich in unserem Palazzo fallen sich Verwandte, Nachbarn und Bekannte in die Arme, die wir zumeist noch gar nicht kennen. Sie klopfen sich auf die Schultern, streichen sich über die Rücken, busseln sich immer wieder laut schmatzend ab und scheinen sich aufrichtig darüber zu freuen, endlich alle wieder beisammen zu sein. Nach dem Entzug der Ferienzeit wirkt die Droge *compagnia* stärker denn je.

Vor allem ein Begrüßungsritual fällt uns auf: Man mustert sich gegenseitig von Kopf bis Fuß, prüft Vitalität und Bräune der Urlaubsrückkehrer, stemmt dann die Hände in die Hüften und ruft mit bis zur Verzückung anschwellender Stimme: »*Ma ben tornati, ben trovati e belli abbronzati!*«

Übersetzt bedeutet das etwa: »Gut seid ihr wieder zurück, gut finden wir euch vor, und schön braun geworden seid ihr auch noch!« Doch bei der Übertragung in eine andere Sprache geht viel zu viel von dem verloren, was sich in dem Spruch an Emotionen ballt. Er wirkt als definitives Gütesiegel. Damit wird dem anderen bescheinigt, er habe einen schönen Urlaub verbracht. Aber wehe dem, der sich mit einem blassen Gesicht zurückmelden sollte (womöglich war er beim Höhlentauchen). Dem wird nie und nimmer ein gelungener Urlaub abgenommen.

Wir bestaunen die *rientro*-Rituale ein wenig neidvoll aus der Ferne. Da die meisten anderen uns noch nicht kennen, werden wir auch nicht mit »*ben tornati*« begrüßt. Und da wir die vergangenen Wochen bei Ikea, in Elektrogroßmärkten, Behörden, Postämtern, mit Handygesprächen mit der Telefongesellschaft und dem Einrichten der Wohnung zugebracht haben, kann niemand auf die Idee kommen, uns als »*belli abbronzati*« zu rühmen. Im Gegenteil. Eine der Cornetti-Damen aus dem Palazzo, der wir vorgestellt werden, ruft erstaunt: »Ich wusste ja gar nicht mehr, wie blass ihr Deutschen seid.« Dann ergänzt sie schnell: »Es steht euch aber gut.«

»Antonia, meinst du, wir werden irgendwann auch einmal mit ›*ben tornati, ben trovati e belli abbronzati*‹ begrüßt werden?«, frage ich ein wenig wehmütig, als wir abends auf unserem Balkon sitzen.

»Ich weiß nicht, Stefan«, antwortet sie. »Aber wenn es eines Tages passieren sollte, dann wissen wir, dass wir es geschafft haben.«

Die Tage gehen ins Land und meine Erledigungsliste wird, langsam zwar, aber stetig, kürzer. Einen besonders sperrigen, um nicht zu sagen beängstigenden Punkt wollen wir auf jeden Fall noch im September hinter uns bringen: den *permesso di soggiorno* – die italienische Aufenthaltserlaubnis. Theoretisch braucht man als Bürger der Europäischen Union eine solche Erlaubnis nicht. Praktisch wird sie von den italienischen Behörden zur Zeit unserer Ankunft aber noch verlangt.

Bei meiner telefonischen Anfrage in der *questura*, dem Polizeipräsidium, meint eine Beamtin brüsk: »Wir sind hier in Italien, und da gilt italienisches Recht.« Ich hätte zwar als EU-Bürger einen zwingenden Anspruch auf eine Aufenthaltserlaubnis. Um diesen Anspruch erfüllt zu bekommen, müsse ich die Erlaubnis aber erst einmal beantragen. Aha.

Der mühsame Weg zum *permesso di soggiorno* ist bei Einwanderern in etwa so beliebt wie bei früheren Seefahrern die Passage um das Kap Horn. Schauerliche Geschichten machen die Runde, von Familien, die seit den Tagen der Nubier-Kriege in der *questura* Schlange stehen, nur um letzten Endes am Schalter wahrscheinlich doch noch Schiffbruch zu erleiden.

Glücklicherweise finde ich nach einer Reihe von Telefonaten heraus, dass für mich als Journalist und damit auch für meine Familie ein stark vereinfachtes Verfahren gilt. Ich brauche lediglich ein Akkreditierungsschreiben meines Chefredakteurs und muss dieses bei der deutschen Botschaft in Rom einreichen. Die Botschaft schickt das Schreiben sodann, mit einer eigenen Empfehlung versehen, an die *Farnesina* weiter, das italienische Außenministerium.

Geraume Zeit später erhalte ich eine Aufforderung von der *Farnesina*, die sich am nördlichen Rand der Stadt befindet, mich dort vorzustellen. Gesagt, getan. Im Ministerium beglückwünscht mich eine reizende Beamtin dazu, dass ich als Journalist in den Genuss des besonders vereinfachten Verfahrens komme. Danach stellt sie mir in Aussicht, mir für eine der nächsten Wochen einen Termin bei der *questura* zu machen. Ich müsse mich dann nur noch mit einer Reihe von Unterlagen, Gebührenmarken etc. und natürlich samt meiner Familie dorthin begeben, und schon erhielte ich den *permesso di soggiorno*.

Eines frühen Nachmittags ist es so weit. Wir haben einen Termin beim Polizeipräsidium und machen uns auf den Weg. Das zuständige Amt der *questura* liegt ganz im Osten der Stadt, kurz vor der Auffahrt in die Abruzzen. Doch schon nach eineinhalb Stunden Autofahrt nähern wir uns dem Ziel. Leider erschweren umfangreiche Straßenarbeiten, in deren Verlauf die Schilder zur *questura* entfernt worden sind, die Weiterfahrt. Leichtsinnigerweise besitzen wir immer noch kein Navigationsgerät. Und es ist wieder einmal erschreckend heiß.

Bernadette brüllt, es sei unerträglich. Außerdem will sie wissen, warum in dem Viertel, in dem wir uns gerade verfahren haben, so viele afrikanische Damen in extrem kurzen Röcken herumstehen.

»Die sind so arm, dass sie so kurze Röcke tragen müssen«, sagt Antonia, und das ist ja nicht einmal gelogen.

Schließlich kommen wir bei der *questura* an, einem hässlichen, von Mauern und Stahltoren umgürteten Bau, dem legalen Eingang nach *Bella Italia*. Es ist, wie wir befürchtet haben: In einem überfüllten Wartesaal brüten Großfamilien aus aller Herren Länder vor sich hin. Ein grimmiger Polizist mustert unsere Ladung und schickt uns dann eine Pforte weiter. Dort erhalten wir von zwei Beamten, die in einem mit Panzerglas geschützten Kontrollraum sitzen, mehrere Magnetkarten. Mit deren Hilfe passieren wir schadlos diverse Stahltüren und gelangen endlich in ein schäbiges Büro.

Hinter einem abgenutzten Schreibtisch stehen zwei junge Damen in weißen Kitteln und mit Gummihandschuhen an den Händen. Offenbar rechnen sie damit, es mit Leprakranken zu tun zu bekommen. Lächelnd prüfen sie unsere Ladungsschreiben, Pässe, Passkopien, Passfotos, Gebührenmarken etc. Dann sagen sie tadelnd, in unserem Fall habe es gar keiner Gebührenmarken bedurft, aber daran solle die Prozedur nun auch nicht scheitern. Wir könnten unsere *permessi di soggiorno* in einer Woche zur gleichen Zeit und an gleicher Stelle abholen, persönlich natürlich. Weitere eineinhalb Stunden später sind wir wieder zu Hause.

Nach besagter Woche halten wir tatsächlich unsere Aufenthaltsgenehmigungen in den Händen. Es ist ein erhebender Augenblick für uns, vergleichbar allenfalls mit der Aushändigung der Heiratsurkunde auf dem Standesamt oder mit der Überreichung des Abiturzeugnisses. Dem kleinen Schönheitsfehler, dass bei mir als Geburtsort »Sturnberg« statt »Starnberg« eingetragen ist, messe ich zu diesem Zeitpunkt keinerlei Bedeutung bei. Antonia und ich kaufen *spumante* aus der Franciacorta – mit einem gewöhnlichen *prosecco* ist es bei dieser Gelegenheit nicht getan – und *aranciata* von San Pellegrino für die Kinder. Dann feiern wir gemeinsam die Umrundung von Kap Horn.

Der Erfolg, und der *spumante*, machen mich tollkühn. Ich nehme mir vor, gleich am nächsten Tag für die ganze Familie eine weitere Hürde zu nehmen – die *residenza*, die Anmeldung des Wohnsitzes. Ich hätte gewarnt sein müssen. Schon in Friedrich Schillers Ballade *Der Ring des Polykrates* warnt der ägyptische König den erfolgsverwöhnten Tyrannen von Samos vor dem Wankelmut des Glücks und der Gefahr des Übermuts.

»Mir grauet vor der Götter Neide:
Des Lebens ungemischte Freude
Ward keinem Irdischen zuteil.«

Allein, ich will nicht hören. Mit törichtem Optimismus marschiere ich zum *municipio*, der für uns zuständigen Stadtteilbehörde. Dort angekommen, finde ich mich vor einem turnhallengroßen, von Menschen wimmelnden Raum wieder. Neben der Tür sitzt ein Mann hinter einem gerundeten Schreibtisch wie Zerberus am Eingang zur Unterwelt und unterzieht mein Dokumentenbündel – *permesso di soggiorno*, Pass, Heiratsurkunde, Führerschein, Mietvertrag und Co. – einer ersten Vorprüfung. »Ts, ts, ts«, faucht der Mann ziemlich ungehalten. Ich hätte nur eine Fotokopie der *permessi di soggiorno* meiner Familie dabei. Erforderlich seien aber jeweils zwei. Ich solle zu einer Art Kiosk in dem Verwaltungsgebäude gehen, um die erforderlichen Kopien machen zu lassen. Dort könne ich gleich auch noch die fehlenden Gebührenmarken kaufen.

Murrend trotte ich zum Kiosk, der wie eine Mischung aus Bar und Fahrkartenschalter aussieht, und lasse die Kopien anfertigen. Sie sind so dunkel, dass man praktisch nichts erkennt. »Bessere Abzüge sind derzeit nicht möglich, der Kopierer ist kaputt«, fertigt mich der Sachwalter ab und kassiert die Gebühr für die unbrauchbaren Blätter. Natürlich jagt mich der Zerberus damit fort. Da müsse ich eben in der Gegend nach einem Kopierer suchen.

Ein Copyshop, den ich nach einigem Suchen finde, ist immer noch »*chiuso per ferie*«. In einem Schreibwarengeschäft heißt es, der dortige Kopierer funktioniere zwar tadellos, die zuständige Fachkraft sei jedoch im Urlaub. Mein Angebot, selbst Hand anzulegen, wird entrüstet abgelehnt. Auch meine weitere Suche bleibt erfolglos. Erhitzt und zerknirscht kehre ich schließlich zu Zerberus zurück.

Da wir uns nun schon kennen, ist er geringfügig freundlicher. Er hört sich meine Probleme in etwa so gequält-geduldig an wie ein Hausarzt die Erzählung eines besonders wehleidigen Patienten. Dann greift er noch einmal zu meinen Papieren, begutachtet den

Pass – und auf einmal geht ein Strahlen über sein Gesicht. Er packt mich am Kragen, zieht mich über den Schreibtisch, klopft mir auf die Schulter und ruft: »Aber Sie haben ja am gleichen Tag Geburtstag wie ich. Warum haben Sie das denn nicht früher gesagt?« Die Sache mit den Kopien sei doch gar kein so großes Problem. Gleich im Nebenzimmer der Behörde stehe ein Gerät, da werde er sie mir schnell herauslassen.

Wieder habe ich der Götter Gunst erfahren – und wieder bekomme ich ihren Neid zu spüren. Kaum hat mir der zu Pussycat mutierte Zerberus die Kopien überreicht, da meint er schon zerknirscht: »Leider können Sie heute nicht mehr an den Schalter. Es sind nur fünfundfünfzig Antragsteller für eine neue *residenza* pro Tag zugelassen, und so viele sitzen längst im Wartesaal.«

Ich fahre also mit dem Bus nach Hause, gehe zu Massimo in die Bar, trinke einen *caffè lungo*, esse ein *cornetto* mit Marmeladenfüllung und tue so, als ob ich mich nicht aufrege. Schließlich bin ich fast schon ein Römer.

Gleich am nächsten Morgen bin ich wieder da. Diesmal geht alles ganz schnell, zumindest, was die Vorprüfung anbelangt. Zerberus alias Pussycat winkt mich komplizenhaft lächelnd in den Saal. Drinnen sitzen bereits etliche Menschen auf den aneinandergereihten Plastikstühlchen. Ich ziehe eine Nummer und nehme neben drei netten Priestern aus Indien Platz, die an einer vatikanischen Hochschule studieren. In den folgenden Stunden lerne ich viel über die größte Demokratie der Welt. Der Mittag naht und damit die Stunde des Schalterschlusses.

Schon sehe ich mich mein Heil wieder in einem *caffè lungo* und einem *cornetto* bei Massimo suchen, da öffnet sich eine Tür und eine junge Dame mit einem tief ausgeschnittenen, knappen, engen Kostüm zum hochhackigen Schuh bittet mich herein. Sie sieht aus, als arbeite sie bei einer Begleitagentur. Etwas befangen und von der Hitze benommen, setze ich mich ihrem Schreibtisch gegenüber auf einen Stuhl. Die junge Dame schlägt die langen Beine übereinander, betrachtet ihre künstlichen Fingernägel und sagt: »*Allora?*«, was wohl eine leicht verkürzte Form der Frage ist: »Was darf ich für Sie tun, werter EU-Bürger, der mit seinen hart verdienten Steuergeldern dieses nichtsnutzige Amt fürstlich finanziert?«

Ich gebe meiner Stimme einen optimistisch-dynamischen Klang und sage nonchalant: »Ich möchte nur die *residenza* für mich und meine Familie beantragen.«

»*Boh*«, schnauft die Dame. »Dann wollen wir mal sehen, wie es um Ihre Papiere steht.«

Mit spitzen Fingern greift sie nach den Dokumenten, die ich ihr über den Schreibtisch reiche. Sie setzt eine kantige schwarze Hornbrille von Armani auf und vertieft sich in die Lektüre. Lange Zeit geschieht gar nichts. Ich denke an das Kreisverwaltungsreferat in München, das ich früher als Hort zeitraubender Bürokratie verflucht habe und das mir nun wie eine Wiege des Bürgersinns vorkommt. Heimweh kriecht in mir hoch. Die Dame liest weiter, ihr Blick verfinstert sich, offensichtlich findet sie nichts, was man in meinen Papieren beanstanden könnte. Sie prüft die Daten der Pässe und der *permessi di soggiorno*, bei Antonia, bei Bernadette, bei Nicolas. Plötzlich stockt ihr wandernder Zeigefinger an einer Stelle auf meinem *permesso*. Sie blickt zwischen Pass und *permesso* hin und her. Ich halte den Atem an. Dann sagt sie so freudestrahlend, als habe sie gerade eine Spielbank gesprengt: »Ihr *permesso* ist falsch.«

Fassungslos starre ich sie an. »Was soll das heißen?«

Triumphierend tippt sie auf den *permesso*. »Hier

steht als Geburtsort ›Sturnberg‹. In Ihrem Pass steht aber, dass Sie in ›Starnberg‹ geboren sind. Sie müssen erst den *permesso* auf der *questura* korrigieren lassen. Vorher kann ich nichts für Sie tun.«

Nachdem ich mich von einer kurzen Ohnmacht erholt habe, wage ich einzuwenden, der falsche Vokal sei doch vielleicht kein ganz so großes Problem. Offensichtlich habe sich jemand in der *questura* vertippt. Sie solle bitte einfach den korrekten Geburtsort »Starnberg« in die *residenza* eintragen.

Die Dame starrt mich an, als hätte ich ihr gerade vorgeschlagen, Osama bin Laden in einem Seidennachthemd unter ihrem Bett zu verstecken. Dann schimpft sie los: »Was bilden Sie sich eigentlich ein! Wenn es nach Ihnen ginge, dann würden einander widersprechende Angaben in italienischen Behördenregistern stehen. Niemals!«

Ich will mich gerade resigniert zum Gehen wenden, da ruft sie mich zurück. »Warten Sie mal«, sagt sie nun wieder ganz freundlich. »Ich will Ihnen Arbeit ersparen. Darum sage ich Ihnen jetzt gleich, was sonst noch fehlt. Sie brauchen eine von der deutschen Botschaft in Rom ins Italienische übersetzte und beglaubigte Heiratsurkunde. Außerdem sehe ich in meinem Computer, dass in Ihrer Wohnung noch zwei Vormieterfamilien eingetragen sind. Die müssen Sie ausfindig machen und dazu bringen, dass sie ihre Löschung beantragen.«

Geschlagen ziehe ich von dannen. Mir ist klar: Diesmal würde nicht einmal ein *caffè corretto* reichen, meine Stimmung zu heben.

Doch Antonia, der ich wenig später mein Leid klage, weiß Rat: »Wir sollten uns etwas Schönes gönnen«, meint sie.

Und wir gönnen uns etwas Schönes. Wir lassen uns von einem klimatisierten Taxi hinunter zur Piazza Navona fahren und setzen uns vor die legendäre Bar Tre

Scalini, wo angeblich 1946 das ebenso legendäre *tartufo al cioccolato* erfunden wurde, eine halbkugelförmige Eisbombe aus kakaoreicher Schokolade, die mindestens so üppig ist wie Anita Ekberg in der Fontana di Trevi. Wir bestellen alle vier den *tartufo*, schlürfen dazu Cappuccino beziehungsweise Fanta und genießen den Anblick des barocken Vier-Ströme-Brunnens auf der Piazza mit seinen riesigen Flussgöttern. In diesem schäumenden Becken ließ Dan Brown in seinem Roman *Illuminati* einen der Kardinäle meucheln.

Nachdem sie ihren tartufo verdrückt haben, laufen Bernadette und Nicolas los, um den Porträtmalern auf dem Platz zuzusehen. Ein alter Mann gießt die Topfpflanzen auf der Dachterrasse eines Palazzo. Tauben trippeln auf den *sampietrini*, den Kopfsteinen der Piazza, herum. Hier ließ einst Julius Cäsar ein Wettkampfstadion errichten, und hier planschten die Römer der Barockzeit an Samstagen in dem Wasser, das man extra aus den Brunnen überlaufen ließ. Die umbra- und feuerfarbenen Palazzi leuchten in der Abendsonne, der *tartufo* umtost alle Geschmacksnerven. Antonia und ich schauen uns an. »Nun wissen wir wieder, warum wir hier leben«, sagt Antonia.

Dennoch lässt mich die *residenza* nicht los. Wir beschließen, zunächst das vermeintlich einfachste Problem anzugehen – die übersetzte und beglaubigte Heiratsurkunde. Also fahren wir zur deutschen Botschaft in der Nähe des Hauptbahnhofs, wo man uns sehr freundlich empfängt, aber auch nicht so richtig weiterhelfen kann. Derartige Bescheinigungen seien im Botschaftsbetrieb gar nicht vorgesehen, meint ein Beamter. Er wisse auch nicht, warum die römische Stadtverwaltung auf einmal so etwas verlange.

Ich bin verzweifelt: Die *comune* fordert ein Dokument, das die Botschaft nicht ausstellen kann – eine scheinbar ausweglose Situation. Dabei sehe ich nur die genial einfache Lösung nicht, die mir Antonia nun präsentiert. Gewiss, ich bin Deutscher und noch dazu studierter Jurist, was nicht unbedingt zur Pragmatik im Umgang mit Gesetz und Behörden führt. Nur: Auch Antonia ist Deutsche und Juristin. Doch sie ist eben auch multitaskingfähig. Daher meint sie plötzlich in dieser trüben Stunde: »Wir verzichten einfach auf die *residenza*.«

»Aber …«, beginne ich reflexartig zu protestieren. Doch dann fängt etwas in meinem Kopf zu arbeiten an. Irgendwelche chemischen Prozesse laufen in meinem Gehirn ab, Neuronen wählen bisher vernachlässigte Verbindungen, neue Schaltkreise entstehen. Plötzlich erkenne ich einen üppigen Silberstreif am Horizont. Und ich höre mich rufen: »Was für eine geniale Idee!« Denn gewiss, die *residenza* ist per Gesetz vorgesehen. Doch wofür brauchen wir sie überhaupt? Zum Abstimmen bei Kommunalwahlen? Es wäre nett, in Rom mitzuwählen, aber die Römer werden auch ohne uns den richtigen Bürgermeister aussuchen. Eine vergünstigte Jahreskarte für die Verkehrsbetriebe? Die Einzelfahrkarten sind mit einem Euro im Vergleich zu Deutschland nicht besonders teuer. Ein italienischer Personalausweis? Wäre schon nett – aber man kann eben nicht alles haben.

Mit diesen Überlegungen mache ich einen gewaltigen Satz: hinaus aus meiner deutschen Alles-Erledigen-Und-Alle-Papiere-Ordnungsgemäß-Beisammen-Haben-Müssen-Mentalität und hinein in eine mediterrane Man-Muss-Sich-Mit-Den-Umständen-Arrangieren-Haltung. Ein bisschen mulmig zumute ist mir schon dabei und irgendwo in mir meldet sich das schlechte Gewissen. Doch ich bin auch ein wenig stolz und fühle mich sehr italienisch. Es ist wieder einmal

Zeit für einen *spumante*, einen »italienischen Quali-
tätsschaumwein«, wie es im Jargon der Brüsseler EU-
Beamten heißt, dem kleineren, in manchen Fällen aber
ebenbürtigen Bruder des Champagners.

Zehn

Leicht beduselt gehen wir ins Bett und schlafen sofort ein. Ich träume von einer römischen Beamtin im Leopardenkostüm, die auf einem Aktenschrank steht und mir einen brennenden Reifen aus Paragraphen zum Durchspringen hinhält. Da ich verweigere, schickt sie mich in ein finsteres, feuchtes Kellergewölbe tief unter dem Flussbett des Tibers. Dort soll ich alle Einwohnermeldeakten seit der Regierungszeit des Kaisers Augustus neu sortieren. Keuchend schiebe ich riesige gusseiserne Truhen mit Hängeregistern die Gänge entlang. Das Metall scheppert ohrenbetäubend über die steinernen Böden.

Ich schrecke aus dem Schlaf. Es rumpelt tatsächlich. Benommen setze ich mich auf und versuche die grässlichen Geräusche zu orten. Sie kommen nicht aus dem Keller, sondern von oben, über uns. Einen Augenblick lang ist es still. Doch dann beginnt ein lautes Klappern, als würde jemand mit Stöckelschuhen eilig über den Marmorboden laufen. Ein Fernseher brüllt auf. Eine Dusche beginnt zu prasseln. Ich drücke die Lichttaste des Weckers: 3.20 Uhr. Auch Antonia ist inzwischen wach. Wir rätseln, wer das wohl sein mag, doch wir kommen nicht darauf. Eine halbe Stunde später ist wieder Ruhe.

Bereits in der nächsten Nacht wiederholen sich die Poltergeistphänomene. Und so geht es Nacht für Nacht weiter. Wir schlafen immer schlechter. Eines Morgens, als ich gerade vom Kiosk mit den Morgenzeitungen zurückkomme, treffe ich Sergio im Flur. Nach der wechselseitigen Versicherung, es gehe uns hervorragend, fragt er mich besorgt: »Du siehst müde aus. Geht es dir nicht gut?«

»Doch, doch«, antworte ich, »nur schlafen wir seit ein paar Tagen kaum mehr. Jede Nacht dringen so komische Geräusche aus der Wohnung über uns. Der Lärm klingt wie ein Rücken von Möbeln und ein Getrampel von Schuhen. Es ist geradezu unheimlich!«

Sergio schmunzelt. »Wir haben euch ja gewarnt vor dem *incubo*, dem Albtraum. Nun ist er aus den Ferien zurück.« Dann klärt er mich auf. »In der Wohnung über euch leben meine Tante und mein Onkel mit ihrer 31 Jahre alten Tochter, dem *incubo*. Sie war 14 Jahre mit einem jungen Mann zusammen, der sie nun hat sitzen lassen. Seitdem zieht sie nachts durch die Stadt und kommt oft erst in den frühen Morgenstunden heim. Dann räumt sie gerne ihr Zimmer um, probiert ihre 30 Paar Schuhe aus und gönnt sich eine ausgiebige Dusche. Sogar wir hier unten hören das.«

Ich bin verblüfft. Eine 31 Jahre alte Tochter, die Nacht für Nacht durch Bars und Diskotheken zieht und zugleich noch bei ihren Eltern zu Hause lebt, das ist für mich schwer vorstellbar. Aber ich werde bald lernen, dass so etwas in Italien, dem Land mit der höchsten Lebenserwartung und der geringsten Geburtenrate Europas, ganz normal ist. So hat die nationale Statistikbehörde Istat ausgerechnet: Mehr als 45 Prozent der jungen Italienerinnen und Italiener zwischen 25 und 34 Jahren wohnen im Haushalt von Papa und Mama.

Vor allem die jungen Männer sind alles andere als Nestflüchter. Daher hat sich in Italien eine Spezies erhalten, die in anderen Ländern Europas längst ausgestorben ist: der *mammone*. Das Wörterbuch führt unter diesem Begriff den Makaken auf, doch der ist hier nicht gemeint. Als *mammone* werden in Italien vielmehr Männer bezeichnet, die mit Mitte 30 immer noch bei ihrer Mama leben, um sich bemuttern und vor allem bekochen und bewaschen zu lassen. Schuld daran sind, wie könnte es anders sein, vor allem die Frauen, genauer die Nicht-*mamma*-Frauen. Die jungen Italienerinnen sind heute meist berufstätig und daher weder in der Lage noch bereit, dem Ehemann die *mamma* zu ersetzen, wie das die Gattinnen früher taten. Die Folge: Die Herren der Schöpfung halten sich lieber ans Original – *viva la mamma*, wie Eduardo Bennato singt! Bei ihr finden sie jene unbegrenzte Bewunderung, Zuneigung und Dienstbereitschaft, die ihre Freundin, *la fidanzata*, oder Ehefrau, *la moglie*, so schmerzhaft vermissen lässt.

Die *mamma*-Bindung kann sogar so weit gehen, dass sie die Ehe bedroht. Damit hat sich im katholischen Italien dann die *sacra rota* herumzuschlagen, das zweithöchste Gericht der katholischen Weltkirche. Denn die 20 Richter des Papstes finden: Bleibt ein Ehemann so abhängig von seiner *mamma*, dass er ohne sie keine Entscheidungen fällen kann, ist er also unfähig, selbständig zu leben, so kann das auch nach den eisenharten Maßstäben der Kirche bedeuten, dass die Ehe nichtig ist. Das *mamma*-Syndrom kann somit für die Juristen des Pontifex genauso schwer wiegen wie Impotenz, übersteigerte Abneigung gegen Sex, notorische Untreue oder Alkoholmissbrauch. Sucht bleibt eben Sucht.

In Gestalt des *incubo* haben wir nun einen lebendigen Beweis, dass auch Frauen *mammone* sein können. Allerdings brechen nach meinem Gespräch mit Sergio die nächtlichen Poltergeistgeräusche urplötzlich ab. Nur gelegentlich höre ich noch ein leises, katzenhaftes Tapsen, so als ob jemand auf Socken durch eine dunkle Wohnung schleicht. Bald darauf treffe ich im Lift eine junge, ganz in Schwarz gekleidete Frau, die eine Sonnenbrille trägt.

»Sind Sie Signor Uuulrik?«, fragt sie mich freundlich. »Ich wohne direkt über Ihnen. Vielleicht habe ich Sie manchmal gestört, wenn ich spätabends heimgekommen bin. Falls ja, dann tut mir das leid. Ich versuche jetzt jedenfalls, immer ganz leise zu sein.«

Es ist unser *incubo*. Offenbar hat ihm jemand gesteckt, dass wir uns beschwert haben.

Unser Albtraum hält Wort, egal, ob er nun um drei, vier oder fünf Uhr früh nach Hause kommt. Seine nächtlichen Aktivitäten tragen sogar Früchte: Ein halbes Jahr später treffe ich den *incubo* wieder und er hat ein pralles Bäuchlein über seiner Jeans hängen. Noch ein paar Monate später hören wir manchmal des Nachts ein Baby schreien. Der *incubo* lebt seither mit seinem neuen *fidanzato*, einem Studenten, und dem gemeinsamen Kind in der Wohnung von *mamma* und *papà*.

Bald darauf graut der Morgen, auf den ich mich seit Wochen vorzubereiten versucht habe – mein erster Arbeitstag als Korrespondent in Rom. Ich schlafe schlecht, wie immer vor solchen Ereignissen. Am Morgen wache ich schon um fünf Uhr auf, schleiche mich in die Küche und trinke auf nüchternen Magen einen doppelten *caffè* – ohne Zucker versteht sich. Ich finde das irgendwie heroisch. Dann tapse ich in mein Büro, ein geräumiges Eckzimmer in unserer Wohnung. In diesem Augenblick überwältigt mich der Schock, den ich eigentlich schon viel früher erwartet hätte.

Dieser Schock ist nicht am letzten Arbeitstag im nun schon fernen Juli in der Münchner Zentrale über mich gekommen. Im Gegenteil. Die wohligen Abschiedsworte der Kollegen, die gekonnten Geschenke – darunter Sonnencreme und Picknickkoffer – und das vielstimmige Säuseln »Du wirst uns hier fehlen« waren ja durchaus angenehm. Der Schock kam auch nicht, als die muskulösen Möbelpacker unsere Doppelhaushälfte im Münchner Süden auseinanderrissen, wir die Kaulquappen von Bernadette und Nicolas im Ortsteich in die Freiheit entließen und von den mitleidigen Nachbarn zum Abschiedsfrühstück gebeten wurden. Ebenso wenig kam der Schock bei der hitzedampfenden Ankunft in unserer verschmutzten, stockdunklen Wohnung in Rom. Er hat bis jetzt gewartet – auf diesen frühen Morgen in meinem Arbeitszimmer.

Vom Schreibtisch her, aus den Regalen, von den Landkarten und aus den Archivschränken grinst mir der *horror vacui* entgegen – ein besonders grässliches Gespenst. Mutterseelenallein mit *Italia* und dem Papst werde ich nun sein. Allein, wie ein ferner Planet, weitab von Mutter Erde, meiner Münchner Zeitungsredaktion, in deren Geborgenheit ich so viele Jahre verbracht habe. All die Kollegen – die Lemuren, wie sie einer unserer Redaktionsleiter manchmal spaßhaft nennt –, die Konferenzen und Korrespondenzen, die das Leben in der Zentrale prägen, sind auf einmal so erstrebenswert und so unerreichbar fern. Übrigens: Die Lemuren wurden früher als »Halbaffen« bezeichnet. Heute zählt die Biologie sie zur Unterordnung der »Feuchtnasenaffen«. Das klingt doch ganz sympathisch, geradezu menschlich.

Lemuren hin, Affen her, hier sitze ich nun allein im morgendlichen Rom. Die nächtlichen Gewitter entladen gerade ihre letzten Wolken über der Stadt. Noch etwas mit dem italienischen Fachvokabular ringend, lese ich mich in die Feinheiten eines römischen Bankenskandals ein, den ich der Redaktion als Artikel anbieten will. Da kommt auch schon der erste Anruf aus der Zentrale. Ein Kollege aus dem Ressort Außenpolitik feixt: »Hallo Italien-Korrespondent – wie lebt es sich so am Strand?« Da wird mir wieder einmal klar, wie gut ich es eigentlich habe.

Ich weiß, ein Leben als Auslandskorrespondent – das ist der Traum vieler Kollegen und sogar mancher Nichtjournalisten. Er verströmt ein Gefühl von Freiheit und ein bisschen Abenteuer, von aufregenden Reisen, spannenden Begegnungen mit fremden Menschen, bunten Reportagen und Recherchen aus dem Füllhorn eines faszinierenden Landes.

Die schnöde Wirklichkeit ist – exakt so. Auch so. Nur: Die Betonung muss auf dem »auch« liegen. Denn neben dem prallen Leben bietet das Korrespondentendasein auch all die Kämpfe, die einen guten Teil der Lebenszeit verbraten. Zum Beispiel Auseinandersetzungen mit der Bürokratie, mit Fluggesellschaften, Pressestellen, Ministerbüros, Vermietern, Telefonanbietern, Akkreditierungsbüros, Computertechnikern und Heizungsinstallateuren. All die unangenehmen Dinge eben, die dem Journalisten in der Zentrale von vielen hilfsbereiten Fachleuten abgenommen werden. Nie zuvor habe ich so geschwitzt und so gefroren wie in meinem Büro in Rom, nie war ich so schlecht mit dem Internet verbunden, nie zuvor läuteten Fischhändler, Hausmeister und Mozzarellaverkäufer Sturm an meiner Türe, wenn ich gerade über einem schwierigen Leitartikel brütete.

Das Leben als Auslandskorrespondent bedeutet: kreischende Kinder im Nebenzimmer, während man mit einem hohen Prälaten im Vatikan telefoniert. Stundenlanger Stromausfall im Palazzo, wenn man sich gerade über die Festnahme des obersten Mafiabosses von Sizilien informieren will. Streikende Taxifahrer, wenn man dringend und vor allem sofort zu einem Interview mit dem Premierminister in den Palazzo Chigi fahren muss.

Abgesehen davon: Der Auslandskorrespondent ist immer im Dienst. Am Sonntag, des Nachts, in den Ferien. Ständig hat er sich informiert zu halten, über Regierungskrisen, Vulkanausbrüche und Fußballkrawalle. Das Internet mit den Seiten der Nachrichtenagenturen wird ihm zum Suchtstoff. Er ertappt sich dabei, wie er an Heiligabend, am Hochzeitstag oder während der Geburtstagsfeier seines Sohnes verstohlen auf den Agenturseiten im Netz nach Neuigkeiten fischt.

Mitten im Skiurlaub, auf dem ersten Steilhang der schwarzen Abfahrt, ruft ihn die Redaktion aus München mit der Befehlsbitte an, doch sofort einen Leitartikel zur aktuellen Regierungskrise zu schreiben. Wenn er Pech hat, wird dieser mühsam aus der Ferienwohnung verfasste Leitartikel dann in der Zentrale zu einem halb so großen Editorial zusammengestrichen, weil gerade irgendein innenpolitischer Streit in der SPD-Landtagsfraktion von Mecklenburg-Vorpommern ausgebrochen ist – und das in der Redaktion für wichtiger gehalten wird.

Auch die vielen Arbeitstage am Schreibtisch in Rom sind nicht immer ein Hochgenuss, vor allem wenn es darum geht, in den wenigen Morgenstunden wie ein Staubsauger möglichst viele Informationen über die bizarren Windungen der italienischen Innenpolitik aufzusaugen, um sie dann am Nachmittag in Form eines knappen Artikels wiederzugeben, der informativ und unterhaltend, präzise und bunt zugleich sein soll.

Auf der anderen Seite gibt es dann Erlebnisse, die einen für all das entschädigen: zum Beispiel ein Besuch beim faszinierenden sizilianischen Anti-Mafia-Helden Leoluca Orlando in dessen verwunschener Jugendstil-Villa in Palermo. Oder eine Begegnung in der Weihnachtszeit mit einem mutmaßlichen Boss der 'ndrangheta, der kalabrischen Mafia, in einem gottverlassenen Ort an der Spitze des italienischen Stiefels. Der Mann lud mich in sein Haus ein und zeigte mir seinen gewaltigen Weihnachtsbaum. Seine reizende Frau servierte *caffè* und selbstgebackene *biscotti*. Und wir plauderten wie alte Bekannte über Gott und die Welt der Mafia. Oder eine Reise nach Capri, um der Frage nachzugehen, warum die Insel unter Prominenten gerade eine Renaissance erlebt. Oder eine Fahrt in ein Gebirgsdorf im äußersten Norden des Piemont, dessen Bürgermeister mit Hilfe eines riesigen Spiegels Licht und Sonnenwärme auf die im Bergschatten liegende Piazza zaubert. Oder zwei Sommertage im größten buddhistischen Kloster Italiens. Eine Reportage über ein Barolo-Weingut. Ein zirkusreifer Auftritt des Politakrobaten Silvio Berlusconi in einer von seinen Anhängern überkochenden Messehalle Neapels. Ein Gespräch mit zwei Wahlkampf führenden Pfarrern – einem Rechten und einem Linken. Oder eine Auslandsreise im Flugzeug mit dem Papst. Aber davon später mehr.

Das Korrespondentendasein hat also auch seine Schokoladenseiten, und manchmal ist das sogar ganz wörtlich zu nehmen. Denn einmal machte ich mich für eine Reportage ins sogenannte »Schokoladental« zwischen Pisa und Pistoia auf, um dort drei Spitzenproduzenten feinster Kakaospezialitäten zu besuchen und ihre Fabriken zu besichtigen. Mit drei prallen Probiertüten voller hochprozentiger Tafeln (mit einem Kakaogehalt bis zu 100 Prozent!), Schokofrüchten und Pralinen beladen, kehrte ich heim. Die Folgen hingen mir und Antonia noch viele Wochen um die Hüften. So kann ich es meinen Kollegen in München nicht verübeln, wenn sie glauben, der Korrespondent in Rom führe eine *dolce vita* – auch wenn das nur für den kleineren Teil seines Arbeitslebens zutrifft.

Für die eher spärliche Freizeit gilt es dagegen nahezu unbeschränkt. Und das nicht nur wegen Rom. Dass die Stadt am Tiber ein famoser Ort ist, wissen die Menschen in Germanien bereits seit mehr als zwei Jahrtausenden. Weniger geläufig hingegen ist bis heute, wie herrlich Latium ist, das Land rund um Rom. Dabei schwärmte der deutsche Historiker und Italien-Kenner Ferdinand Gregorovius schon 1860 in seinem Tagebuch: »Diese Landschaft ... bleibt immer neu und groß für mich.« Doch Latium fällt irgendwie durch zwischen den großen Etappen der Kulturroute Florenz–Rom–Neapel. Die meisten Reisenden lassen es links und rechts von Autobahn und Eisenbahnstrecke liegen, weil es vermeintlich nicht so viel zu bieten hat. Daher hält die Region zwischen dem Bolsena-See im Norden und dem Monte Cassino im Süden, zwischen dem Tyrrhenischen Meer im Westen und den Abruzzen im Osten einen Dornröschenschlaf. Genau genommen müsste man von einem Dornbrombeerschlaf sprechen. Die kräftigen grünlila Ranken mit ihren derben Stacheln wuchern so schnell und dicht über Pfade, Bachbetten, Etrusker-Gräber und Römerruinen, dass Wanderungen oft zu einem kleinen Abenteuer werden, und manchmal auch zu einem großen.

Etwa seit Ende September, seitdem es ein wenig kühler ist, sind die Samstage für Antonia, Bernadette, Nicolas und mich zu Latium-Tagen geworden. Da meine Zeitung sonntags nicht erscheint, muss ich samstags in der Regel nicht arbeiten. So entdecken wir Stück für Stück unsere neue Heimat jenseits der Stadtgrenzen. Anfangs zieht es uns öfters an den Lago di Martignano, einen versteckten, kreisrunden Kratersee inmitten von flauschig-grünen, unbebauten Hängen, etwa 40 Autominuten von Rom entfernt. Am Ufer liegt ein kleiner Landwirtschaftsbetrieb mit Kiwi- und Haselnussplantagen, einem Reitstall und einer Trattoria.

Gegen einen kleinen Obolus darf man auf der kurzgemähten Liegewiese am Wasser lagern. Dort liegen wir gerne im Schatten der Weidenbäume, genießen die bukolische Ruhe nach dem Lärmen der Stadt und blicken auf das leuchtende blaugrüne Wasser, das uns an den Wörthsee bei München erinnert.

Diese Martignano-Tage haben für uns alle etwas zu bieten. Antonia und ich lieben es, in dem sauberen Kratersee zu schwimmen. Nicolas versucht mit ein paar italienischen Jungen, kleine Fische im seichten Wasser zu angeln. Bernadette füttert derweil die Pferde mit frischen Grasbüscheln. An einem altmodischen Holzkiosk kaufen wir dicke *panini* mit *porchetta*, *bruschetta* und *macedonia* – Obstsalat. Und wir denken uns … genau: wie gut wir es doch haben.

Allmählich wagen wir uns mit den Kindern auch an die ersten Wanderungen, wobei wir uns oft verlaufen, uns in der duftenden *macchia* die Hemden zerreißen und die Arme zerkratzen oder den Brunnen verfehlen, den es laut unserem italienischen Wanderführer eigentlich unterwegs geben sollte. Meistens brauchen wir viel länger als geplant, und manchmal geraten wir in die Dunkelheit. Dann verlieren die Kinder die Geduld. »Du bist der blödeste Papa der Welt«, mault Nicolas, was ich als erzieherischen Fortschritt empfinde. Als Dreijähriger hat er nämlich noch jedes Mal, wenn ich ihn erzürnte, getobt: »Arschloch-Papa, dich lad ich nicht zu meinem Geburtstag ein!« Bernadette ist da etwas sachlicher. Sie schimpft bei zu langen oder zu chaotischen Touren nur: »Mit euch kann man ja keinen vernünftigen Ausflug machen! Das ist das letzte Mal, dass ich mit euch beim Wandern bin.« Seitdem besteht sie zumindest darauf, dass wir immer eine Taschenlampe mitnehmen. Meiner Mutter berichtete sie eines Abends am Telefon: »Weißt du, Oma, sobald man hier in Rom vor die Tür tritt, passiert ein Abenteuer.«

Dennoch, oder gerade deshalb, können wir die Kinder auch an den folgenden Samstagen wieder für einen Ausflug gewinnen. Zum einen, weil wir dabei immer Geschichten erfinden, die wir in einem Buch sammeln. Zum anderen, weil wir auch ganz andere Abenteuer erleben, die den Kindern sehr gefallen. Im Umkreis von einer Autostunde um Rom lernen wir die Wildnis kennen. Wir beobachten etwa, wie drei braune Falken am blauen Abendhimmel einen Schwarm schwarzer Stare jagen. Die kleinen Vögel versuchen sich offenbar zu schützen, indem sie sich blitzschnell zu geometrischen Figuren zusammenschließen, zu einer Raute, einem Trapez, einer Welle, einem Fragezeichen. Es sieht aus wie auf einem Vexierbild.

Nicht selten finden Bernadette und Nicolas gestreifte Stacheln in der Form von Mikadostäbchen im Gras. Die haben des Nachts die Stachelschweine verloren. Einmal stoßen wir auf einem schmalen Waldweg auf eine Wildsau, die sich mit ihren Frischlingen schnell wieder ins Dickicht zurückzieht. Ein andermal finden wir auf einem Feldweg eine junge, gut streichholzschachtelgroße Landschildkröte.

Immer wieder treffen wir auf Schlangen: kleine hellgraue oder braune Aspisvipern, die rasch zwischen Wurzelwerk verschwinden, zwei gelbgrüne Zornnattern, die sich in einer locker geschichteten Trockenmauer im Liebesspiel umschlungen halten, eine wohl an die zwei Meter lange schwarze Äskulapnatter, die uns aufschreien lässt, als sie kurz vor einem Gewitterausbruch plötzlich dicht vor uns über den Weg gleitet. Einmal sitzen wir mittags unter Olivenbäumen im Gras und essen Brot mit *coppa*, einer leicht säuerlich schmeckenden Wurst, die wir am Morgen in dem stillen, mittelalterlichen Ort Barbarano Romano gekauft haben. Plötzlich sagt Nicolas: »Was liegt denn unter dem Baum da drüben?«

Tatsächlich: Im Gras bewegt sich ein seltsamer gefleckter Knäuel. Vorsichtig gehen wir näher hin und erkennen eine Schlange, die sich um eine Maus geringelt hat. Der Kopf des kleinen Nagers schaut noch oben heraus und wir sehen, wie das Tier verzweifelt versucht, sich aus der Umklammerung zu befreien. Erschrocken bleiben wir stehen. Da löst sich die Schlange auf einmal von ihrem Opfer und gleitet lautlos durchs trockene Gras davon. Die Maus aber ist bereits gestorben.

Als wir an jenem Abend heimkommen, treffen wir in der Garage Sergio, Paola und Alessio. Sie erzählen, sie hätten den Samstag wie üblich in den Albaner Bergen nahe beim Nemi-See verbracht, wo die Großfamilie Cornetti ein geräumiges Ferienhaus mit mehreren Wohnungen besitze. »Da trifft man an den Wochenenden eigentlich immer unsere gesamte Sippschaft«, strahlt Sergio. »Onkel und Tanten, Cousins und Cousinen mit ihren Kindern, sodass wir nie alleine sind. Und Ale hat immer jemanden zum Spielen.«

»Wird euch das denn nicht manchmal zu viel, jedes Wochenende in der Großfamilie?«, fragt Antonia verblüfft.

Sergio zieht erstaunt die Augenbrauen nach oben: »Zu viel? Die Familie? Wieso denn das? Wir sind doch gerne in Gesellschaft.«

Wie wir bald erfahren werden: *In compagnia*, in Gesellschaft, und zwar in möglichst großer, verbringen italienische Familien ihre Urlaube und Wochenenden am liebsten, egal ob nun am Strand, im Freizeitpark, in der Trattoria auf dem Land oder auf der Skipiste. Unsere Angewohnheit, die Samstage als vierköpfige Kleinfamilie zu gestalten, empfinden viele Römer als verschroben bis asozial. Die mag wohl keiner, denken sie. Da wir Ausländer sind, haben wir allerdings eine Art Exotenbonus. Man findet es geradezu interessant, was wir da treiben, so wie man die seltsamen Verhaltensweisen eines exotischen Tieres interessant findet. Immer wieder fragen uns die Eltern italienischer Kinder an der Deutschen Schule fasziniert darüber aus, wie wir das fertigbringen, »nur zu viert« loszuziehen.

»Bei uns wäre das undenkbar«, meint eine Italienerin, die sich durchaus gut mit ihrem Mann und ihren beiden Töchtern versteht. »Unsere Kinder würden sich langweilen, und wir Erwachsenen wahrscheinlich auch.«

Da brechen sich in der scheinbar so modernen, mobilen und konsumberauschten italienischen Gesellschaft uralte Traditionen Bahn. Den größten Teil der Geschichte über lebten die Menschen in Italien auf engem Raum zusammen – in den kompakten Bauerndörfern Siziliens, das kaum Einzelhöfe auf dem Land kennt, weil das Leben dort angesichts der Sarazenenüberfälle und anderer Plagen zu gefährlich gewesen wäre. In den *bassi*, den düsteren, feuchten Erdgeschosswohnungen der Altstadt Neapels, in denen ganze Großfamilien in einem Zimmer, ja in einem Bett hausten. In den burgartigen Häusern, die sich römische Sippen im Mittelalter in den antiken Ruinen errichteten; in den Familienpalazzi der oberitalienischen Städte, die oft mit einem Wehrturm verbunden waren, oder in den dicht belegten Handwerkerhäuschen der Lagunenmetropole Venedig. Stets führten äußere Gefahren oder knapper Raum, und so manches Mal beides zusammen, zu einem Leben in engster Gemeinschaft.

Dabei machte der Zusammenhalt der Sippen wett, was der Staat mit seinen wechselnden Herrschern – Cäsaren, Päpsten, byzantinischen, langobardischen, normannischen oder spanischen Potentaten, deutschen Kaisern, französischen Königen, Renaissancefürsten und Stadttyrannen – versäumte: Die Großfamilie mit dem Patriarchen an der Spitze bot Schutz und Sicherheit in einem gefahrvollen, von plötzlichen Umschwüngen bedrohten Leben. Sie diente als Verteidigungs- und Sozialministerium, als Krankenkasse, Arbeitsvermittlung und Armenspeisung.

Das Erstaunliche ist: Bis heute hat sich in Italien nicht so viel daran geändert. Der Staat wird zwar längst von demokratisch gewählten Politikern regiert, doch noch immer sorgt er mehr schlecht als recht für seine Bürger. Diese bauen daher weiterhin auf die Großfamilie, selbst wenn sie im Alltag längst, wie in anderen Ländern Europas, in Klein- und Kleinstfamilien zusammenleben, wie es die moderne, flexible Arbeitswelt verlangt. Wenigstens am Wochenende und in den Ferien will man sich dann aber des Rückhalts der gesamten Sippe versichern. So fahren viele erwachsene Italiener Sonntag für Sonntag ausnahmslos zu ihren Eltern oder Großeltern zum Mittagessen und verbringen den Urlaub immer *in compagnia* im familieneigenen Haus am Meer oder in den Bergen.

Wer da nicht mitmacht, der ist schlecht angesehen. Eine aus dem apulischen Lecce stammende Freundin erzählt uns eines Tages mit schreckensblassem Gesicht, welcher Kraftakt es für sie ist, sich auch nur ein wenig aus diesen Familienbanden zu befreien. »Als ich mit 25 Jahren allein in Urlaub fahren wollte, hat meine Familie das als Skandal empfunden«, sagt sie. »Mein Vater hat getobt.« Die Flucht führte sie erst nach Rom und mittlerweile bis nach Hamburg. Doch obwohl sie heute Mitte 40 ist, fährt sie selbstverständlich immer noch jedes Weihnachten und jedes Ostern ins heimische Lecce. Ihr Bruder, er ist mittlerweile Ende 30, lebt in der Wohnung der Eltern.

Andere Bekannte aus Rom suchen sich ausgefallene Hobbys wie Höhlentauchen oder Fallschirmspringen, um dem großfamiliären Zwang zu entgehen. Doch das sind alles Ausnahmen. In der Regel wird die *compa-*

gnia der Sippe nicht hinterfragt oder sogar ausdrücklich als Segen empfunden. Ziehen 40 Jahre junge Römer schließlich von zu Hause aus, womöglich um doch
noch eine eigene Familie zu gründen, so suchen sie sich
bevorzugt eine Wohnung im selben Palazzo oder zumindest in einer nahen Straße. Ein Wegzug aus der
Stadt gilt als ausgesprochen suboptimal. Muss es doch
einmal sein, ziehen die Eltern eben hinterher.

So ist es auch im Fall von Sergios Frau Paola geschehen. Ihr Vater und ihre Mutter verkauften das
Haus der Familie in Catania und zogen zu Tochter und
Schwiegersohn nach Rom. Allerdings leben sie nicht in
unserem Palazzo, sondern ein paar Häuser weiter. Das
führt immer wieder zu heftigem Trennungsschmerz.

Und die *ragazzi*? All die Jungen und Mädchen, die
an den Wochenenden abends auf den *piazze* herumspa-
zieren, vor den Kinos zusammenstehen oder die Bier-
lokale und Pizzerien stürmen? Was haben sie mit der
Großfamilie am Hut? Sie waren im Zweifelsfall mittags
pünktlich bei *mamma* und *papà* zum Essen. Im Übrigen haben sie aus ihrem Freundeskreis sofort eine weitere Großfamilie gebildet. Das italienische Motto heißt
auch hier: *sempre in compagnia*.

Ganz besonders gilt das beim Essen. Nichts finden
Italiener trostloser, als den Anblick eines Menschen,
der mutterseelenallein an einem Restauranttisch sitzt,
um sein *pranzo* (Mittagessen) oder seine *cena* (Abendessen) zu verzehren. Auch da gilt die Formel: Allein ist
gleich einsam. Ich selbst bekomme das immer wieder
auf Dienstreisen zu spüren. »Sie sind allein?«, fragen
mich die Kellner halb irritiert, halb vorwurfsvoll,
wenn ich um einen Platz bitte.

Einmal sitze ich an einem Tisch in der Altstadt Pa-
lermos im Freien. Es ist ein wunderbarer Abend. Die
gefüllten Tintenfische und der Alcamo, ein trockener
Weißwein, schmecken vorzüglich. Meine Recherchen

sind gut verlaufen, ich esse, trinke, beobachte die Leute und fühle mich rundum wohl. Der *cameriere* aber wähnt mich offenbar am Rande der Verzweiflung, allein ist schließlich gleich einsam. Also legt er mir väterlich die Hand auf die Schulter, beugt sich zu mir herab und sagt tröstend: »Besser alleine als in schlechter Gesellschaft.«

Im Norden Italiens dagegen erlebe ich es einmal, dass sich ein anderer Restaurantgast ungefragt an meinen Tisch setzt und meint: »In Gesellschaft isst man besser.«

Das alles ist der Hintergrund zu der Frage, die uns Sergio in der Garage unseres Palazzos stellt: »Und ihr, wie habt ihr den Samstag verbracht?«

»Wir waren mit den Kindern beim Wandern in den Bergen«, antworte ich. »Es war anstrengend, aber wunderschön.«

»Wart ihr mit deutschen oder mit italienischen Freunden unterwegs?«, fragt Sergio weiter.

»Weder noch, wir machen samstags meistens etwas allein.«

Nun ist Sergio ernstlich besorgt, ja alarmiert. Die alte italienische Tugend der Gastfreundschaft bricht sich Bahn, schließlich leben wir im Palazzo seiner Familie. Irgendwie gehören wir dadurch mit zum Clan. Solche Menschen kann man doch nicht einfach samstags alleine losziehen lassen.

»Wisst ihr was«, sagt Sergio, »wenn es euch recht ist, dann könnten wir kommenden Samstag etwas gemeinsam unternehmen.«

Sergio, Paola und Ale sind uns sehr sympathisch, daher willigen wir gerne ein. »Falls das Wetter schön wird, möchten wir gerne auf das Capo Circeo, das Kap der Circe, steigen«, sage ich. »Wart ihr schon mal da oben?«

»Nein«, antwortet Sergio. »Aber es klingt interessant. Und unser Ale wandert ohnehin so gut und gern.«

Ich bin ein wenig überrascht. Schließlich haben wir bei unseren bisherigen Exkursionen in Latium kaum Familien mit Kindern getroffen. Bergtouren mit *bambini* scheinen bei den Römern nicht an der Spitze der Freizeitvergnügungen zu stehen. Aber wenn Sergio meint …

Elf

Am folgenden Samstag ist gutes Wetter. Wir treffen uns vormittags an einem alten Wehrturm am Fuße des Kaps der Zauberin Circe. Wie eine Insel ragt das kleine, etwa 550 Meter hohe Kalksteingebirge am Rand der pontinischen Ebene auf. Hier musste einst Odysseus die Schweinereien der Circe ausbaden, hier lag später, im Mittelalter, ein Stützpunkt der sagenumwobenen Tempelritter. Und hier wollen wir nun zu einer sagenhaften Tour aufbrechen.

Zugegeben: 550 Meter klingt für einen Berg nicht übermäßig hoch, in Bayern würde man allenfalls von einem Hügel sprechen. Und dennoch: Das Capo Circeo hat mit seinen nackten, schroffen Felswänden, die stellenweise senkrecht über Hunderte Meter zum Meer abbrechen, nahezu Hochgebirgscharakter. Der Wanderweg zieht sich in steilen Serpentinen nach oben. Wir laufen mit unseren römischen Nachbarn munter plaudernd los. Nach etwa 20 Minuten kippt die Stimmung. Ale streikt.

»Das ist viiiiiel zu anstrengend«, stöhnt er und lässt sich zu Boden fallen wie der erste Marathonläufer nach vollendeter Mission.

Seine Eltern sind sofort in Alarmbereitschaft. »Es ist wirklich ziemlich anstrengend«, sagt Paola. »Wir sollten wohl besser umdrehen.«

»Aber ich dachte, Ale wandert so gut und gern?«, frage ich wirklich überrascht.

»Natürlich«, antwortet Paola verschnupft, »wir haben schon viele tolle Touren mit ihm gemacht. So zwanzig, fünfundzwanzig Minuten den Strand entlang mit zwischendurch Muscheln sammeln – das ist überhaupt kein Problem für ihn! Aber hier ...« Sie blickt hinauf zu den weißen Kalkwänden, über denen hoch oben die Seemöwen kreisen und kreischen. »Das ist doch nichts für Kinder.«

Während wir diskutieren, hüpfen Bernadette und Nicolas zwischen den Felsen umher, um Eidechsen zu fangen. Ich schlage vor, Sergio, Paola und Ale sollten umdrehen und ein bisschen in dem hübschen Ferienort San Felice Circeo bummeln gehen. Wir würden inzwischen den Gipfel erklimmen und am Spätnachmittag würden wir uns dann alle zusammen in einer Bar am Hafen treffen.

Sergio und Paola ist es sichtlich unangenehm, die *compagnia* so mir nichts dir nichts aufzulösen. Aber da Bernadette und Nicolas mittlerweile schon weitergelaufen sind, beugen sie sich ihrem Schicksal und kehren kopfschüttelnd um. Immerhin setzen sie durch, dass wir in regelmäßigem Handykontakt bleiben. Regelmäßig bedeutet, dass es von nun an alle fünf bis sechs Minuten in meiner Hosentasche vibriert und bimmelt. Dann entspinnt sich in etwa immer der gleiche Dialog.

»*Pronto*«, sage ich.

»*Pronto*«, sagt Sergio, »Stefan, bist du es?«

»Ja. Ich bin es. Bei uns ist alles in Ordnung. Und bei euch?«

»Bei uns auch, *carissimo*. Wir sitzen gerade in einem kleinen Ristorante und essen *tagliatelle con vongole*. Hallo ... Hast du mich gehört? ...«

»Ja, ja, der Empfang ist gerade nicht optimal. Ihr sitzt also in einem kleinen Restaurant und ...«

»Ja, genau, und essen *tagliatelle con vongole*. Hörst du mich? Ja? *Tagliatelle con vongole*. ... Genau! ... Und ihr, wo seid ihr gerade?«

»Wir sind weiter auf dem Steig im Fels.«

»Also, passt auf euch auf, *caro*.«

»Ihr auch.« Verschluckt euch nicht an den *tagliatelle*, verkneife ich mir zu sagen.

»Ich melde mich wieder«, droht Sergio. »*Ciao, caro. A presto. Un' abbraccio.*« (»Tschüss, mein Lieber. Bis bald. Seid umarmt.«)

»*Ciao*, Sergio«, brülle ich zurück. »Bis heute Abend.«

Ein frommer Wunsch. Etwa 330 Sekunden später beginnt mein Handy wieder zu vibrieren und zu klingeln.

Gewiss, die Mobiltelefone haben mittlerweile nahezu die ganze Welt erobert. Doch die Italiener und ihr Handy – sie nennen es *cellulare* oder liebevoll *telefonino* –, das ist schon eine ganz besondere Beziehung. In kaum einem Land Europas haben die Bürger so viele Mobiltelefone, und wohl in keinem Land der Welt gehen sie so obsessiv damit um. Warum? Nach langen Feldstudien in römischen Zügen, Straßen, Konzerthallen, Strandbädern und Restaurants haben Antonia und ich »Vier Thesen zum *telefonino*« entwickelt, die wir in Kürze als Habilitationsschrift einreichen werden. Die Grundzüge seien aber schon hier verraten.

1. Die Organ-These

Für die Menschen zwischen Trient und Trapani ist das Handy zu etwas ganz anderem geworden als ein schnödes technisches Gerät. Sie haben es zu einem vollwertigen Sinnesorgan weiterentwickelt und praktisch mit ihrem Körper verschmolzen. Das kleine Kästchen aus buntem Metall und Plastik ist unter allen Lebensumständen immer am Mann oder an der Frau, und wer es verliert, der fühlt sich allein – und damit einsam. Manche empfinden dann Phantomschmerzen und langen sich immer wieder verstört an die Hosen- oder Brusttasche, als fehle ihnen da ein Körperteil.

Wer aufmerksam durch italienische Städte geht, dem werden zudem Menschen auffallen, die laut und angeregt mit sich selbst sprechen. Das kann im Einzelfall durchaus gespenstisch klingen. Da eilt ein Herr im eleganten Anzug allein die Via Condotti entlang und ruft sich offenbar selbst zu: »*Pronto?*« – »Hörst du mich?« – »Was machst du gerade?« Keine Angst: Das ist kein Irrer, der Selbstgespräche führt. Der Mann telefoniert. Bei genauem Hinsehen erkennt man, dass er sich ein winziges schwarzes Gerät, *auricolare* genannt, hinters Ohr geklemmt hat, damit er ununterbrochen telefonieren kann und dennoch beide Hände frei hat. Schließlich braucht er sie zum Powerwalken im Park, zum Zigaretten kaufen, um den Taxifahrer zu bezahlen, eine Touristin zu bestehlen oder auf Wildschweinjagd zu gehen. Ich bin überzeugt: Solche *auricolari* werden bald serienmäßig in italienische Babys eingebaut – falls es bis dahin noch italienische Babys gibt.

2. Die Baby-These

Das *telefonino* scheint immer öfter den Nachwuchs zu ersetzen und so in die Rolle eines Super-Tamagotchis zu schlüpfen. Es quiekt und quäkt, summt und plärrt, fordert Nahrung in Form von Strom und aufgeladenen SIM-Karten, lässt einen nie in Ruhe Zeitung lesen und weckt einen sogar mitten in der Nacht. Es erledigt also all die wunderbaren Dinge, von denen junge Eltern mit leuchtenden Augen erzählen, wenn sie von ihren Babys sprechen. Auch lässt sich der süße, kleine *telefonino* mit allerlei bunten Hüllen hübsch anziehen. Und das Beste: Im Gegensatz zum echten Kleinkind schmutzt das elektronische Kerlchen nicht. Na gut, kaum. Aber das bisschen Elektrosmog ist in Italien nun wirklich kein großes Thema.

3. Die Ich-bin-so-wichtig-These

Ein Erlebnis aus der sehr frühen italienischen Handy-zeit mag demonstrieren, worum es geht: Antonia und ich saßen, damals, Anfang der 90er-Jahre noch kinder-los, in der bei Römern aus der linken Bourgeoisie be-liebten Trattoria Da Maria in dem Maremma-Örtchen Capalbio. Es war ein Samstagabend im Winter, ein Kaminfeuer brannte und an den Tischen thronten Her-ren fortgeschrittenen Alters mit extrem jungen Da-men, die definitiv nicht ihre Töchter waren. Die Paare ließen sich *pappardelle* mit Wildschwein-*sugo* und Morellino-Wein schmecken. Die *telefonini* der Herren waren damals noch schwere, klobige, hässliche Dinger. Diese Dinosaurier unter den Mobiltelefonen waren gut sichtbar, da sie mitten auf den Esstischen aufrecht an den Weinflaschen lehnten, um – die Netze waren noch nicht so stark wie heute – einen Empfang zu ermög-lichen.

Immer, wenn einer der *cellulari* aufjaulte, sprang sein jeweiliges Herrchen unter den neidischen Blicken aller im Saal Anwesenden auf und eilte nach draußen, um dort bei besserem Empfang mit gewiss sehr wich-tigen Geschäftspartnern oder der in Rom zurückgelas-senen Ehefrau zu sprechen (»Die Besprechung dauert nun doch etwas länger. Wenn du wüsstest, was hier los ist!«).

Etwa eine halbe Stunde später stolzierten sämtliche Herren telefonierend draußen in der Kälte herum, während drinnen die jungen Damen, die definitiv nicht ihre Töchter waren, alleine an den Tischen saßen und verdrossen in ihren *pappardelle* stocherten. Sie mussten genau das tun, was ein Italiener an einem Samstagabend keinesfalls möchte: alleine speisen. Immerhin mochten sie sich mit dem Gefühl trösten, ei-nen besonders wichtigen Partner zu haben.

Das Ich-bin-wichtig-Phänomen hat sich seitdem noch verschärft. Ein jeder Mann, der noch einen letzten Rest an Selbstachtung hat und nicht wie der allerletzte Heuler seiner Firma wirken möchte, sieht zu, dass er ununterbrochen angebimmelt wird, vor allem, wenn er sich außerhalb seines Büros in der Öffentlichkeit aufhält – sei es im Restaurant, im Zug oder auf der Straße.

Ein Beispiel? Der Kindergarten der Deutschen Schule Rom veranstaltet jeden Freitagmittag ein sogenanntes Treppensingen. Dann setzen sich Kinder und Eltern auf die geschwungenen Treppen, die zu den Gruppenzimmern führen, und eine Kindergartenklasse führt ein kleines Singspiel auf. Löblicherweise erscheinen nicht nur Mütter, sondern auch viele italienische Väter zu diesem Treppensingen. Nur leider bekommen sie kaum etwas davon mit. Schließlich werden sie ständig von ihren Sekretärinnen auf dem *cellulare* angerufen – sie sind halt einfach wichtig.

»*Pronto!*«

»*Pronto, architetto,* sind Sie es?«

»Ja, ich bin es. Ist alles in Ordnung im Büro?«

»Ja, alles in Ordnung.«

»Also dann bis später, Lucrezia, *ciao.*«

»Bis später, *architetto.*«

4. Die Nabelschnur-Theorie

Wie bereits beschrieben, reißt die moderne Arbeitswelt auch in Italien die Großfamilien auseinander. Der *telefonino* aber erlaubt es, sie wenigstens virtuell oder vielmehr akustisch wieder zusammenzuführen. Die 25 Jahre alte Studentin mit dem Brillanten in der Unterlippe und dem bauchfreien Top, die gegenüber von uns im Waggon sitzt, mag dem Augenschein nach alleine mit dem Zug von Florenz nach Bologna unterwegs sein. Tatsächlich ist sie jedoch von ihren Lieben umgeben, als säßen sie alle im Hof des heimatlichen Palazzo. »*Pronto, ah, mamma sei tu? Come stai?*«

Wer in einem Großraumwaggon von Trenitalia etwa von Rom nach Verona unterwegs ist, der darf zahllose solche Gespräche miterleben. Dem Ausländer erscheinen sie von größter Banalität. Sie drehen sich zumeist darum, wo man sich gerade befindet, was man gerade macht, und ob sich Carlo, Natascha oder Pietro mal wieder gemeldet hat. Analysiert man mit deutscher Nüchternheit die ausgetauschten Informationen, so sind sie wirklich banal. Nur: Es geht hier überhaupt nicht um Informationen, sondern um Gefühle. Die Handyverbindung dient als Nabelschnur, um die Großfamilie emotional anzuzapfen. Da muss man schon alleine im Zug fahren – doch dank des *cellulare* ist man wenigstens nicht einsam.

Nun hat die *cellularite* nicht nur Vorteile. Sie kann durchaus manchen Betrieb lahmlegen, zum Beispiel den Schulbetrieb. Daher hat der italienische Unterrichtsminister ein Dekret erlassen, das das Telefonieren während der Schulstunden untersagt. Hätte er die tägliche *pasta* zum Abendessen verboten, die Empörung der Familien wäre gewiss nicht größer gewesen. Wie in aller Welt sollen die Eltern denn ihre Kinder ohne Handy während der Lateinstunde erreichen? Und wie sonst soll eine *mamma* ihren *figlio unico* während der Mathematikprüfung fragen können, ob ihm sein Pausenbrot bekommen ist?

Natürlich lästert es sich leicht über andere, wenn man wie wir große Distanz zu weltlichem Schnickschnack wie dem Handy hat. Wobei es streng genommen »hatte« heißen muss. In Deutschland habe ich mich lange Zeit geweigert, ein solches Ding überhaupt anzuschaffen, geschweige denn mit mir herumzutragen. Irgendwann bestimmte jedoch die Chefredaktion, ein politischer Redakteur sei so etwas wie ein Soldat, ein Kämpfer an der Infofront. Daher sei er immer im Dienst und müsse stets erreichbar sein. Schweren Herzens kaufte also auch ich mir eine solche beschönigende Ausgabe der elektronischen Fußfessel. Seit ich Italien-Korrespondent bin, habe ich sie auch ständig dabei. Ich ertappe mich, wie ich unterwegs andauernd nach dem eleganten silbernen Kästchen taste, und wie ich an Sonntagen oder im Urlaub immer mal wieder kontrolliere, ob vielleicht nicht doch jemand aus der Redaktion angerufen hat, um mir zu demonstrieren, wie unersetzlich ich bin.

»Bist du enttäuscht, dass keiner anruft?«, fragt mich Antonia dann mit grausamem Spott in der Stimme.

Dabei hätte gerade meine Frau allen Grund, in Sachen *telefonino* zu schweigen. Schließlich hat sie sich im Umgang mit dem *cellulare* hemmungslos italianisiert. Früher hätte sie ein Handy nicht einmal mit der Beißzange angefasst. Sie kommt aus einer Familie, die seit der ausgehenden Kreidezeit Müll trennt, Grün wählt und einen extrem feinen Sensor für Elektrosmog ausbilden konnte. Doch was geschah, kurz nachdem wir in Rom ankamen: Antonia kaufte sich ein *cellulare*. Und sie benutzt es auch, zwar nicht immer, aber immer öfter!

Seither spielt sich dienstag- und donnerstagnachmittags, wenn Nicolas Fußball hat, und freitagnachmittags, wenn Bernadette Reitstunden nimmt, folgende Szene ab: Es klingelt in meinem Büro, während ich gerade höchst konzentriert an einer luziden bis formidablen Analyse über eine römische Regierungskrise feile.

»*Pronto!*«, rufe ich, verärgert über die Störung, in den Hörer.

»*Pronto*, Schatz«, säuselt Antonia zurück. »Ich stehe gerade am Fußballplatz (am Reitplatz), und da möchte ich nur einmal schnell fragen, wie es dir geht.«

Ich antworte dann meist, wir hätten uns doch vor einer halben Stunde zuletzt gesehen, und mein Befinden habe sich seitdem wenig verändert. Ich arbeite an einem Artikel, der eine gewisse Konzentration erfordere und den ich bald abschicken müsse. Daher sei ich etwas unter Druck.

Es hilft – nichts. Mittlerweile ruft mich Antonia auch schon an, wenn sie im Supermarkt an der Kasse ansteht: »*Pronto*, Schatz, ich stehe hier an der Kasse. Gleich bin ich dran.«

Zugegeben: Auch ich bin gegen die *cellularite* nicht völlig gefeit. Das merke ich zu meinem Entsetzen, als ich erstmals, an einem freien Tag, Nicolas zum Fußball begleite. Während die italienischen *bambini* und mein Sohn auf dem Rasenplatz der Pfarrei San Pancrazio bolzen, laufen deren Mütter am Rande auf und ab und pflegen Telefonkontakt mit der Großfamilie. Ich höre dem ganzen Spektakel eine Weile zu. Dann wird mir langweilig, ich ziehe meinen *telefonino* heraus und tippe, ohne groß nachzudenken warum, Antonias Nummer ein. Seither bin ich deutlich geduldiger, wenn sie mich mal wieder während der Arbeit anruft.

Noch eine Sache fällt mir auf: Früher war Antonia am Telefon gern knapp und sachlich, um nicht zu sagen kurz angebunden. Nun höre ich sie in verzücktem Tonfall und um drei Oktaven höher in ihr Handy jauchzen, als wolle sie ihre Stimme für ein Solokonzert des Ave Maria trainieren. Besonders ihrer Freundin Anna gegenüber – eine alleinerziehende Mutter, die mit ihrer zwölf Jahre alten Tochter Sara im Attico-Geschoss unseres Palazzos wohnt – gibt es oft kein Halten.

»*Ciao, Annnnnna, come staiiiiiii?*«, schmettert Antonia in ihren *cellulare*, als sei die gute Anna gerade heil von einer Expedition in den Inneren Kongo zurückgekehrt.

Als ich Antonia damit aufziehe, probiert sie es beim

nächsten Telefonat mit Anna in ihrem normalen, früheren Tonfall. Das Ergebnis ist verblüffend.

»Was hast du denn, Antonia?«, fragt Anna besorgt. »Du klingst so komisch. Störe ich? Ist etwas passiert?«

An diesem Tag auf dem Monte Circeo steckt unsere Handykarriere allerdings noch in ihren Anfängen. Daher empfinde ich die pausenlosen Anrufe von Sergio und Paola als eher nervend. Das gilt besonders, als wir den schmalen, aus großen Felsplatten bestehenden Grat des Monte Circeo erreichen, der zum Gipfel, dem Picco di Circe führt. Leider bin ich, im Gegensatz zu Antonia und den Kindern, nicht wirklich schwindelfrei. Daher kann ich die grandiose Aussicht auf das Meer, die Lagunenseen von Sabaudia und die Pineta nicht ungetrübt genießen. Zumal sich auf einmal die Sonne verdunkelt und ein kalter Seewind dicke weiße Wolken die Steilwand hochtreibt. Bald sind wir völlig eingehüllt. Nun muss ich zwar nicht mehr mit ansehen, wie tief es vor und hinter uns abwärts geht, aber ich spüre es umso mehr. Während Bernadette und Nicolas munter wie die Krabben über die Felsen kraxeln, sterbe ich zehntausend Tode. Bernadette macht mir Mut. »Papa, du schaffst das schon«, sagt sie und legt mir beruhigend die Hand auf den Arm.

Da klingelt schon wieder der *telefonino*. »Das schafft ihr nie«, brüllt Sergio hinein, der immer noch unten im Ort beim Mittagessen sitzt. »Schon gar nicht mit den Kindern. Der Gipfel ist ja völlig zugezogen. Dreht schleunigst um.«

Ich erkläre ihm, zum Umdrehen sei es zu spät, und die Kinder seien eher nicht das Problem.

Schließlich kommen wir auf dem Gipfel an. Die Wolkendecke reißt wieder auf. Das Meer glitzert herauf. Und ich weiß aus meinem Wanderführer, dass der Abstieg auf einem geschützten Pfad durch den Wald verlaufen wird. Diesmal rufe ich Sergio an: »Es ist der absolute Traum hier oben«, brülle ich in meinen *telefonino.* »Da habt ihr wirklich etwas verpasst, *carissimo.*«

Später sitzen wir dann friedlich in der Bar am Yachthafen und plaudern über all das, worüber man in Italien eben so plaudert: wie grässlich im Lande die Politiker sind und wie großartig die Menschen, warum Deutschland ständig gegen die *squadra azzurra* verliert, woher die besten Trüffel kommen und dass es überhaupt ein Riesenprivileg ist, in diesem einmaligen Land zu leben. Die Stimmung ist gut. Doch als ich betone, was für ein großartiger Wanderberg der Monte Circeo doch sei, da sagt Sergio auf einmal: »Weißt du was? Unsere nächste Landpartie organisiere ich. Dann wirst du sehen, wie wir Römer einen Ausflugstag gestalten.«

Wir nehmen Sergio beim Wort. Am darauffolgenden Samstag, es ist ein herrlicher, knallblauer Herbstmorgen, fahren wir mit unseren Familien in zwei Autos los. Paola und Sergio haben uns alles ganz genau erklärt und uns den Weg auf einer Landkartenkopie eingezeichnet. Wir sollen nach Saturnia fahren, einem kleinen Ort in der Südtoskana, der für seine heißen Quellen berühmt ist. Antonias Einwand, das sei vielleicht etwas weit für einen Tag, wischt Sergio beiseite. Wir seien ja in *compagnia*, meint er, und könnten ab und zu anhalten, um uns zu besprechen.

Sergio besteht darauf, dass wir hintereinander fahren, um besser Kontakt halten zu können. Das ist im römischen Stadtverkehr gar nicht so einfach, aber inzwischen sind wir zum Glück mit den Verhältnissen vertraut und Antonia setzt sich am Steuer mit der ortsüblichen Unverfrorenheit durch. So kommen wir gut auf die Via Aurelia, die nahe der Küste nach Norden führt. Hinter der Mautstelle fährt Sergio mit seinem alten Mercedes auf einmal rechts ran und hält auf einem Parkstreifen. Dort wartet bereits eine Menschenmenge, die mit einem halben Dutzend Wagen gekommen ist. Paola und Sergio steigen aus und beginnen, alle ausgiebig zu umarmen und abzuküssen. Linke Backe, rechte Backe. Schmatz, schmatz. Das dauert.

Nachdem wir merken, dass dies doch kein Treffen eines Swingerclubs ist, trauen auch wir uns aus dem Auto. Wir sind verdutzt. Wer sind alle diese Menschen? Fragend sehe ich Paola an.

»Wir haben noch schnell ein paar Verwandte und Freunde für unseren Ausflug zusammengetrommelt«, jubiliert sie. »*In compagnia* ist das doch viel lustiger.«

Die Männer versammeln sich derweil um eine Landkarte, die Sergio zur Lagebesprechung auf die Kühlerhaube gelegt hat. Nach der gebotenen Feinabstimmung unserer Reisepläne machen wir uns wieder auf den Weg. Ab dem Monte Argentario wird es mühsam, weil wir nun die Küstenstraßen verlassen und uns auf eine gewundene Landstraße begeben müssen, die sich Kurve um Kurve in die Berge schlängelt. Paola ruft uns gelegentlich auf dem *telefonino* an, um uns zu fragen, wie es uns gehe. Aber nicht allzu oft, sie muss schließlich noch mit sechs anderen Autos Kontakt halten. Wir fühlen uns ein bisschen vernachlässigt.

Zweimal müssen wir noch anhalten, weil einer der *bambini* aus den anderen Wagen die Kurvenfahrt nicht verträgt. Die Mütter versuchen, die Folgen mit Papiertaschentüchern von den Autositzen zu wischen. Für uns andere ist die Reise durch die dünn besiedelte Maremma mit ihren einzelnen grünen Oliven und Steineichen auf umbrabraunen Feldern sehr schön. Schon nach gut zweieinhalb Stunden kommen wir in Saturnia an. Die heißen Quellen liegen etwas unterhalb des Ortes. Wir parken unsere Autos, atmen den intensiven

Schwefelduft ein und bestaunen das Schauspiel des dampfenden Wassers, das über die bunten Sinter-Terrassen hinabschäumt.

In einsamen Winternächten ist es himmlisch, in einem der knietiefen Becken zu liegen, sich das Wasser auf den Körper prasseln zu lassen und den Mond durch die Dampfschwaden spähen zu sehen. An einem sonnigen Wochenende im Oktober dagegen kann der Ort die Hölle sein, zumindest aber das Fegefeuer. Ganze Sippen aus Rom, Florenz und der näheren Umgebung fallen dann hier ein und drängen sich kreischend in den Becken. Die Wiesen rundherum sind zu Matsch zertrampelt, es stinkt nicht nur nach Schwefel und im Hintergrund parken überall Camper. So ist es auch an diesem Samstag. Daher, und weil es schon später Mittag ist, verzichten wir auf ein Bad und gehen wieder zu unseren Autos zurück.

»*Ragazzi*, genug gelaufen! Nun fahren wir zum Essen!«, ruft Sergio und klatscht erwartungsfroh in seine großen Hände. Er hat wohlweislich einen Tisch bestellt.

Bald darauf trifft unsere kleine Landpartie – wir sind ja nur so etwa 25 Leute – in einer rustikalen Trattoria auf einem Hügel unweit von Saturnia ein. Drinnen ist schon eine lange Tafel mit weißen Tischdecken für uns gedeckt. Hungrig setzen wir uns, wobei sich in etwa folgende Ordnung herauskristallisiert: am Kopfende die Männer, dann die Frauen, dann die Kinder. Aber es gibt natürlich Ausreißer und zwischendurch wird auch mal getauscht.

Es wird ein sehr schöner italienischer Nachmittag – laut, herzlich und fröhlich. Man duzt sich rasch unter Italienern und wir *tedeschi* werden als eine Art Attraktion mit allen bekannt gemacht. So lernen wir viele neue Menschen kennen und erfahren einigen Familienklatsch, über die Heiratschancen des *incubo* etwa, die Karriereträume einer sehr jungen Cousine Sergios, die wie so viele italienische Mädchen gerne eine *stellina*, ein Fernsehsternchen, werden möchte, und über allerlei Pannen während der Argentinien-Reise des Familienpatriarchen.

Ich spiele mit einigen Männern das beliebte Spontanquiz: Wer kennt die Toskana besser? Wir schlagen uns die Namen von Chianti-Weingütern, romanischen Landkirchen und kleinen Felsinseln um die Ohren und ich muss zugeben, die Römer sind nicht schlecht. Antonia plaudert derweil mit Anna aus unserem Palazzo, die ebenfalls mitgekommen ist.

Anna spricht sogar ein bisschen Deutsch. Sie erzählt, sie habe zwei Semester in Freiburg studiert, die Stadt habe ihr auch sehr gefallen, nur irgendwie sei es ihr in Deutschland doch zu kühl. »Nicht vom Wetter her, nein.« Anna zögert. »Mehr so von den Gebräuchen. Weißt du, als Studentin in Rom ist es mir früher immer furchtbar auf die Nerven gegangen, wenn mir dauernd die Jungs auf der Straße nachgepfiffen haben. Aber in Deutschland gab es plötzlich überhaupt keine Pfiffe mehr. Ich hatte den Eindruck, die Männer haben mich nicht einmal angesehen. Das hat mir schon zu schaffen gemacht.«

Das Essen dauert dreieinhalb Stunden. Die Kellner tischen unglaubliche Mengen auf, die mich an die Fressgelage der beiden Riesen Gargantua und Pantagruel in François Rabelais' Romanen erinnern. Von den Platten mit *crostini* – mit verschiedenen Pasteten aus Innereien bestrichene Scheiben von geröstetem Brot – über die in Öl eingelegten dicken weißen Bohnen und die *acquacotta* – eine heute sehr veredelte frühere Arme-Leute-Suppe – arbeiten wir uns zur *pasta* vor, den breiten, flachen *pappardelle* mit Hasen-*sugo*, um dann mit Wildschwein-Gulasch, paniertem Hirn und Kalbsbries, Lammkoteletts und im Brotteig gebackenen Wachteln weiterzumachen. Dazu wird dunkler, kräftiger Rotwein aus Literkaraffen ausgeschenkt. Hinterher gibt es dann noch verschiedene Käse, *panna cotta* und *vin santo* mit Mandelplätzchen oder eine *grappa* und zum Abschluss einen klitzekleinen *caffè*.

Wieder drängt sich mir die Frage auf, wie die Römer, und vor allem die Römerinnen, das alles verputzen können, ohne aus dem Leim zu gehen. Verstohlen beobachte ich die Essgewohnheiten der Anwesenden. Zwei Techniken der *signore* fallen mir auf. Die einen probieren nur winzige Häppchen von den diversen Gerichten und lassen den Rest auf dem Teller liegen. Sie reden, gestikulieren und telefonieren dabei so viel, dass es kaum auffällt. Die anderen essen zwar ihre Teller leer, lassen sich aber nur von wenigen Gerichten auflegen. Bei den anderen Gängen winken sie kurz, aber energisch ab. Manche dagegen, und dazu gehört Anna, langen kräftig zu und lassen sich auch den *Morellino* und den *vin santo* schmecken. Dennoch ist Anna gertenschlank, beinahe zumindest. Sie lacht, als ich nachfrage. »Wenn ich am Wochenende *in compagnia* weggehe, dann will ich wirklich nicht fasten. Dann wird gefeiert. Dafür esse ich unter der Woche fast gar nichts.«

Während des turbulenten Getafels in unserer Trattoria bewundere ich die italienischen Kinder. Bernadette und Nicolas, die noch kaum Italienisch können, kommen alle zehn Minuten zu Antonia und mir gelaufen, um sich zu beklagen: »Uns ist langweilig. Wir verstehen die anderen nicht. Wir wollen nach Hause.« Die anderen Kinder sitzen dagegen erstaunlich lange brav auf ihren Stühlen und essen, unter den wachsamen Augen ihrer Mütter, ihre *spaghetti alla bolognese*. Später laufen sie dann doch alle nach draußen, entdecken Kaninchen in einem Stall hinter der Trattoria – und alle Kommunikationsprobleme sind vergessen.

Als wir, es ist schon später Nachmittag, schließlich aufstehen, bleibt ein Bild der Verwüstung zurück. Unsere ursprünglich so gepflegte Tafel sieht aus, als sei darauf ein römischer Wochenmarkt abgehalten worden. Wir teilen die nicht unbedeutende Rechnung *alla romana*, will heißen zu gleichen Teilen, untereinander auf und lassen ein Trinkgeld auf dem Tisch zurück, mit dem wir *bella figura* machen. Als wir hinausgehen, bilden die vier Kellner ein Spalier. »Bis zum nächsten Mal«, rufen sie uns nach.

Wir halten wieder eine Lagebesprechung ab, schließlich war Sergio beim Militär, und wuchten uns danach in unsere Autos. Auf der Rückfahrt sehen wir uns noch die Etrusker-Nekropole von Tarquinia an. Von einer unscheinbaren Wiese am Stadtrand aus gehen steile Stufen hinab in die Erde. Die Gänge führen zu phantastisch bemalten Grabkammern, die einen blauen Panther, springende Delphine, Vögel, Hirsche, Reiter mit Hunden, Musikanten, Tänzer und Gaukler zeigen. Sogar unsere Kinder sind begeistert. »Schaut mal da, da seid ja ihr«, kichert Bernadette und zeigt auf eine Wand im sogenannten »Grab der Löwin«.

Dort liegen fröhliche Etrusker auf Speisebetten beim Bankett. Auch ein Weinkelch ist zu sehen. Die Freizeitgestaltung hat sich also in den vergangenen zweieinhalb Jahrtausenden nicht allzu sehr geändert, nur dass die Menschen heute beim Essen sitzen. Angesichts der Etrusker-Gräber fällt mir ein, dass ich mich ja noch um das geheimnisvolle Fanum Voltumnae kümmern will. Wann wird sich der rätselhafte Fremde wohl wieder melden?

»Heute sind wir wirklich viel marschiert«, versichern sich unsere italienischen Freunde anerkennend, nachdem wir etwa 40 Minuten auf der Wiese mit den Gräbern herumgetappt sind.

»Gut so«, meint einer der Männer, »man muss am Wochenende schließlich etwas für die Gesundheit tun.« Nach diesem beinharten Training setzen wir uns dann mit gutem Gewissen wieder in unsere Autos und verbringen den Rest des Tages im Stau zurück nach Rom.

Noch am selben Abend setze ich mich in mein Büro, um endlich ein bisschen über Fanum Voltumnae zu recherchieren. Es ist eine warme Oktobernacht. Durch die Balkontüre strömt eine feuchte, faulig riechende Luft herein. Dieser »Duft« schwebt immer mal wieder über der Stadt.

Unser *portinaio* behauptet, das komme von der Mülldeponie Malagrotta im Westen Roms. Sie sei mittlerweile überfüllt, und wenn der Wind vom Meer darüber hinwegwehe, nehme er eben den Gestank mit und trage ihn in die Stadt. Paola dagegen hat eine ganz andere Theorie. Danach stammt der Geruch von den Stromkabeln, die manche illegal in Rom lebenden Einwanderer an Bahnstrecken, in Fabriken und auf Baustellen geklaut hätten. Die Kabel würden sie dann ins Feuer werfen, um das Plastik abzubrennen und das übrig gebliebene Kupfer zu verkaufen. Wie dem auch sei, nach ein, zwei Stunden ist der Geruch jedenfalls wieder verflogen.

Ich blättere in meinen Etrusker-Büchern, surfe im Internet – und lese mich fest. Die Geschichte von Fanum Voltumnae klingt spannend. Dank des siebenjährigen Lateinunterrichts in der Schule finde ich relativ rasch – wenn auch nur mit Hilfe eines Wörterbuchs – heraus, dass der lateinische Begriff *fanum* für »geweihter Ort« oder »Heiligtum« steht. Komplexer ist die Sache mit *voltumna*. Der ursprüngliche Erdgott brachte es bis zur höchsten Gottheit der Etrusker, zu einer Art Zeus oder Jupiter des etruskischen Pantheons. Allerdings scheint der gute Voltumna ein wenig flatterhaft gewesen zu sein. Denn mal wurde er als Gott der Pflanzenwelt, der Fruchtbarkeit oder des Krieges, dann wieder als Beherrscher der Unterwelt, mal als Ungeheuer und dann wieder als Frau dargestellt. So gilt er bis heute als der geheimnisvollste der etruskischen Götter.

Als sich zwölf Stadtstaaten Etruriens im sechsten Jahrhundert vor Christus zu einem Städtebund zusammenschlossen, erkoren sie Voltumna zu ihrem Bundesgott und errichteten ihm ein gemeinsames Heiligtum – Fanum Voltumnae. Es sollte zum geistigen und weltlichen Zentrum der Etrusker werden. Dort kamen ihre politischen Führer jedes Frühjahr zu einer Art historischem Sicherheitsrat der Vereinten Nationen zusammen. Sie berieten über innere Streitigkeiten und äußere Feinde und entschieden, wem sie im Kriegsfalle Beistand leisten wollten. Zugleich buhlten die versammelten Priester der Städte mit Opfergaben um die Gunst der gemeinsamen Götter, allen voran um die Voltumnas. Sie deuteten die Innereien der Opfertiere, den Flug der Vögel und die Gestalt von Blitzen, um so den Willen der Götter zu erkunden und den Politikern Ratschläge zu geben. Sie entsprachen also durchaus den heutigen Meinungsforschern. Zugleich fand in Fanum Voltumnae stets ein großes Volksfest statt, mit Theater, Sportwettkämpfen und sonstigen Spektakeln, die womöglich recht blutrünstig waren und die späteren Gladiatorenspiele der Römer beeinflussten.

Woher man das alles weiß, noch dazu über ein Volk, das kaum schriftliche Spuren hinterlassen hat? Von den kulturellen Liquidatoren der Etrusker, den Römern. In etlichen römischen Quellen wird von Fanum Voltumnae berichtet. Allein der zur Zeit des Kaisers Augustus lebende Geschichtsschreiber Titus Livius schrieb ein halbes Dutzend Mal darüber. Das Problem ist nur: In keiner der römischen Schriften steht, wo das etruskische Bundesheiligtum mit all seinen Tempel-schätzen eigentlich lag. Daher suchen Historiker, Ar-chäologen, Abenteurer und sonstige Jäger des verlore-nen Schatzes seit mehr als 500 Jahren nach Fanum Voltumnae. Vage Hinweise in den Quellen lassen die Nachforschenden glauben, es könnte in der Nähe der Stadt Orvieto oder bei der Stadt Viterbo verborgen sein. Manche Forscher vermuten es dagegen eher auf der Insel Bisentina im Bolsena-See. Sollte es nun aus-gerechnet mein mysteriöser Informant entdeckt ha-ben? Ich mag nicht recht daran glauben. Aber auf den Grund gehen will ich dieser Sache nun auf jeden Fall.

Einige Tage später ruft mein Etrusker tatsächlich wieder an. Diesmal zitiert er mich in einen kleinen Park auf dem Aventin. Er nennt mir ein Datum Ende November und sagt nur: »Kommen Sie zur Zeit des Sonnenuntergangs.«

»Und wenn es regnet?«, frage ich.

»Es wird nicht regnen«, sagt er. Wieder ärgert mich seine Selbstgewissheit.

Zwölf

Bald drei Monate sind wir nun in Rom und wir fühlen uns in unserem Palazzo schon fast zu Hause. Wir haben inzwischen die meisten Mitglieder der verzweigten Familie Cornetti kennengelernt und mit einigen sogar etwas in der Freizeit unternommen. Andere Deutsche in Rom klagen manchmal über eine anonyme Atmosphäre in ihren Wohnblocks. Wir haben da wohl Glück gehabt. Denn der Cornetti-Clan ist sehr interessiert, die einzigen Fremden in seinem Familienpalazzo rasch zu Vertrauten zu machen. Nur den alten Patriarchen Ercole Cornetti, »*il signor architetto*«, wie Filippo stets mit ehrfurchtsvoller Stimme sagt, haben wir seit unserem Einzug noch nicht zu Gesicht bekommen. Ich hatte ihn lediglich kurz zur Vertragsunterzeichnung beim Auszug unseres Vormieters gesehen. Danach war er für mehrere Wochen bei seinem Bruder in Argentinien. Seit seiner Rückkehr hat er sich offensichtlich kaum aus seiner Wohnung bewegt.

Seine Frau, Signora Diletta, treffe ich gelegentlich, wenn ich mich zum Lesen unter die Zeder in den kleinen Innengarten des Palazzo setze. Die *signora* ist eine schlanke Dame mit stets akkurat frisierten weißen Haaren, die einen leichten Stich ins Bläuliche haben. Ihre Hände und ihr Gesicht sind altersknochig, doch ihr Gang ist stets aufrecht und ihre Manieren sind vom Feinsten. Sie spaziert oft im Gärtchen herum, um eine Zigarette zu rauchen. »Das erlaubt mir mein Mann in der Wohnung nicht«, erklärt sie mir ungefragt. Außer-

dem liebt sie die Pflanzen, zupft hier ein paar ver-
trocknete Blüten von einem Rosenstöckchen, streicht
dort liebevoll über ein Bananenblatt.

Eines Tages, ich sitze gerade in der Herbstsonne
und lese in einem Etrusker-Buch, kommt sie an meine
Bank und fragt:»Darf ich stören, *dottore?*« Dann überreicht sie mir ein Kuvert. Ich rechne mit einer Miet-
nachforderung, bedanke mich aber trotzdem. Als sie
gegangen ist, öffne ich den Umschlag und finde darin
eine Karte mit dem eingeprägten Namen *Ercole Cornetti – architetto*. In gestochener Handschrift lädt der
Patriarch Antonia und mich für einen der kommenden
Nachmittage zum Kaffeetrinken ein.

Wir bitten Federica, die Hausmeisterin, während-
dessen unsere Kinder zu hüten. Sie ist völlig aus dem
Häuschen. »Ahhhh, Sie sind beim *signor architetto*
eingeladen. Er ist schon sehr alt und *un po' strano*, ein
bisschen eigentümlich, und empfängt kaum noch Besuch. Das ist eine große Ehre für Sie!«

Wir fragen Federica, was man in einem solchen Fall
mitbringt. »Ach, da können Sie alles nehmen«, meint
sie, »zum Beispiel Pralinen oder Blumen, etwas Süßes
aus der *pasticceria* oder ein Rosenstöckchen, Schokolade oder einen Strauß Lilien.« Wichtig sei nur, dass
unser Geschenk groß ist. Das haben wir uns jedoch
schon gedacht. Denn mit klein, aber fein macht man in
Italien selten *bella figura*.

Wir gehen also zu dem ambulanten Blumenhändler
in der Parallelstraße, der eigentlich gar nicht so am-
bulant ist, da er in einem kleinen Wohnwagen auf
der Straße haust. Jeden Morgen stapelt er seine Blü-
tenträume auf Stellagen am Gehsteig. Er ist zwar teuer,
aber wir wissen, er wird uns einen bombastischen
Strauß basteln. Tatsächlich ist das in durchsichtige Folie geschlagene und mit bunten Bändern verzierte Gla-
diolen-Wunder, das er uns schließlich in die Arme legt,

eine Pracht. Gemeinsam schleppen wir das florale Monstrum durchs Treppenhaus bis in unsere Wohnung. In den Aufzug passt es nicht. So wie Signora Diletta den Strauß später in Empfang nimmt, ist er offenbar gerade angemessen.

Die Wohnung im dritten Stock, in die wir etwas befangen treten, wirkt riesig. Riesig und dennoch so eng wie ein Museumsdepot. Denn sie ist vom Gang bis zum Gästebad mit alten Kommoden, Beistelltischchen, Divanen, Marmorbüsten, Ölbildern, Kristallvasen, Wanduhren, Truhen, Perserteppichen, Kerzenleuchtern und Amphoren vollgestopft. Sogar einen antiken Säulenstrunk und ein Bruchstück eines römischen Sarkophags wähne ich zu erkennen. Signora Diletta bemerkt unsere Verwunderung und sagt:»Das stammt alles aus unserem früheren Familienpalazzo im *centro storico*. Ercole hat darauf bestanden, jedes Stück mitzunehmen.«

Der *signor architetto* erweist sich als ein vollendeter Gastgeber. Der rüstige alte Herr mit dem buschigen Schnurrbart lobt unseren Akzent im Italienischen, der so drollig dem von Papst Benedikt ähnele. Er rühmt unsere Heimat Bayern, die er schon öfter bereist habe. Und er preist unsere »*bambini dolcissimi*«, die er immer wieder im Garten streiten höre, während er versuche, Mittagsschlaf zu halten. »Kinder sind etwas Wunderbares«, seufzt er. »Ich habe für meine diesen ganzen Palazzo erbaut. Leider haben sie es sich allzu bequem darin gemacht. Sie bekommen zu wenige Kinder, diese Luftikusse – so wie ganz Italien! Es ist eine Tragödie!«

Nachdem Antonia und ich gebührend widersprochen und die immensen Vorzüge des Landes im Allgemeinen und der Familie Cornetti im Besonderen hervorgehoben haben, meint auch der *architetto* zufrieden, im Grunde hätten wir ja recht.

Antonia nutzt die Gunst des Augenblicks und fragt

neugierig, ob er uns nicht seine wunderbare Wohnung zeigen könne. Der *architetto* stutzt ein wenig, denn die eigene *casa* ist in Italien heilig. Davon gibt man Fremden nicht mehr als nötig preis. Doch dann siegt seine gute Erziehung. Er werde uns den *salone* zeigen, sagt er und öffnet eine Tür. Erstaunt blicken wir in den halbdunklen Raum mit den heruntergelassenen Jalousien. Das Zimmer wirkt, als sei es noch nie bewohnt worden. Das schwere Buffet aus Eichenholz, das Wandregal mit den akkurat ausgerichteten Büchern, der blitzende Kaffeetisch aus Glas und der spiegelnde Marmorboden sehen so aseptisch aus, als wüte hier jeden Morgen Meister Propper. Keine Zeitschrift liegt herum, kein Fußabdruck verunziert den flauschigen weißen Läufer. Das Seltsamste aber ist die bombastische cremefarbene Couchgarnitur mit den geschwungenen Lehnen. Das Sofa und die Sessel sind mit durchsichtiger Plastikfolie bedeckt.

»Das ist unser *salone*«, erklärt der *architetto*. »Die Möbel haben wir 1951 zur Hochzeit bekommen.« Und offenbar nie benutzt, denke ich mir. Antonia und ich blicken uns ratlos an. Doch der *architetto* meint nur: »Gehen wir in den *salotto*, *caffè* trinken.«

Er führt uns in einen gemütlichen Raum mit offenem Kamin und einer leicht abgeschabten Couchgarnitur ohne Plastiküberzüge. In der Ecke flimmert ein Fernseher, am Boden stapeln sich Bücher, auf dem Kaminsims steht eine Vase mit schon etwas welken Rosen. Hier wird offenbar gelebt.

Erst später werden wir lernen, dass es in *famiglie per bene* – in anständigen Familien – durchaus üblich ist, einen unbenutzten Repräsentationsraum vorzuhalten. Wer weiß, warum, vielleicht fürchtet man ja, es könne plötzlich der König hereinschneien. Paola wird uns erzählen, ihre Eltern hätten in ihrem großen Stadthaus in Catania ein ganzes Stockwerk für solche hypothetischen Fälle bereitgehalten. Auch da seien die Couchmöbel mit Plastik überzogen gewesen und im Bad habe es sogar Seife und blütenweiße Gäste-Bademäntel gegeben. Doch das alles sei ihres Wissens nie benutzt worden.

Federica, unsere Hausmeisterin, wiederum fragte uns schon kurz nach unserem Einzug, warum wir denn unser edles Designersofa mit nach Rom genommen hätten. »Das hätten Sie doch gut in Deutschland einlagern und sich hier ein billiges Ikea-Sofa kaufen können.«

»Warum denn das?«

»Na – um das schöne Sofa zu schonen.«

Der alte *padrone* ist erstaunlich offen mit uns. Er sagt, er vermiete unsere Wohnung immer an Ausländer, denn die wechselten öfter mal, und so lasse sich die Miete besser erhöhen. Auch sei es schön, Deutsche im Haus zu haben, jetzt da auch im Palazzo Apostolico über der Piazza San Pietro ein Deutscher eingezogen sei. Er meint Papst Benedikt XVI. Zudem seien Deutsche ungemein diszipliniert, pünktlich und fleißig. Nach und nach outet sich der *architetto* als großer Fan Germaniens, seiner zuverlässigen Autos, seiner stabilen Regierungen und – als Diletta gerade neues Gebäck holt – seiner schönen Frauen. »Ach, Marlene Dietrich«, schwärmt er und streicht sich die grauweißen Haare zurück. »Wie gerne hätte ich in Deutschland gelebt. Aber ich musste ja hier in Rom für diese riesige Familie sorgen.«

Immer wieder werden wir in Rom auf Menschen stoßen, die große Bewunderung, ja sogar Zuneigung für Deutschland hegen. Ercoles Enkel Sergio etwa fährt begeistert einen alten Mercedes und kauft bei Lidl in Rom Leberwurst. »Die Italiener achten Deutschland, aber sie lieben es nicht. Die Deutschen dagegen lieben

Italien, aber sie schätzen es nicht«, so lautet ein Bonmot. Manchmal stimmt es, manchmal jedoch auch nicht. Antonia, die Kinder und ich lieben und schätzen Italien jedenfalls – meistens zumindest.

Doch selbst das glänzende Rom hat seine Schattenseiten, und damit meine ich jetzt nicht nur den grässlichen Verkehr. Eines Tages kommt Bernadette von der Schule nach Hause und erzählt, bei ihrer Freundin Karla sei eingebrochen worden. Karla lebt mit ihren Eltern, einer Diplomatenfamilie, in einem gut bewachten *condominio* im noblen Stadtteil Parioli. Als die Eltern eines Morgens aufwachten, bemerkten sie erstaunt, dass es schon neun Uhr war. Sie fühlten sich ein wenig benommen und wunderten sich, warum der Wecker nicht geklingelt hatte. Dann sahen sie die offenen Schubladen der Schlafzimmerkommode. Die Schmuckschatulle fehlte.

Die Polizei rekonstruierte, die Einbrecher hätten ein Fenster im Gästebad eingedrückt, die schlafende Familie mit einem K.-o.-Spray betäubt, den Wecker ausgeschaltet und dann in aller Ruhe die Wohnung ausgeräumt. Womöglich sei auch ein Wächter der Wohnanlage beteiligt gewesen, dem vor kurzem gekündigt worden sei. Der verzweifelten Familie rieten die Beamten, sich doch mal am kommenden Sonntag auf dem riesigen Flohmarkt Porta Portese in Rom umzusehen. Dort würden oft Lederjacken, Kameras und andere Beutestücke aus Einbrüchen verhökert. Sie könnten sich die Sachen ja dann zurückkaufen.

Bernadette ist entsetzt und sagt, sie habe ebenfalls Angst vor Einbrechern. Wir beruhigen sie mit unseren extradicken Thermopane-Scheiben, den beiden Alarmanlagen und der Obhut von Filippo und Federica.

Was wir ihr nicht sagen: Eltern von der Deutschen Schule erzählen uns immer wieder von solchen Einbrüchen. So fand eine kinderreiche deutsche Familie – der Mann arbeitet in der Nähe von Rom in einer Nato-Basis – ihre Wohnung ausgeräumt vor, als sie von einem Wochenendurlaub zurückkam. Die Einbrecher hatten einfach schwarze Schlüpfer der Frau über die Bewegungsmelder gestülpt, um diese auszuschalten. »Es hat ein bisschen ausgesehen wie auf einem Erotik-Fasching«, erzählte uns die Frau später mit Galgenhumor. Die Diebe hätten sich in ihrer Wohnung offenbar wie in einem Kaufhaus gefühlt: »Sie haben nur Schuhe und Kleider ganz bestimmter Größen mitgenommen. Offenbar suchten sie sich die Sachen für eine ganz bestimmte Familie zusammen. Sie stahlen sogar Kinderspiele und Kuscheltiere.«

Auch bei uns haben es die Fassadenkletterer schon probiert. Als ich eines Morgens die Blumen auf Bernadettes Balkon gießen wollte, waren die Kübel umgeworfen, einer war sogar zerbrochen. An der Hauswand war eine Lampe verdreht – der Dieb hatte darauf offenbar Halt gesucht. Filippo meinte, die Banditen hätten wohl aufgegeben, als sie unsere festen Scheiben und das Blinken des Bewegungsmelders im Raum wahrnahmen.

Bernadette lässt sich wegen der Geschichte aus der Schule jedenfalls beruhigen und schläft schließlich ein. In dieser Nacht reißt uns eine fulminante Explosion aus den Betten. Die großen Scheiben unserer Wohnung beben. Bernadette und Nicolas kommen weinend in unser Schlafzimmer gerannt und verkriechen sich unter unseren Bettdecken. Antonia beruhigt sie, während ich ins Arbeitszimmer laufe und vorsichtig durch die Jalousien luge. Draußen flackert etwas. Leise mache ich die Glastüre auf und schleiche auf den kleinen Balkon. Da, etwa 50 Meter weiter die Straße hinab, steht ein Auto in Flammen. Der explodierende Tank hat den Knall verursacht. Wieder einmal waren Neros Erben am Werk.

Ich kannte das Phänomen bereits vom Sommer her und hatte auch schon für die Zeitung darüber berichtet: Immer mal wieder und stets des Nachts beginnt es an verschiedenen Stellen in der Stadt zu brennen. Schwarzer, stinkender Qualm steigt dann aus den gelblich beleuchteten Straßen auf. Explosionen lassen schon einmal die Fenster der Palazzi bis hoch zum dritten Stock bersten und Flammen züngeln die Fassaden empor.

Die Römer sprachen schon vom »Sommer des Nero«. Doch es war kein größenwahnsinniger Kaiser, der da am Tiber zündelte, und es waren auch keine Terroristen, wie die Bürger anfangs fürchteten. Vielmehr waren ganz »gewöhnliche« Brandstifter am Werk, die, offenbar von der Medienberichterstattung über ihre Taten berauscht, immer mehr Autos und Motorräder abfackelten. Meistens schütteten sie Benzin über Dach, Motorhaube und Reifen, warfen ein brennendes Zündholz hinterher und verschwanden in der Dunkelheit. In einer der schlimmsten Nächte brannten allein 43 Autos aus.

Die Polizei schickte nachts Zivilpatrouillen durch die Viertel und ließ einen Hubschrauber dicht über den Dächern kreisen, der die Menschen aus dem Schlaf schreckte und mit Suchscheinwerfern, Infrarotsensoren und einer Spezialkamera nach den Feuerteufeln suchte. Doch es wurden nur wenige Verdächtige gefasst. Manche von ihnen gestanden. Ihre Motive: Langeweile und Geltungssucht. »Es hat uns Spaß gemacht, die Artikel in der Zeitung zu sehen und tags darauf unseren Freunden zu sagen: Lest mal, das waren wir!«, gestand ein Jugendlicher.

Die Bürger und die Touristen konnten teils in bester Lage römische Ruinen der anderen Art bestaunen – die Skelette ausgebrannter Fiats und Vespas. Manche blieben monatelang auf der Straße stehen, bis sich irgendeiner erbarmte und sie wegräumte.

Nun also haben die Zündler wieder einmal zugeschlagen – diesmal fast direkt vor unserer Haustüre.

Nicolas empfindet das Ganze eher als logistische Herausforderung. Er erwägt, mit seiner Playmobil-Feuerwehr auszurücken. Bernadette dagegen ist völlig verstört. Antonia und ich tragen ihre Matratze und ihr Bettzeug zu uns ins Zimmer, doch selbst dort kann sie nicht mehr einschlafen.

»Mama, Papa, ich muss euch etwas sagen«, flüstert sie.

»Was denn, Schatz?«, fragen wir.

»Ich will wieder nach Hause, nach München. Zu den Opas und Omas, zu meinen Freundinnen und in unseren Garten.«

Wir sind sofort alarmiert. Ich habe stets ein latent schlechtes Gewissen, weil ich die Kinder aus ihrem gewohnten Umfeld herausgerissen habe, nur um mir meinen Lebenstraum von Italien zu erfüllen. In Rom versuchen wir daher so gut es geht, ihnen das Leben in der Stadt schmackhaft zu machen: durch die deutsche Schule, durch Fußball und Reiten und durch die viele Zeit, die wir hier, anders als in München, miteinander verbringen können. Schließlich ist Antonia hier nicht berufstätig und ich arbeite zu Hause.

»Aber es hat dir doch bisher so gut gefallen in Rom«, sage ich. »Hier im Palazzo und in der Schule. Denk doch nur mal an unsere schönen Ausflüge ans Meer.«

»Ja«, sagt Bernadette zögerlich, »das ist schon schön. Aber vor Rom habe ich Angst.«

»Wovor hast du denn Angst in Rom?«

»Vor den Einbrechern. Und davor, dass unser Auto angezündet wird. Und da ist noch etwas.«

»Was denn?«

»Der viele Schmutz auf der Straße. Und die vielen Bettler und diese Hunde.«

Rom ist nicht München. Bernadette aber ist in München aufgewachsen, noch dazu in einem sehr ruhigen Viertel. Sie kannte keine vermüllten Straßen und auch keine zerlumpten Menschen, die mit zotteligen Hunden auf Brücken und vor Kirchen sitzen und rufen: »Ich habe Hunger.«

Das hat sie schon bei unseren ersten Spaziergängen in Rom beunruhigt. Während ich all die herrlichen Barockkuppeln sehe, die römischen Ruinen, die Brunnen, die Straßenmärkte, die vielen beschwingten Menschen aus unzähligen Ländern, sieht Bernadette die überquellenden Abfallhaufen, den verkrüppelten Pakistani mit seinem Körbchen voller Almosen, die verhärmte Frau in schmutzigen Tüchern mit dem schreienden kleinen Kind auf dem Arm und den alten Mann im abgetragenen Sonntagsanzug, der im Park nach Zigarettenkippen sucht, um sich ein paar Tabakreste herauszubohren. Sie riecht die Abgase in den Straßenschluchten, sie hört die schrillen Sirenen der Krankenwagen. Mit anderen Worten: Sie nimmt ein anderes Rom wahr als ich und Antonia. Und sie bildet es sich nicht ein. Denn auch dieses Rom existiert.

Es ist das Rom der unsäglichen Barackensiedlungen an den Ufern des Tiber, in dessen Gestrüpp wie bei einem Lumpenfasching zerfetzte Plastiktüten hängen, die das letzte Hochwasser zurückgelassen hat. Diese Slums mit ihren erbärmlichen Unterkünften aus alten Wohnwagen, Brettern, Plastikplanen und verrosteten Blechen liegen nicht weit vom Stadtzentrum entfernt. Wenn ich mit dem Fahrrad den Tiberradweg entlangfahre, komme ich direkt daran vorbei. Ich sehe die Männer alte Autos zerlegen, die Frauen mit Einkaufswagen voller Lumpen irgendwohin ausrücken und kleine Kinder in öligen Schlammpfützen spielen, während in den Feigenbäumen Ratten hochklettern, um ein paar Früchte zu naschen – alles Szenen, die nicht zu Westeuropa zu gehören scheinen.

Campi nomadi nennen die Römer diese wilden Siedlungen, »Zigeunerlager«. Darin wohnen jedoch auch zahlreiche andere Immigranten, die teils legal, wie die Rumänen als EU-Bürger, teils illegal wie viele Menschen aus Afrika, Asien oder Osteuropa ins Land gekommen sind und nun im Umfeld der Großstädte irgendwie zu überleben versuchen, und sei es im dreckigen Ufergestrüpp des stinkenden Tiber. Es sind die Ärmsten der Armen, die von den Italienern meist in einer seltsamen Mischung aus Toleranz und Gleichgültigkeit hingenommen werden. Sie bilden ein unerschöpfliches Reservoir billigster Arbeitskräfte für die Olivenoder Weinernte und für einfache Jobs in den Fabriken.

Manche von ihnen schaffen es mit Zähigkeit, Mut und Fleiß, sich im sozialen Dschungel der Städte nach oben zu arbeiten. Andere wählen den scheinbar leichteren Weg – sie gehen auf Beutezug und werden dabei von den Clan- und Bandenchefs selbst ausgebeutet. Straff geführte Bettelorganisationen verteilen kleine Kinder an Frauen, um sie tagein, tagaus an abgasverpesteten Straßenkreuzungen Almosen einsammeln zu lassen. Die italienischen Zeitungen berichten, die Kinder würden teilweise mit Medikamenten ruhiggestellt, damit sie diese Tortur über sich ergehen lassen. Die Frauen dagegen treibt unter anderem die Angst an, abends im Lager von ihrem Boss geschlagen zu werden, wenn sie nicht genug abliefern.

Andere wohlorganisierte Gangs verteilen sich auf die Busse, um dort im Gedränge Handtaschen aufzuschlitzen und zu plündern oder mit artistischem Geschick Geldbörsen aus Hosen- und Sakkotaschen zu fischen. Wer stets den gleichen Weg mit dem Bus fährt, der kennt »sein« Team bald und weiß, an welcher Haltestelle es einsteigen wird. Dann genügt meist ein strenger Blick in die Augen der Pendlerdiebe, um in Ruhe gelassen zu werden.

Natürlich regen sich diejenigen Italiener, die es erwischt, unglaublich darüber auf. Die anderen dagegen betrachten diese Kleinkriminalität mit Gleichmut. Man passt eben auf, man arrangiert sich mit der Gefahr, so gut es geht. Manchmal aber passiert doch etwas Schlimmes. So wurde einmal eine Italienerin abends auf dem Nachhauseweg von einem Bewohner der *campi nomadi* überfallen, vergewaltigt und halbtot in einem Gebüsch liegengelassen. Kurz darauf starb sie. Ein paar Tage lang kannte das Land kein anderes Thema. Die linke Regierung verschärfte die Gesetze, die rechte Opposition forderte Massenausweisungen und organisierte Demonstrationen gegen die illegal im Land lebenden Ausländer. Tatsächlich rückten kurz darauf Polizisten mit gelben Baggern und Planierraupen aus, um medienwirksam ein paar Baracken einzureißen. Sie wurden dann eben woanders wieder aufgebaut. Bald hatte das Land das Problem über und entdeckte ein neues Thema.

Wie wir auf Schritt und Tritt in Rom erleben, versuchen viele Einwanderer, etwa aus Pakistan oder Indien, sich mit Hilfsarbeiten im Leben der Großstadt nützlich zu machen und so ihr Geld zu verdienen. Sie handeln natürlich streng illegal am Steuer- und Arbeitsrecht vorbei, aber doch irgendwie ehrenwert. Daher werden sie von den Römern durchaus geschätzt. Sie bieten vor der Engelsburg Gürtel, Musik-CDs oder Fotostative feil, sie verkaufen auf der Piazza Santa Maria in Trastevere in allen Farben blinkendes Kinderspielzeug, sie helfen an den Sonntagen an Selbstbedienungs-Tankstellen den Kunden, sie bringen auf den Parkplätzen der Supermärkte die Einkaufswagen zurück, sie putzen an roten Ampeln Autoscheiben und bieten auf Verkehrsinseln Zeitungen und Taschentücher an.

Wenn es regnet, stehen sie plötzlich an jeder Straßenecke mit Fünf-Euro-Schirmen herum, als seien sie aus dem Boden gewachsen. Wenn die Sonne brennt, halten sie Bernadette und Nicolas Schirmmützen hin. Wenn der Mond scheint, drücken sie mir eine rote Rose in die Hand – auch wenn ich nicht mit Antonia, sondern mit einem gleichgeschlechtlichen Arbeitskollegen zum Essen unterwegs bin. All diese Menschen überleben in Italien, weil die Italiener einem sympathischen Motto folgen: leben und leben lassen. Dabei übersehen sie jedoch manchmal, dass dies bisweilen nicht ausreicht. Etwa wenn es darum geht, Kindern, die in den *campi nomadi* aufwachsen, eine menschenwürdige Zukunft zu sichern.

Antonia und ich haben uns bald an all diese Erscheinungen der südländischen Metropole gewöhnt und nehmen sie bereits wie die Römer als selbstverständlich hin. Wir kaufen hier ein paar Taschentücher, schauen da über eine bettelnde Hand hinweg und geben dort ein, zwei Euro, ohne uns noch allzu viele Gedanken darüber zu machen. Bernadette ist da feinfühliger. Sie nimmt diese fremde Welt mit ihren großen, dunklen Augen in sich auf und spürt Mitleid und Angst zugleich.

»Warum gehen diese Kinder nicht zur Schule? Warum müssen diese Menschen in dreckigen Hütten schlafen?«, fragt sie immer wieder.

Wir haben keine richtige Antwort darauf. Einmal halten wir an einer Ampel an einer großen Straßenkreuzung. Schräg gegenüber steht ein Altkleidercontainer. Eine Frau steckt bis zur Brust darin, um irgendetwas Brauchbares herauszufischen. Ihre Beine zappeln in der Luft. Ein Mädchen neben ihr nimmt die Beutestücke entgegen. »Warum machen die das?«, will Bernadette wieder mal wissen.

In dieser Nacht, da das Auto explodiert ist, kommen all die Dinge in ihr hoch und nähren ihr Heimweh. »In München haben wir es so schön gehabt«, sagt sie. »Wir konnten auf den Birken im Garten ein Baumhaus bauen. Warum haben wir hier keinen Garten?« Wir streichen ihr ratlos über den Kopf. Plötzlich setzt sie sich in unserem Bett auf und sagt: »Wisst ihr was? Wenn ich einmal groß bin und selber Kinder habe, dann ziehe ich nach Wolfratshausen!«

Wir glauben, nicht richtig zu hören. Warum denn ausgerechnet Wolfratshausen? Bernadette war als Kleinkind vielleicht zwei-, dreimal in der schmucken, wohlgeordneten kleinen Kreisstadt, wenn wir von München aus Freunde besuchten oder mit Fahrrad und Kinderanhänger die Isar entlang gen Süden fuhren. Ansonsten war Wolfratshausen nie ein großes Thema in unserer Familie gewesen.

»Warum willst du denn ausgerechnet dorthin?«, fragt Antonia nun Bernadette.

»Ich glaube einfach, dass es da schön ist«, antwortet sie mit verträumtem Blick. »Da ist alles grün und sauber, es gibt keine armen Menschen, die betteln müssen, und ich kann Tiere im Garten halten.«

So können sich die Dinge drehen: Während ich mich als Junge immer nach Italien wünschte, sehnt sich meine Tochter nach Wolfratshausen.

Was können wir jetzt nur tun? Manche deutschen Familien in Rom haben sich tatsächlich ein Häuschen mit Garten gemietet. Doch das bedeutet für Eltern wie Kinder, weit außerhalb der Innenstadt zu leben und täglich viele Stunden im Straßenverkehr festzustecken. Das scheint uns keine gute Alternative zu sein. Also sagen wir zu Bernadette: »Überleg dir doch mal, was dir wirklich Freude machen würde. Irgendetwas, was du in München nicht hattest, aber hier in Rom ha-

ben kannst. Dann sehen wir, was wir tun können.«
Bernadette ist wie elektrisiert von dieser Idee. »Vielleicht kommt mir ja im Traum ein Einfall«, sagt sie. Bald darauf schläft sie.

So kommt es, wie es wohl kommen muss: Ein paar Tage später stürmt Bernadette in mein Arbeitszimmer, stemmt die Hände in die Hüften und sagt: »Jetzt weiß ich, was ich will: ein Tier.«

Der Vorstoß trifft mich an einer schwachen Stelle. Da ich selbst in einem großen Garten mit vielen Tieren aufgewachsen bin, habe ich ein schlechtes Gewissen, weil Bernadette und Nicolas ihre Kindheit hier in Rom in einer Großstadtwohnung verbringen müssen.

»So, so«, sage ich daher und speichere den Artikel über die Regierungskrise – in Italien ist immer Regierungskrise, deswegen schreibe ich auch ständig über Regierungskrisen – zwischen, an dem ich gerade arbeite. »An was für ein Tier hast du denn gedacht?«

»Ich weiß nicht, ein Tier eben«, sagt Bernadette. »Eine Katze vielleicht oder einen Hund.«

»Hunde und Katzen sind für eine Großstadt wie Rom nicht geeignet, die brauchen Auslauf«, gebe ich zu bedenken. »Außerdem könnten sie hier leicht überfahren werden.«

Das leuchtet Bernadette ein. »Warum müssen wir denn in der Großstadt leben? Meine Freundin Sandra lebt auch auf dem Land und hat Hunde und Katzen.«

Ich spüre, wie ich in die Defensive gerate, und flüchte mich ins Grundsätzliche. »Wir leben hier wegen meines Berufs. Als Italien-Korrespondent muss ich in der Hauptstadt wohnen. Das will die Zeitung so. Ich würde ja auch lieber auf einem Landgut in der Maremma leben.«

»Dann kaufen wir halt ein Stadttier«, sagt Bernadette.

Damit ist die Sache im Grundsatz geklärt. Um Zeit zu gewinnen, verweise ich meine Tochter auf ihren Geburtstag, aber der kommt natürlich auch irgendwann. Also fragen wir Francesco, den Friseur unseres Vertrauens. Francesco weiß auf alles eine Antwort. Er kennt sogar einen Laden in Monteverde, wo man Ersatzkannen für Filterkaffeemaschinen bekommt – in Rom eine echte Rarität. Die Sache mit den Tieren ist dagegen ein Klacks.

Kurz darauf fahren wir in einem Geschäft namens »Dschungel-Planet« vor. Dort gibt es knallbunte Zwergpapageien, die ich immer schon haben will und deshalb Bernadette anpreise. Aber Antonia meint, Papageien seien laut und unerzogen und kämen daher, wenn überhaupt, nur in mein Büro. Ich stelle mir vor, wie ich unter Papageiengekrächze mit einem *monsignore* aus dem Vatikan telefoniere – und verwerfe die Idee mit den Vögeln.

Da entdeckt Bernadette den Käfig mit den Meerschweinchen. »Uiiiii, sind die süß«, schreit sie. »Ich will ein Meerschweinchen.«

Dagegen ist nichts zu sagen. Antonia meint jedoch, wir sollten besser zwei nehmen, da diese Nager sehr gesellig seien. Ich wende ein, die Tiere vermehrten sich stark, weshalb sie eigentlich Mehrschweinchen heißen müssten.

»Sie paaren sich nur, wenn Sie ein Weibchen und ein Männchen nehmen«, klärt mich die junge und dennoch erfahrene Verkäuferin auf. »Wenn Sie zwei Weibchen kaufen, kann gar nichts passieren.«

»Danke, das war mir bekannt«, sage ich.

Wir kaufen also zwei Weibchen. Bernadette sucht ein braunes und ein schwarz-braun geflecktes Tier aus und nennt sie »Mucki Eichhorn« und »Susi Wildschwein.« Wir lassen uns aus Deutschland einen wunderschönen Holzstall schicken, da es in Rom nur Drahtkäfige zu kaufen gibt. Außerdem besorgen wir einen Plastiksandkasten, den wir als Freilaufgehege herrichten. Das Ganze bauen wir auf unserem Hauptbalkon vor dem Wohnzimmer auf, zur Freude Ercole Cornettis, unseres ebenso netten wie distinguierten Vermieters. Seit unserem Antrittsbesuch sieht er gelegentlich bei uns vorbei, um sich über Mängel an der Wohnung, wie etwa eine kaputte Jalousie, zu informieren – und vor allem, um ein bisschen mit uns *signori tedeschi* zu plaudern.

Als er uns das nächste Mal besucht, bemerkt er natürlich die Schweinerei auf dem Balkon. Sofort führt Bernadette ihm begeistert ihre beiden Tiere vor. Und wieder einmal siegt Ercole Cornettis gute Erziehung. »Interessant«, sagt er, »wie nett«, und macht dabei ein Gesicht, als würden wir Klapperschlangen in seinem Palazzo züchten. Später bringt er das Gespräch auf die Rattenplage in Rom und auf all die schrecklichen Krankheiten, die diese Tiere übertragen. Noch später erzählt uns Federica, die Hausmeisterin, Meerschweinchen seien als Haustiere in Italien eher unüblich, da sie die Menschen zu sehr an Ratten erinnerten.

Mucki Eichhorn und Susi Wildschein gedeihen prächtig, verdächtig prächtig. Obwohl wir sie strikt nach Gebrauchsanweisung, einem kleinen Meerschweinchenführer, füttern, werden ihre Bäuche immer praller. Bernadette pflegt sie liebevollst, kämmt ihnen täglich das Haar, spielt mit ihnen und betet zu San Francesco, dem Schutzheiligen der Tiere, dass Mucki und Susi wirklich schwanger sind. Sie ist entzückt von der Vorstellung, Meerschweinchenbabys zu bekommen. Meine Entzückung hält sich dagegen in Grenzen. Noch hoffe ich, die beiden Tiere seien einfach nur ein bisschen vollschlank.

Als wir Anfang November in den Herbstferien nach

Umbrien fahren, vertrauen wir die beiden Filippo und Federica an. Fair, wie ich bin, erzähle ich ihnen von unserem Verdacht.

»Das ist überhaupt kein Problem«, beruhigt mich Filippo. »Meine Mutter hatte Stallhasen. Die haben auch ständig Junge bekommen. Ich bin der ideale Geburtshelfer.«

Schon am zweiten Urlaubstag klingelt das Telefon. Am Apparat ist ein aufgeregter Filippo. Mucki und Susi hätten am Morgen beide Junge bekommen, aber leider die meisten totgebissen. Nur zwei hätten überlebt. »Federica hat nun Babymilch und Einwegspritzen in der Apotheke besorgt und päppelt sie damit auf.«

So erhalten wir endlich Gewissheit, dass wir zwei schwangere Meerschweinchen gekauft haben. Auch der Nachwuchs, ein Mädchen und ein Junge, gedeiht gut. Als wir zurückkommen, tauft Bernadette die beiden auf die Namen »Nelly Quieck« und »Jakob Brödler«. Meinen Einwand, Brödler sei als Meerschweinchenname, zumal in Italien, wenig verbreitet, lässt sie nicht gelten.

Als Ercole Cornetti wieder einmal bei uns vorbeischaut und die vier Meerschweinchen entdeckt, blickt er noch bedenklicher drein. Später bringt er das Gespräch auf die Cholera und die Pest und meint, solche Krankheiten könnten in einer so alten Stadt wie Rom jederzeit wieder ausbrechen.

»Denken Sie nur an die Engelsburg«, sagt unser gebildeter, in römischer Stadtgeschichte beschlagener Vermieter. »Wissen Sie, woher ihr Name kommt?« Er wartet meine Antwort nicht ab, sondern fährt fort: »Im Jahr 590 wütete in der Stadt wieder einmal die Pest. Eines Tages sah Papst Gregor der Große über dem antiken Grabmal eine Erscheinung des Erzengels Michael. Der Engel steckte sein Schwert in die Scheide, zum Zeichen, dass Gottes Zorn verebbt und die Pest zu Ende war. Deswegen steht heute eine Bronzestatue des Engels auf dem Gebäude.« Ercole Cornetti macht eine dramatische Pause. Dann blickt er düster hinaus zu den Meerschweinchen und sagt: »Der Erzengel Michael kann sein Schwert jederzeit wieder herausziehen.«

Um solche Komplikationen zu vermeiden und unserem Vermieter weitere Überraschungen zu ersparen, beschließen wir schweren Herzens und gegen Bernadettes Protest, Jakob Brödler kastrieren zu lassen. Die Frage ist nur: Wer entmannt in Rom, dieser Stadt der Machos, ein Meerschwein? Der alte Tierarzt in unserer Straße weist das Ansinnen entrüstet zurück und behauptet, er habe keine Erfahrung mit Nagern. Selbst Francesco, unser Friseur, weiß diesmal keinen Rat. Doch über Freunde von Freunden bekommen wir schließlich eine Empfehlung für einen Doktor namens Finocchio. Bei einem ersten Telefonat versichert uns der Mediziner glaubhaft, er sei zu dem Eingriff bereit. Also packen Bernadette und ich den sich sträubenden Jakob Brödler in einen Karton und fahren mit ihm im Auto etwa eine Stunde lang bis ans andere Ende der Stadt in Finocchios Praxis.

Der Mann ist offenbar eine Koryphäe. Sein an sich geräumiges Wartezimmer ist übervoll mit Menschen und Tieren. In zwei Plastikboxen kauern ein verhaltensauffälliger Schildkröterich und ein appetitloser Hamster. Ein verstörter Mischlingshund kriecht unter den Stühlen zwischen unseren Beinen herum. Er riecht etwas streng. Bernadette freundet sich mit einem rachitischen Zwergkaninchen an. Die Anwesenden nutzen die Wartezeit, um allerlei interessante Krankheitsgeschichten ihrer Lieblinge auszutauschen.

Natürlich wollen sie auch wissen, was unserem *topo*

fehle. *Topo* heißt eigentlich Maus – die Römer verwenden den Begriff aber auch für Ratten. Als sie hören, dass wir das Tier kastrieren lassen wollen, sind sie verblüfft. Ich sehe ihren Gesichtern an, was sie denken. »Die spinnen, die *tedeschi*. Lassen eine Ratte kastrieren.«

Schon nach wenigen Stunden werden wir zu einem Arzt im grünen OP-Kittel vorgelassen. Sein Mundschutz baumelt an einem Bändel vor seiner Brust. »Nein, ich bin nicht *dottor* Finocchio, sondern nur der Anästhesist«, sagt der Mediziner bescheiden. »Ich werde jetzt das Vorgespräch mit Ihnen führen. Operieren wird *dottor* Finocchio persönlich.«

Nach einer sorgfältigen Anamnese Jakob Brödlers werden wir nach Hause geschickt mit der Versicherung, das Tier erhalte die bestmögliche Behandlung und werde am frühen Nachmittag operiert. Gegen drei Uhr sollen wir anrufen.

Doch schon um zwei Uhr klingelt mein Handy. Diesmal ist der Meister persönlich am Apparat. *Dottor* Finocchio teilt mir mit ernster Stimme mit, die Operation sei gut und erfolgreich verlaufen. Der Patient sei bereits aus der Narkose erwacht und werde nun in einem Wachraum beaufsichtigt. Am Abend dürfen wir ihn abholen. Die Operation kostet 150 Euro. Meine Krankenkasse in Deutschland weigert sich beharrlich, die Kosten zu erstatten. Sie behauptet, Jakob Brödler falle nicht unter die Familienversicherung.

Jakob wächst in den folgenden Monaten zu einem stattlichen Meerschwein heran. Den Eingriff hat er gut verkraftet, womöglich sogar zu gut. Im März werden wir ihn dabei ertappen, wie er Schwester, Tante und Mutter bespringt. Doch wir sehen möglichen Folgen gelassen entgegen. Für die Alimente müsste ja *dottor* Finocchio aufkommen.

Dreizehn

Die *topi* der *signori tedeschi* werden zu einer Attraktion im Palazzo. Jeder will sie einmal sehen. Ganz mutige wie unsere Hausmeister und Nicolas' Freund Ale nehmen sie sogar auf den Arm. Auch die Klassenkameraden der Kinder kommen häufig vorbei, um mit Jakob Brödler und dessen Verwandtschaft zu spielen.

Über Vereinsamung können wir in unserer römischen Wohnung ohnehin nicht klagen. Bei unserer Verabschiedung von den Freunden und Verwandten in Deutschland haben wir unzählige Male betont: »Besucht uns doch mal in Rom!« Wir hielten das für eine folgenlose Floskel und waren sogar besorgt, ob sich der enge Kontakt mit allen aufrechterhalten ließe. Nie war eine Furcht unbegründeter.

Schon bald nach unserer Ankunft in Rom warnten uns andere »Expats« vor dem Sturm nach der Ruhe.

Schauerliche Geschichten machen unter den Eltern der Deutschen Schule die Runde. Da ist von Familien die Rede, die sich binnen Wochen nach ihrer Ankunft zum Hotelpersonal umfunktioniert sahen. Sie trafen morgens auf dem Weg ins Bad seltsame Menschen im Pyjama, die behaupteten, sie seien alte Freunde aus der Volksschulzeit und gerade für zwei Tage auf der Durchreise. Andere berichten von Großtanten siebten Grades, die sich über Monate bei ihnen einnisteten, um sich endlich den Traum vom Italienisch-Sprachkurs in Rom zu erfüllen. Manche greifen dann zu radikalen Gegenmaßnahmen. So erließ eine umzugserfahrene

Diplomatenfamilie erst einmal eine dreimonatige Besuchssperre, als sie nach Rom kam.

Nun war Rom schon immer ein Magnet für Reisende aus Deutschland. Seitdem dort aber auch noch ein deutscher Papst herrscht und seitdem sich dank der Billigflieger sogar ein Trip übers Wochenende lohnt, ist kein Halten mehr. Die Hotels in der Stadt aber sind oft teuer im Preis, billig in der Leistung und überdies chronisch ausgebucht. Da liegt es nahe, sich an den lieben Studienfreund, Arbeitskollegen oder Sohn der Nachbarin zu erinnern. Den könnte man doch mal in Rom besuchen!

Uns Auslandsneulingen erscheinen all die Befürchtungen weit hergeholt. So betonen wir bei unseren Telefonaten in den ersten Wochen in Rom stets: »Kommt uns doch besuchen!« Die Resonanz ist überwältigend. In den ersten zwölf Monaten werden wir 21 »Partien« von einzelnen Freunden bis zu fünfköpfigen Familien beherbergen. Sie bleiben jeweils zwischen zwei und zehn Tagen. Manchmal folgen die Besuche so dicht aufeinander, dass Antonia mit dem Waschen des Bettzeuges nicht mehr nachkommt. Nicolas meint eines Nachmittags, als Antonia gerade das Gästezimmer für die nächste Belegung herrichtet: »Gell, Mama, wir sind wie ein Hotel. Nur dass die Leute nichts bezahlen müssen.«

Dennoch bringen uns die Gäste auch eine Menge Gutes: Sie helfen uns, dass wir uns in der Fremde nie fremd fühlen und dass auch die Kinder ihr anfängliches Heimweh gut überwinden. So können sie mit den Großeltern Weihnachten und mit Onkel und Tante Ostern feiern, mit ihren diversen Cousins und Cousinen in Santa Severa Strandburgen bauen, auf dem Bolsena-See Tretboot fahren und mit ihren kleinen Freunden von früher aus München-Süd durch die prächtigen Gärten der Villa Doria Pamphili tollen und zu

Hause mit den Meerschweinchen spielen. Oft fragen Nicolas und Bernadette uns schon beim Aufstehen: »Wie lange dauert es noch, bis Opa und Oma (Onkel und Tante XY, diese oder jene befreundete Familie) kommen?«

So geht es in unserer Wohnung oft zu wie in einer Großfamilie, und das ist für Kinder vielleicht das Schönste. Wir grillen im Sommer gemeinsam auf unserem Balkon und sitzen im Winter bei Kerzenschein und Fisch von Teodoro am großen Tisch in unserem Wohnzimmer. Natürlich sagen die Gäste dann jedes Mal nach dem zweiten Glas Rotwein: »Habt ihr's gut!« Und natürlich fühlen sich die Zeitungskollegen unter meinen Freunden dann in ihrem Vorurteil bestätigt, der Rom-Korrespondent habe ja wohl das große Los gezogen. Das können wir in solchen Momenten schlecht bestreiten, zumal unsere vielen Besucher auch kulinarisch dazu beitragen. Denn wir wünschen uns als Mitbringsel stets die wenigen Dinge aus München, die uns in Rom abgehen: Weißwürste, Brezen (zum Aufbacken) und süßen Senf, dazu Kalbsleberwürste, Lebkuchen und Augustiner Edelstoff. Unsere Besucher bringen alles Gewünschte brav mit, egal ob sie nun mit Auto, Zug oder Flugzeug anreisen. Anschließend essen wir alles gemeinsam auf.

Dank der Gäste lernen wir Rom immer besser kennen. Denn wenn man zum zwölften Mal in wenigen Monaten die Kuppel des Petersdoms erhechelt, das Pantheon bestaunt und den Titus-Bogen begafft hat, dann sucht man irgendwann nach Alternativen. So schicken wir die Besucher nun erst einmal allein mit einem der offenen Doppeldeckerbusse der Tourismusunternehmen auf Einführungstour, um dann mit ihnen gemeinsam die weniger vertrauten Seiten der Stadt zu erforschen. Dadurch entdecken wir kleine frühchristliche Kirchen wie Sant' Agnese fuori le Mura, verträumte, stille Winkel wie den Park der Villa Sciarra oder phantastische Museen außerhalb der Touristenzone.

Einer meiner Lieblingsorte wird die Centrale Montemartini, Roms erstes Wärmekraftwerk, vor dessen Dampfturbinen und Dieselmotoren altrömische Marmorskulpturen ausgestellt sind. Wir besuchen die Villa Torlonia, in der von 1925 bis 1943 Benito Mussolini residierte und – vor der versammelten Auslandspresse – Tennis spielte. Wir fahren mit dem Schiff den Tiber hinab zum Archäologiepark von Ostia Antica. Und wir sehen uns die Große Moschee mit ihrer lichtdurchfluteten Kuppel an, eines der größten islamischen Gotteshäuser Europas.

Natürlich gehen wir danach jedes Mal gut essen. Etwa ins stets vor Gästen überbrodelnde Maccheroni im Herzen des *centro storico* mit seinen einfachen, gekalkten Wänden und den Köchen, die in einem Glaskasten mitten im Speisesaal ihr Milchlamm und ihre Kalbsrouladen in Steinpilzsauce zubereiten. Oder ins stillere Romolo an der Via Porta Settimiana in Trastevere mit seiner verfeinerten und einfallsreichen römischen Regionalküche. Seit 500 Jahren wird hier schon gekocht und der berühmte römische Dialektdichter Trilussa speiste gegen Ende seines Lebens täglich an einem der kleinen Tische.

Manchmal mögen unsere Gäste kaum glauben, wie ihnen geschieht. Etwa wenn sie an einem Abend Ende November aus dem frostigen München eingeflogen sind und nun plötzlich in einer 20 Grad milden Nacht auf der Piazza Santa Maria in Trastevere vor einer Bar im Freien sitzen und einen *spumante* als *aperitivo* trinken. Dann heißt es wieder: »Habt ihr's ...« und Antonia und ich bemerken verschämt, das alles komme uns schon ganz normal vor.

Allerdings können selbst die besten Gäste zum Problem werden – wenn sie in Massen auftreten. Auch die Kinder sind dann manchmal überfordert und fragen plötzlich: »Wann fahrt ihr denn wieder heim?« Ich selbst habe mit einem ganz speziellen Problem zu kämpfen. Ich kann es unseren Besuchern aus Deutschland noch so oft erklären und sie mögen es theoretisch auch begreifen, praktisch aber glauben sie nicht, dass ich in Rom tatsächlich arbeite. In ihrem Innersten sind sie felsenfest davon überzeugt, auch ich mache hier Ferien, säße den ganzen Tag über in irgendwelchen Cafés, gucke den Römerinnen nach und blättere ein bisschen in den lokalen Zeitungen. Daher sind sie erstens irritiert, wenn ich sie an Werktagen und oft auch an Sonntagen nicht auf ihre Ausflüge in die Stadt begleiten kann, und zweitens enttäuscht, wenn ich mich nach dem Frühstück und manchmal auch noch nach dem Abendessen bald in mein Studio zurückziehe, um etwas zu recherchieren oder zu schreiben.

»Muss denn das wirklich jetzt sein?«, fragen sie dann mit vorwurfsvollem Unterton und verkneifen sich mühsam die Zusatzbemerkung: »Wir sind doch im Urlaub.« Manche verfolgen mich sogar bis ins Arbeitszimmer und sehen mir eine Weile beim Schreiben über die Schultern, um sich zu vergewissern, dass ich nicht nur simuliere. Betreten ziehen sie nach einer Weile ab, denn sie stellen ernüchtert fest: Er arbeitet wirklich. Glauben tun sie es dennoch nicht.

Problematisch ist ein anderer Gästetypus – der Gelegenheitsfreund. Er war eigentlich nie mit uns befreundet, er will es auch nicht sein und es geht ihm schon gar nicht darum, uns zu sehen. Er sucht schlicht eine kostenlose Unterkunft in einer sündteuren Stadt. Daher ruft er überfallartig kurz vor seiner Ankunft an, erinnert an irgendein beliebiges gemeinsames Erlebnis (»Wir haben doch mal in der Betriebskantine am selben Tisch gesessen.« – »Wir haben doch gemeinsam in den Napoleonischen Kriegen gekämpft.«) und rückt dann mit der freudigen Überraschung heraus: »Ich komme euch morgen für ein paar Tage besuchen.«

In solchen Fällen hilft nur die Antwort: »Wir sind leider restlos ausgebucht.«

In einem besonders dreisten Fall antwortete Antonia am Telefon: »Du kannst sehr gerne kommen. Wir nehmen für die Übernachtung 200 Euro, allerdings ohne Frühstück.« Wir haben nie wieder etwas von diesem »Freund« gehört.

Für all die anderen Fälle, für die echten Freunde also, die nicht nur Rom, sondern auch uns besuchen wollen, finden wir schließlich eine gute Lösung: eine Übernachtungspartie pro Monat. Das führt dazu, dass wir uns wirklich auf jeden Besuch freuen. Allerdings sind wir bereits für die nächsten 14 Monate ausgebucht. Und das ist jetzt keine Ausrede.

Außer der Vorstellung, ich arbeite nichts in Rom, beherrscht meine deutschen Verwandten, Freunde und Bekannten noch eine andere fixe Idee: In Italien ist es immer warm. Das mag ja über viele Monate sogar stimmen, doch irgendwann im Herbst, mal früher, mal später, wird es grottenfalsch. Dann sinkt das Thermometer auch in Rom untertags auf 10, 11 Grad und nachts kann es schon einmal Temperaturen um den Gefrierpunkt geben.

Das ist ja noch gar nichts? In München hat es manchmal 25 Grad unter Null? Gewiss. Nur: In Deutschland wird geheizt, wenn es sein muss sogar im August, damit die Wohnungen angenehme 20, 21 Grad haben. In Rom wird dagegen erst einmal lange nicht geheizt. Das Raumthermometer, das im August noch auf 30 Grad stand, zeigt jetzt auf einmal nur mehr 15 Grad an, und das ist verdammt kalt, wenn man den ganzen Tag am Schreibtisch sitzt.

Nie und nirgends habe ich so schön gefroren wie in diesem ersten Spätherbst und Winter in Italien. Während der Blick aus dem Fenster auf immergrüne Bäume geht und sich im Park bereits die Blütenstände der Mimosen gelblich färben, krabbelt mir die Kälte aus dem Steinboden die Beine empor. Nach ein paar Stunden ziehe ich mir sogar eine Wollmütze über. Die Kollegen in München, denen ich mein Leid klage, haben nur Hohn und Spott für mich übrig. »Ich sage nur: Italien – das Land, wo die Zitronen blühen!«, feixt einer von ihnen. »Du kannst froh sein, dass du es so gut hast.«

Allen hartnäckigen Gerüchten zum Trotz existiert auch in Italien das Wetterphänomen des Winters. Die Poebene liegt dann unter einer eisigen Nebeldecke, die Mädchen in Rom tragen Pudelmützen und die Kraftfahrer in Kalabrien ziehen fluchend die Schneeketten heraus. Wer nun in Rom die Via Piccolomini entlangfährt, der sieht hinter der Kuppel des Petersdoms die weißen Rücken der Abruzzen leuchten. Zugleich faucht die *tramontana* durch die Stadt, ein eisiger Nordwind.

Auf dem Petersplatz aber knipsen sich die Tagestouristen die Finger warm, um Papst Benedikt XVI. noch öfter als an gewöhnlichen Tagen auf ihren Digitalkameras festzuhalten. Denn der Pontifex überrascht mit einem seltsamen Kopfputz, der sich modisch am Heiligen Nikolaus orientiert. *Kamauro* heißt diese Mütze aus rotem Samt mit weißem Hermelinbesatz. Einst trugen sie die Barock- und Renaissancepäpste, nun hat sie sich Benedikt übergestülpt. Die Tierschützer toben und Kirchenkritiker spekulieren, der deutsche Papst wolle so einer rückwärtsgewandten Gesinnung Ausdruck verleihen. Tatsächlich will er sich nur nicht erkälten.

So schützt sich in Rom jeder so gut er kann vor dem Erfrieren – doch die gusseisernen Heizkörper in unserem Palazzo bleiben zunächst eiskalt. Die Kinder schlafen unter Bergen von Decken und ich sitze morgens in einem orangefarbenen Skianorak in meinem Büro. Antonia, die junge Dame aus unserer umweltbewegten Familie, setzt sich zum Zeitunglesen in die Küche, macht die Herdtüre auf und schaltet den Backofen ein. »Ach, wenn ich jetzt daran denke, wie in München alle in ihren gemütlich warmen Wohnungen sitzen!«, seufzt sie. »Haben die's gut!«

Nachdem wir uns alle eine saftige Erkältung geholt haben, rufe ich Ercole Cornetti an, unseren betagten Vermieter. Er gibt sich überrascht.

»Natürlich ist es jetzt frisch in den Wohnungen«, sagt er, als verkünde er ein Naturgesetz. »Auch wir sitzen mit Schal und Mantel auf dem Sofa. Aber ich dachte immer, ihr *signori tedeschi* seid Kälte gewohnt.«

Dieses Argument werden wir nun ständig hören, egal ob wir uns beim Hausmeister, der Gemüsefrau oder einem Taxifahrer über die Kälte beklagen.

Nur Francesco, der Friseur, zeigt Mitgefühl mit uns nordischen Weicheiern. Dank der vielen Föhns und Trockenhauben und einer autonomen Heizung ist es in seinem Salon exakt 23,7 Grad warm. Ich gehe so oft wie möglich hinein, angeblich um mir schon wieder Koteletten und Nackenhaar stutzen zu lassen, tatsächlich jedoch, um mich aufzuwärmen. Ich erzähle Francesco von unserer Kältekammer im Palazzo. Er räumt sofort einen Frisierplatz frei, deutet darauf und sagt in vollem Ernst: »Kein Problem, *carissimo*, mein Liebster, dann arbeitest du eben hier bei uns. Nimm einfach dein Notebook mit, wir haben im ganzen Salon drahtlosen Internetempfang. Bei uns ist stets ein warmes Plätzchen für dich frei.«

Ich bin gerührt und überlege ernsthaft, in den Salon umzuziehen. Letztlich hält mich die Sorge davon ab, die Kollegen in der Zentrale in München könnten mich für einen Exzentriker halten, wenn bei Telefonaten mit mir im Hintergrund stets Friseurgeräusche zu hören sind.

So fahre ich fort, weiter bei Ercole Cornetti auf die mir natürlich erscheinende Lösung zu drängen – das Anwerfen der Zentralheizung im Palazzo. Doch so einfach, wie ich mir das vorstelle, ist es nun auch wieder nicht. In Italien ist alles mit großer Liebe zum Detail geregelt. So bestimmt ein Dekret des Staatspräsidenten aus dem Jahr 1993 für jede Klimazone des Landes genau, von wann bis wann im Jahr wie viele Stunden täglich bis zu welcher Raumtemperatur geheizt werden darf. Die Bewohner der Äolischen Inseln etwa sollen ihre Regler nur vom 1. Dezember bis zum 15. März und auch dann allenfalls für sechs Stunden am Tag aufdrehen, selbst wenn Äolus, der Gott der Winde, den Seesturm noch so eisig um den Stromboli und durch die zugigen Fenster der Inselhäuschen brausen lässt.

Im ganzen Land, vom Brenner bis Palermo, gilt übrigens: Bei 20 Grad ist definitiv und unter allen Umständen Schluss. Es sei denn, die Regierung setzt die Raumtemperatur, wie in unserem ersten Winter in Rom geschehen, per Dekret auf 18 Grad herab. Durch all das will Italien Energie sparen, da diese teuer aus dem Ausland importiert werden muss.

Ercole Cornetti meint denn auch eines besonders eisigen Novembertages bedauernd: »Ich würde ja gerne zu heizen beginnen, aber das Gesetz erlaubt es mir nicht. So sind sie nun einmal, unsere Politiker!«

Doch diesmal lasse ich nicht locker. Ich gebe ihm zu verstehen, in ganz Italien und auch hier im Palazzo nehme man die Buchstaben des Gesetzes sonst nicht derart genau. Man arrangiere sich doch. Warum dann nicht auch beim Heizen? Zudem glaube ich mich an eine Tabelle in der Tageszeitung *Corriere della Sera* zu erinnern, wonach Rom zur Heizzone D gehört. Und dort darf ab 1. November geheizt werden.

Ercole Cornetti verschiebt seine Verteidigungslinie. Seine Geschwister und Kinder, also die anderen Eigentümer der Wohnungen im Palazzo, müssten einem Heizbeginn mehrheitlich zustimmen, argumentiert der sonst entscheidungsfreudige Patriarch. Er werde bei »Fili«, wie er den Hausmeister stets nennt, eine Umfrage in Auftrag geben. In der Zwischenzeit sollen wir uns doch bitte wie viele andere »sensible Römer« auch – seine Erziehung verbietet ihm die Wörter Weicheier und Warmduscher – mit rollbaren elektrischen Heizkörpern behelfen. Die gebe es übrigens in jedem Elektromarkt zu kaufen.

Ich beende noch schnell meinen Artikel über die unerträgliche Kälte in Italien – er wird als einziger in diesem ersten Jahr, angeblich aus Versehen, von der Zeitung nie gedruckt. Dann springen Antonia, die Kinder und ich ins Auto, stellen die Heizung auf 28 Grad und rasen zum nächsten Elektrogroßmarkt. Wunderbarerweise gibt es die gesuchten Geräte. Wir kaufen gleich vier davon und stellen sie in den beiden Kinderzimmern, im Wohnzimmer und im Arbeitszimmer auf. Bald breitet sich eine himmlische Wärme um uns herum aus. Wir fühlen uns wie im Urlaub im Süden, in Italien geradezu. Dann tut es einen kleinen Knall. Mein Computer-Bildschirm erlischt, die Spülmaschine erstirbt und die Kontrollanzeige am Anrufbeantworter geht aus. Die Stromversorgung unserer Wohnung hat offenbar gegen unsere Heizorgie rebelliert. Ich gehe in den Keller und schalte die Sicherung wieder ein. Fortan müssen wir sehr behutsam vorgehen, wenn wir unsere stromfressenden Wärmegeräte einschalten wollen. Wärme, Licht und Föhnen gleichzeitig – das ist in einer teuren Wohnung im Rom des 21. Jahrhunderts nun wirklich zu viel verlangt.

Immerhin startet Filippo tatsächlich seine Umfrage. Er ist ganz auf unserer Seite der Heizungsfront, da er sich von der ganzen Sache in seiner Einschätzung bestätigt fühlt, seine hochherrschaftlichen Hausherren seien rechte Knauser. »Wir sind ja nur das Hausmeisterehepaar und verdienen einen Hungerlohn«, flüstert er mir im Treppenhaus zu, während wir uns durch Hüpfen auf der Stelle ein wenig Wärme verschaffen. »Aber wir haben uns trotzdem auf eigene Kosten eine elektrische Klimaanlage für unsere Wohnung angeschafft, weil wir nicht immer frieren wollen.«

Jedes Jahr gebe es wegen dem Heizen denselben Rabatz im Palazzo. Während die jüngeren Cornettis – vor allem die mit kleinen Kindern – die Zentralheizung rechtzeitig anwerfen wollten, versuchten zwei besonders geizige Söhne Ercoles, den Tag X mit allen Mitteln hinauszuzögern.

Mit einem weißen DIN-A4-Blatt, das ihm Ercole gegeben hat, geht Filippo dann von Wohnung zu Wohnung. Über der ersten Spalte steht in der akkuraten Schrift des *padrone* »Name«, über der zweiten »Heizen nein«, über der dritten »Heizen ja«. Italiener lieben Umfragen. Deswegen machen im Palazzo auch alle mit. Die Erhebung wird für uns zum Triumph. Freudestrahlend wedelt mir Filippo mit dem Blatt vor der Nase herum und stürmt in unsere Wohnung. »Wir haben eine Zweidrittelmehrheit«, frohlockt er.

Kurz darauf stößt Bernadette einen Schrei aus. Sie ist beim Spielen zufällig an den gusseisernen Heizkörper in ihrem Zimmer geraten. »Die Heizung geht, die Heizung geht«, ruft sie und springt in ihrem Zimmer im Kreis herum, als sei der Frühling ausgebrochen.

Endlich wird es warm im Palazzo, allerdings nur morgens von 06.00 Uhr bis 10.00 Uhr und abends von 16.00 Uhr bis 22.00 Uhr. Dann aber wird derart eingeheizt, dass die Raumtemperatur auf 24 Grad ansteigt, denn Thermostate an den Heizkörpern gibt es nicht. Zu den anderen Zeiten sackt die Temperatur bis auf 17 Grad ab. So geht es immer rauf und runter, den ganzen Winter lang.

»Es ist ein Drama«, meint unser Freund Sergio, ein überaus praktisch veranlagter und den Gesetzen der Physik gegenüber aufgeschlossener Mensch. »Durch dieses Auf und Ab verschwenden wir Unmengen an Energie und Geld. Ich habe Großvater Ercole schon tausendmal erklärt, es sei besser und billiger, weniger stark, aber gleichmäßig zu heizen. Doch er will mir nicht glauben.«

Tröstlich ist für uns, dass wir ähnliche Geschichten auch von vielen Freunden und Bekannten außerhalb unseres Palazzos hören. Wer eine neue Wohnung sucht, achtet daher besonders auf einen *riscaldamento autonomo,* eine unabhängige Heizung, die er selbst regeln kann.

Der Heizungstragödie zum Trotz ist der Winter in Rom eine besonders schöne Zeit. Untertags scheint oft die Sonne, doch die Luft ist kühl und klar, die Touristen belagern Petersdom und Pantheon nicht ganz so dicht wie sonst und Stadtverwaltung und Geschäfte beginnen Rom so hübsch für die Weihnachtszeit zu schmücken, dass wir beschließen, über die Feiertage nicht nach Deutschland zu fahren.

Unsere Weihnachtsgebräuche dagegen behalten wir auf besonderen Wunsch von Bernadette und Nicolas auch in Italien bei. So gelingt es uns, auf einem Basar der Evangelisch-Lutherischen Kirchengemeinde Rom (ein schmerzhaftes Zugeständnis an meine protestantische Frau – als ob wir hier in Rom keine katholische deutsche Nationalkirche hätten!) einen der überaus begehrten und daher knappen Adventskränze zu ergattern, mit denen in deutschen Kreisen gedealt wird wie mit reinstem Kokain.

Antonia bastelt für die Kinder Adventskalender. Auch kaufen wir schon am zweiten Adventssonntag beim *vivaio* um die Ecke einen Christbaum – denn der Verkäufer hat uns gewarnt, die Fichten seien schnell weg. Wir schmücken ihn mit roten Äpfeln, Lebkuchen und ein paar schlichten, kleinen Holzengeln und stecken die Kerzenhalter auf.

Anschließend machen wir uns zu Fuß auf zum Christkindlmarkt auf der Piazza Navona, um kleine gelbe Bienenwachskerzen zu erstehen. Unterwegs halte ich in der Via Cola di Rienzo nach einem Feinkostgeschäft Ausschau, das ich bei einem lange zurückliegenden Sprachaufenthalt kennen- und lieben gelernt habe. Meine Hoffnung, dass es noch existiert, ist allerdings gering.

Doch auf einmal sehe ich es wieder: Dort drüben an der Ecke leuchtet tatsächlich der Name Franchi in großen Buchstaben über einer Schaufensterfront. Der Laden ist immer noch da! Gutes hält sich eben in Rom, zumal, wenn es ums Essen geht.

Ich trete durch die Tür und komme in ein Schlaraffenland. Da der Raum mit Römern verstopft ist, die sich um die Verkaufstheken und das Kassenhäuschen drängen, bewundere ich erst einmal in Ruhe die leckeren Köstlichkeiten um mich herum: Da wären etwa raffiniert drapierte Salate aus den weiß-violetten Tentakeln der Meereskraken, auf silbernen Schalen ruhende Langustenhälften mit einem Klacks hellgelber Mayonnaise, zu Hügeln getürmte, ausgelöste *mazzancolle* – zarte Riesengarnelen aus dem Golf von Gaeta –, Tabletts voller frisch aus der Küche gereichter gebratener Schwertfischscheiben und Thunfischsteaks. Dazu Schüsseln mit *vitello tonnato*, duftende Lasagne, Teller mit *baccalà* – in krustige Panade gehülltem Stockfisch –, gefüllte Reisbällchen, die *arancini* und *supplì*, in Olivenöl eingelegte Artischocken, Auberginen, Paprika, knotige Ketten aus mit Knoblauch gewürzter Wildschweinsalami, von der Decke hängende riesige Parma- und San-Daniele-Schinken, wagenradgroße Parmesankäse. Und erst die ganzen Süßspeisen, die Törtchen mit den winzigen, braunroten Walderdbeeren vom Nemi-See, mit gehäuteten Walnüssen, Datteln und Feigen belegte Kuchenschnitten, mit *barolo chinato* gefüllte Pralinen, kandierte rote, blaue und gelbe Früchte, die aussehen, als seien sie aus Murano-Glas – und und und.

Ich gestehe: Ich kann solche Köstlichkeiten genauso begeistert betrachten wie die schönsten Preziosen in einem Museum. Und auch diese Schätze hier haben durchaus ihren Preis. So hängt etwa an dem Korb mit den schrumpeligen, hässlichen Knollen im Schaufenster ein kleines Schild: »Weißer Trüffel aus Alba«, steht darauf, »100 Gramm zu 790,– Euro«.

Auf der Theke steht ein gegrilltes Schwein, *porchetta*, eine typisch römische Spezialität, dessen Duft den gesamten Laden würzt. Man nehme dazu sorgfältig ein komplettes Hausschwein aus, fülle es mit Innereien, würze es mit wildem Fenchel, Rosmarin, Pfeffer und, je nach Hausrezept, weiteren Kräutern, grille es auf einem Holzfeuer knusprig braun, schneide es in einen halben Zentimeter dicke Scheiben und belege damit die *panini*. Das Ergebnis ist in Latium, Umbrien, der Toskana und den Marken in etwa so verbreitet wie in Bayern die Leberkässemmel. Überall duftet die *porchetta*, an Verkaufsbuden entlang der Landstraßen, auf Wochenmärkten, in Delikatessengeschäften und an den Weihnachtsständen auf der römischen Piazza Navona.

Das gefräßige Rom hatte schon immer Probleme mit seinen Abfallmengen, deshalb hielten sich früher viele Menschen in der Stadt Müllsäue. Sie liefen frei in den Straßen herum und wurden zeitweise zu einer richtigen Plage. Der Barockpapst Clemens VIII., ein strenger Florentiner, bestimmte schließlich, jedermann dürfe herumstreunende Schweine einfach mitnehmen. Und schon war das Problem gelöst.

»*Desidera, signore?*«, »Was wünschen Sie?«, fragt mich die Verkäuferin in ihrem weißen Kittel bereits zum dritten Mal. Ich entscheide mich schweren Herzens gegen *porchetta* und für einen mageren *tramezzino ai carciofi*, zwei mit Artischocken gefüllte Dreiecke aus Weißbrot. Schließlich habe ich in Rom bereits zwei Kilo zugenommen. Italien ist kein gutes Land zum Gewichthalten, obwohl es viele Römerinnen schaffen, bewundernswert schlank zu bleiben.

Nach einem ausgiebigen Stadtbummel kommen wir auf der langgezogenen Piazza Navona mit dem Bernini-Brunnen an. Hier ist es an den Adventstagen besonders nett, auch wenn der hiesige Christkindlmarkt kaum mit dem in Nürnberg oder Freiburg vergleichbar ist. Dicht umlagern die Römer die Stände, an denen neben hübschen neapolitanischen Krippenfiguren und bunten Christbaumkugeln auch Plastikschwerter, Panzer und Fantasy-Monster für den wehrhaften Nachwuchs verkauft werden. Überall an den Buden hängen grässliche Hexen mit hohen schwarzen Hüten, die auf ihren Besen durch die Luft reiten. Stupst man sie mit dem Finger, dann fangen die raffinierteren Modelle an, gackernd zu kichern und an ihrem Faden auf und ab zu wippen. Die erschreckenden Damen symbolisieren *la befana*, eine überwiegend gutartige Mischgestalt aus Hexe, Dämonin und Fee. Sie fliegt in der Nacht auf den 6. Januar, dem Dreikönigstag, in Italien von Haus zu Haus, um den braven Kindern Spielsachen und Süßigkeiten zu bringen – und den bösen Kohlestücke.

Bis es so weit ist, fahren auf der Piazza Navona die braven Kinder auf einem wunderschönen alten Pony-

karussell aus Holz, während die *ragazzi* an den Schieß-
ständen herumballern, um ihre *fidanzate*, die Freundinnen, zu beeindrucken. Wahrsagerinnen legen ihre
Karten aus und eine alte Frau lässt einen zahmen Wel-
lensittich gegen Geld kleine, zusammengerollte Zettel
aus einem Topf fischen, auf denen allerlei Erhellendes
über Gesundheit, Charakter und künftiges Liebesleben
steht. Für die Taschendiebe ist bereits Bescherung.
Porchetta-Duft liegt in der Luft. Alle sind fröhlich.

Nur wir suchen vergeblich nach unseren Christbaumkerzen. Wenn wir an den Buden danach fragen,
sehen uns die Verkäufer an, als seien wir die Urenkel
Neros oder sonstige gefährliche Brandstifter. »Nehmen
Sie doch wie wir Römer elektrische Lichterketten«, rät
uns einer. »Die sind sicher, leuchten in allen Farben
und können sogar blinken.« Doch wir *tedeschi* können
testardi – dickköpfig – sein, vor allem wenn es um Traditionen geht, die wir mit Gemütlichkeit verbinden.
Also fragen wir weiter und weiter und stoßen schließlich auf einen uralten Maroni-Mann, der sich seit den
Zeiten von Romulus und Remus hier in seinem Kohle-
becken die Finger versengt. Lange kramt er in den
Furchen seines Gedächtnisses, bevor er uns antwortet:
»Es gibt zwei Orte in Rom, wo Sie derartige Kerzen
kaufen können: eine Wachsfabrik in Trastevere und
die Bottega Danese, ein Laden mit Produkten aus Dä-
nemark, irgendwo hier in der Altstadt.«

So machen wir vier Deutsche uns in Rom auf die Suche nach dänischen Christbaumkerzen – auch das ist
Globalisierung. Schließlich finden wir den Laden und
stürzen uns auf die Päckchen mit edlen gelben, weißen
und roten Kerzen. Sie kosten uns ein Vermögen.

Wie ich bald erfahre, haben nicht nur wir Probleme
mit der Weihnachtslogistik in Rom, sondern auch der
Papst. Nur: Benedikt XVI. hat für solche Fälle einen

ganz bestimmten Lieferanten, einen alten Freund und Bankier aus München. Einmal beobachte ich diesen Weihnachtsmann des Papstes für einen Zeitungsartikel bei der Arbeit: Sein schwarzer Mercedes mit den Christbäumen auf dem Dach schlängelt sich wenige Tage vor Heiligabend durch den römischen Spätnachmittagsverkehr. Der geheimnisvolle Fahrer hinter den getönten Scheiben lenkt die Limousine behutsam an den Kolonnaden des Petersplatzes entlang zu einem mit schweren Eisengittern gesicherten Einlass in den Vatikan. Die Schweizergardisten salutieren und der dunkle Wagen fährt ein in den kleinsten Staat der Welt. Er umrundet die Apsis des Petersdoms, gleitet durch den Cortile di San Damaso und kommt in einem Hof beim Apostolischen Palast zum Stehen.

Dort wartet bereits Georg Gänswein, der Privatsekretär des Papstes. Während sich die Abenddämmerung über den Kirchenstaat senkt, heben der Sekretär und der Fahrer drei Blautannen aus dem Bayerischen Wald vom Wagendach und schleppen sie zu einem kleinen Aufzug, der direkt hinauf in den *appartamento* – in die Wohnung des Pontifex – führt. Dann laden sie all die bayerischen Köstlichkeiten für Benedikt aus dem Kofferraum: Stollen und Früchtebrot, Lebkuchen und Plätzchen – und natürlich ganz viele duftende Bienenwachskerzen für die Christbäume, die der Papst in seiner Wohnung und in seiner Hauskapelle aufstellen lässt.

Der Münchner Bankier alias Weihnachtsmann erzählt mir später bei einer Flasche Rotwein in einem Restaurant gleich beim Petersplatz, er habe Joseph Ratzinger versprochen, als dieser 1982 von München an die Kurie wechselte: »Ich werde Sie in Rom mit bayerischen Dingen versorgen.« Er hielt Wort. Seit 25 Jahren fährt der Bankier mehrmals im Jahr von der Isar an den Tiber, um dem Freund, je nach Jahreszeit,

Osterlämmer, Adventskränze oder eben Christbäume zu bringen. Früher packte er auch noch ein paar Träger Adelholzener Fruchtnektar und Andechser Bier in den Kofferraum. »Aber das hab ich eingestellt, das ist mir zu schwer geworden«, erzählt er mir.

Unsere exotischen deutschen Weihnachtsbräuche erregen, ähnlich wie die Meerschweinchen, großes Aufsehen im Palazzo. Anna etwa schaut eines Tages bei uns vorbei, um sich ein wenig Puderzucker zu borgen. Dabei entdeckt sie unseren Adventskranz. Vorsichtig schleicht sie einmal darum herum, als handele es sich um eine geschickt getarnte Tellermine. »Was ist denn das?«, fragt sie dann. Wir erzählen es ihr und zünden zur Demonstration zwei Kerzen an. Sie ist begeistert und beschließt, für ihre Tochter gleich auch so eine *corona dell'avento* – wie wir dem Wörterbuch entnahmen – zu basteln. Auch die Schnur mit den vielen kleinen Päckchen – eines für jeden Adventstag –, die Antonia unseren Kindern gemacht hat, will sie nachahmen. »Oh ihr mit euren wunderbaren deutschen Bräuchen«, sagt sie immer wieder.

Nur unser Weihnachtsbaum überzeugt sie überhaupt nicht. Das sagt sie uns natürlich nicht ins Gesicht, sondern auf die italienische Art: »Euer Baum ist so schön schlicht und bescheiden.« Sie selbst habe ja immer einen Baum mit ganz vielen blinkenden Lichterketten, Kugeln in allen Farben, glitzernden Bändern, Perlenketten und kleinen, in leuchtende Folie eingeschlagenen Päckchen. »Man sieht die Nadeln kaum mehr vor lauter Schmuck. Das ist natürlich auch schön. Ihr müsst mal vorbeikommen und ihn euch ansehen. Vielleicht wäre so ein Baum ja auch etwas für euch, wo ihr es doch sonst schon so schön habt.«

An den Adventssonntagen zünden wir immer unseren offenen Kamin und mehrere Kerzen im Wohnzimmer an, die sich romantisch in unserem auberginefarbenen Marmorfußboden spiegeln. Es ist die einzige Zeit im Jahr, in der mir der Boden wirklich gefällt. Wir essen Nürnberger Lebkuchen, die uns Antonias Mutter geschickt hat, trinken Früchtetee und schälen Nüsse, ganz so, als seien wir in Deutschland. Vor allem aber singen wir, unter anderem die alten deutschen Weihnachtslieder »Stille Nacht« und »Leise rieselt der Schnee«. Bernadette spielt dazu erstmals auf der Flöte. Es klingt bezaubernd, finden wir.

Am Morgen nach einer unserer Adventsfeiern klingelt Filippo an der Tür. Er wirkt nervös und stammelt, er müsse mal kurz nachsehen, wie weit die Äste der Pinie in unseren Balkon hineinragen, womöglich müsse man sie schneiden. Offensichtlich ist das nur ein Vorwand, um hereinzukommen. Nach den üblichen Beteuerungen, dass es uns allen gut gehe, fragt der Hausmeister in gespielter Beiläufigkeit, wie wir denn den gestrigen Abend verbracht hätten. Wir erzählen ihm von unserer Adventsfeier und dass dies in Deutschland so Brauch sei. »Man sitzt bei Kerzenschein zusammen, singt Weihnachtslieder und musiziert dazu.«

»Ach sooooo«, sagt Filippo und wirkt ungemein erleichtert. Ich biete ihm einen *caffè* an, den er gerne annimmt, und erfahre alsbald, was der eigentliche Grund seines Besuches ist. Die Familie des *incubo*, die über uns wohnt, hat ihn gebeten, uns doch mal ein bisschen auszufragen. »Von da unten sind am Sonntagabend so komische Geräusche gekommen«, sagten sie. »Und so ein komischer Singsang. Es hat sich angehört, als hielten die *signori tedeschi* eine spiritistische Sitzung ab.«

Eines Morgens macht sich Antonia auf zur Post, um ein Weihnachtspäckchen zu verschicken. Nach unseren Erfahrungen mit italienischen Behörden hat sie diesen Gang bis zuletzt aufgeschoben, aber nun muss es eben sein. Sie stellt ihr Auto wie alle Römer im Halteverbot in zweiter Reihe ab und betritt das Postamt unseres Viertels. Drinnen warten zwei Menschenschlangen, die wie in einem Flughafen durch Absperrbänder voneinander getrennt sind. Die einen Wartenden stehen für den Briefdienst an, die anderen für Bankgeschäfte. Allerdings ist nicht ganz klar, welche Schlange nun die richtige ist. Daher kommt es mehrmals zu Streit zwischen den Römern. Zwischendurch werden auch immer mal wieder einzelne Kunden für bestimmte Geschäfte wie zum Beispiel Einschreibebriefe zu einem der Schalter vorgewunken.

Nach gut einer Stunde steht Antonia tatsächlich vor einem der Schalter für den Briefdienst. Dahinter sitzt eine *signora*, die – wie meine Frau bei späteren Besuchen im Postamt von anderen Kunden erfährt – im ganzen Viertel berüchtigt ist. Sie verhält sich mal blasiert, mal herrisch, nimmt sich für jeden Dienstakt wie das Aufkleben einer Briefmarke unendlich viel Zeit, besteht peinlichst genau auf die Erfüllung sämtlicher Formalien und ist zum Ausgleich äußerst begriffsstutzig.

Als Antonia dieser wandelnden Schikane ihr Päckchen überreicht, macht die Beamtin ein besonders verdrießliches Gesicht. Meine Frau hat das Packpapier an den gefalteten Enden mit einem kurzen, dünnen Streifen Tesafilm zugeklebt, wie sie es mehrere Jahrzehnte lang erfolgreich in Deutschland gehandhabt hatte.

»So geht das nicht«, bescheidet sie der Schalterschreck schnoddrig. »Sie müssen das Päckchen schon ordentlich verschließen – und zwar mit einem Scotch.«

Antonia versteht nicht, wieso hier ein schottischer Whisky erforderlich sein sollte. Spielt die *signora* hier etwa auf eine kleine Gefälligkeit vulgo Bestechung an?

Verlangt sie allen Ernstes eine Flasche Schnaps für die Annahme des Päckchens?

»Wieso denn einen Scotch?«, fragt Antonia ratlos.

»Weil Sie dafür eben einen Scotch brauchen«, giftet die Frau zurück.

Antonia überlegt. Womöglich ist Scotch ja ein römischer Dialektausdruck für Paketschnur, den sie noch nicht kennt. Am Schalter neben ihr steht ein Mann, der sein Päckchen mit einer solchen Schnur umbunden hat. Meine Frau deutet darauf und fragt: »Meinen Sie so?«

»Ja, ja, so geht es auch, jetzt machen Sie schon«, stöhnt die Beamtin.

Schweren Herzens passiert Antonia die Schlange, in der sie eine Stunde gewartet hat, und macht sich auf die Suche nach einem Schreibwarengeschäft. Dort kauft sie eine Schnur und – einer spontanen Eingebung folgend – auch noch ein breites braunes Klebeband. So gerüstet stellt sie sich erneut in die Schlange. Während der Wartezeit bindet sie das Paket mit der Schnur zu. Als sie wieder bei der *signora* am Schalter angelangt, schlägt diese ob so viel Unverstandes die Hände vors Gesicht und seufzt: »Doch nicht soooo! Sie sollen das Paket nicht verknoten! Sie brauchen einen Scotch!«

Meine Frau zieht verzweifelt das Klebeband aus der Tasche.

»Na endlich!«, ruft die Dame. »Damit kleben Sie das Päckchen jetzt komplett zu. Dann können Sie es aufgeben.«

Verblüfft blickt Antonia auf das Klebeband. Tatsächlich: Darauf steht tatsächlich Scotch, der Name der Firma. Nun weiß sie, dass er in Italien als Synonym für Klebeband verwendet wird. Antonia versieht das Päcken mit einem Ganzkörperwickel und reicht es durch den Spalt des gläsernen Schalters.

Doch nun stellt sich ein weiteres Problem. Die

strenge *signora* kramt in ihrer Ablage, um den passenden *bolletino* zu suchen, den Einlieferungsschein. Das dauert. Aus der bislang geduldig ausharrenden Schlange erhebt sich Murren. Schließlich schüttelt die Schalterfrau den Kopf, macht »Ts, ts, ts« und sagt: »Der *bolletino* ist aus. Sie müssen auf ein anderes Postamt gehen.«

Antonia stößt einen kleinen spitzen Schrei der Verzweiflung aus, der das Mitgefühl der anderen Wartenden weckt. »Jetzt helfen Sie doch der *signora straniera*«, fahren sie die Postbeamtin an.

Diese meint schließlich widerwillig: »Das Einzige, was ich tun kann, ist, Ihnen einen teureren *bolletino* für große Pakete zu verkaufen. Ausnahmsweise! Das kostet Sie aber dann 13 Euro.«

Natürlich zahlt Antonia. Immerhin kommt das Päckchen rechtzeitig an.

Vierzehn

An dem Spätnachmittag, an dem ich Angelo Neri, meinen Etrusker-Freund, treffen soll, ist tatsächlich schönes Wetter. Ich fahre mit dem Bus bis zum Circo Massimo und spaziere dann an stillen Parks, lauschigen Gärten, uralten Kuppelkirchen und gepflegten Palazzi vorbei den 40 Meter hohen Aventin hinauf. Er ist vielleicht der romantischste der sieben Hügel Roms. Könnte ich es mir leisten, so würde ich gerne da oben leben, in jener Oase der Ruhe im Zentrum der turbulenten Stadt. Bald komme ich am Giardino degli Aranci an, einem Park neben der 1600 Jahre alten Kirche Santa Sabina. Ich schlendere zwischen den Orangenbäumchen hindurch bis zu einem Mäuerchen, hinter dem der Hügel steil zum Tiber abfällt. Hingerissen blicke ich über Trastevere, den Gianicolo-Hügel und bis hinüber zum Petersdom. Die letzten Strahlen der Sonne streicheln die ewige Stadt. Sie lassen die höhergelegenen Palazzi noch einmal honiggelb und ochsenblutrot aufflammen, bevor die Schatten der Nacht sie löschen. Die Amseln musizieren. Blaue Stunde in Rom.

Es ist so mild, dass ich die Jacke ausziehe. Ich berausche mich am Anblick meiner Lieblingsstadt und denke daran, wie ich einst als Schüler und später als Student hier stand und mir wünschte, einmal ganz in Rom zu leben. So intensiv ist die Erinnerung, dass ich den Mann nicht bemerke, der sich mir von hinten nähert und plötzlich leise zu mir sagt: »Gefällt Ihnen der Ausblick?«

Es ist mein Etrusker. Ich nicke.

Er nickt ebenfalls und sagt: »Für mich ist das hier der schönste Ort der Stadt. Aber deswegen habe ich Sie nicht hierher bestellt.«

»Ich weiß«, sage ich rasch, einer Ahnung folgend.

»Was wissen Sie?«

»Wir sind hier wegen des Gottes Voltumna – oder genauer Vertumnus.«

»Sie haben sich also schlau gemacht?«

»So gut es ging.«

»Was wissen Sie?«, setzt der Mann sein Verhör fort.

Widerstrebend lasse ich mich darauf ein. »Voltumna war nicht nur der Bundesgott des etruskischen Zwölf-Städte-Bundes, sondern auch der Schutzgott der besonders alten und mächtigen Etrusker-Stadt Volsinii. Sie befand sich wahrscheinlich an der Stelle des heutigen Orvieto.«

»Genau! Fahren Sie fort!«

»Im dritten Jahrhundert vor Christus war die Aristokratie Volsiniis verweichlicht. Livius berichtet, die Sklaven hätten allmählich die Macht in der Stadt übernommen. Daher wandten sich die etruskischen Herren schließlich an die Römer und baten um Hilfe. Ein tödlicher Fehler. Im Jahr 264 vor Christus schlug ein römisches Heer nicht nur die Sklaven von Volsinii, sondern zerstörte zugleich die ganze Stadt. Die Überlebenden wurden an den Bolsena-See zwangsumgesiedelt.«

»Wissen Sie denn auch, was das alles mit unserem Hügel hier zu tun hat?«

Er geht mir ganz schön auf die Nerven, dennoch antworte ich gehorsam: »Der römische Konsul und Feldherr M. Fulvius Flaccus erbeutete die Statue des Voltumna und brachte sie nach Rom. Dort ließ er dem Gott auf dem Aventin-Hügel einen Tempel weihen. Die Römer nannten ihn Vertumnus und verehrten ihn als Gott des Handels, der Jahreszeiten und der Vegetation.

Ovid beschreibt, wie Vertumnus Pomona, die römische Göttin des Obstsegens, verführte.«

»Ja, ja. Ich sehe, Sie sind informiert«, sagt der Mann in gönnerhaftem Ton. »Doch nun passen Sie auf, es wird spannend.« Er geht ganz nahe an mich heran. Mittlerweile ist es dunkel geworden in dem Orangengarten. Wir sind allein und mir wird etwas mulmig zumute. Was, wenn ich es mit einem Irren zu tun habe?

Der Mann beginnt zu flüstern: »Volsinii wurde zwar von den Römern zerstört. Aber was geschah mit dem Bundesheiligtum Fanum Voltumnae? Bis heute weiß man nicht einmal, wo es lag.«

Nun habe ich gehört, Archäologen hätten erst vor kurzem bei Orvieto eine etruskische Tempelanlage ausgegraben, bei der es sich um das Heiligtum des Zwölferbundes handeln könnte. Doch als ich es erwähne, wischt mein »Informant« diesen Einwand mit einer verächtlichen Handbewegung beiseite.

»Ja, die haben da etwas ausgegraben«, sagt er. »Aber sie haben bislang keine Inschrift gefunden, die auf den Gott Voltumna hinweist. Außerdem: Glauben Sie wirklich, dass die Etrusker die Tempelschätze ihrer obersten Gottheit einfach an Ort und Stelle ließen, wenn ein römisches Heer zur Eroberung ansetzte?«

»Was ist Ihre Theorie?«, frage ich, um ihm endlich des Pudels Kern zu entlocken.

»Meine Theorie? Als die Römer vordrangen und nach und nach Etrurien eroberten, haben die Etrusker versucht, ihre wertvollsten Sachen vor den Feinden in Sicherheit zu bringen. Und was war ihnen kostbarer als der Tempelschatz ihres obersten Gottes? Also haben sie ihn versteckt, und zwar so gut, dass weder die Römer noch später die Grabräuber und die Archäologen ihn fanden. Meine Freunde und ich dagegen sind uns sicher, ihn entdeckt zu haben. Ist das keine Weltsensation?«

»Keine Ahnung«, sage ich. »Wo soll sich Ihr Schatz denn befinden?«

»In einer Höhle in der Nähe des Bolsena-Sees, also gar nicht weit vom früheren Volsinii und heutigen Orvieto entfernt. Allerdings sehr gut versteckt.«

»Was genau haben Sie da gefunden?«

»Wenn unsere Vermutungen stimmen – und da bin ich zuversichtlich, denn nicht wenige Indizien sprechen dafür –, dann liegt der Schatz sehr tief, vielleicht 25 Meter, im Höhlenboden vergraben. Allein können wir ihn da nicht ausgraben. Auch weil die Grotte schwer zugänglich ist. Außerdem erteilen uns die Behörden keine Grabungserlaubnis.«

»Warum nicht?«

»Wer weiß? Vielleicht ist die Sache so heiß, dass die staatlichen Archäologen erst einmal Gras darüber wachsen lassen wollen, um den Fund später als eigene Entdeckung auszugeben? Oder sie neiden es uns Hobbyarchäologen, dass wir den größten Fund der Etrusker-Forschung gemacht haben? Oder sie stecken gar mit irgendwelchen Grabräubern unter einer Decke, die den Schatz bergen und versilbern wollen? Wer weiß? Auf jeden Fall dürfen wir nicht graben. Und das müssen Sie anprangern! Sie müssen über unsere Entdeckung schreiben!«

»Dazu muss ich erst einmal die Höhle sehen«, erwidere ich.

»Das sollen Sie ja auch, und zwar so bald wie möglich. Wann können Sie an den Bolsena-See kommen?«

»Vor Weihnachten wird das nichts mehr. Da habe ich noch zu viele andere Artikel zu schreiben«, sage ich.

»Und im Januar, Februar ist das Wetter oft zu schlecht und der Aufstieg zur Höhle zu glitschig. Also März, wie wäre es im März?«, schlägt Angelo Neri vor.

Ich nicke.

»Dann also im März. Ich werde mich bei Ihnen melden und Ihnen den genauen Treffpunkt nennen. Wir sollten auf jeden Fall nicht zu lange warten. Denn die Grabräuber ruhen nicht!«

Der Mann verschwindet so lautlos, wie er gekommen ist. Nachdenklich bleibe ich noch eine Weile in dem Orangengarten stehen. Ich lehne mich an eine Mauer und überlege, was ich tun soll. Was wird mich wohl in der Höhle am Bolsena-See erwarten? Mein Informant wirkt zwar wie besessen von diesen Etruskern, aber nicht verrückt. Auch bin ich mir sicher, dass im geschichtsdurchtränkten Boden Latiums und der Toskana noch immer viele Schätze begraben liegen. Es muss ja nicht gleich der Tempelschatz von Voltumnae sein. Die Männer können auch irgendetwas anderes Spannendes entdeckt haben. Ich beschließe, erst einmal weiter zu recherchieren.

Unser Freund Sergio hat mir einmal stolz erzählt, ein entfernter Cousin von ihm arbeite bei einer speziellen *carabinieri*-Einheit, die Grabräuber, Kunstdiebe und Schmuggler verfolge. Mit dem werde ich Kontakt aufnehmen.

Fünfzehn

Ein paar Tage vor Heiligabend passt mich Filippo morgens im Treppenhaus auf dem Weg zum Zeitungsstand ab. Im ganzen Palazzo ist das Ächzen und Stöhnen der philippinischen Hausmädchen zu hören, die aus den Supermärkten und *alimentari* riesige Kisten mit Champagner, Lachs und anderem Zubehör für das große Weihnachtsessen in die Wohnungen ihrer *signori* schleppen.

»*Quando ci facciamo gli auguri di Natale?*«, fragt Filippo mich unvermittelt und ich erkenne an seinem Tonfall und seinem Gesichtsausdruck, dass es sich um eine gewichtige Sache handeln muss.

»*Farsi gli auguri di Natale*«, bedeutet wörtlich, sich frohe Weihnachten zu wünschen. Doch in Italien bedeutet es natürlich viel mehr. Wenn man sich, wie wir und Filippo, geradezu semi-offiziös die *auguri* überreicht, dann bedankt man sich zugleich für all das entgegengebrachte Vertrauen im vergangenen Jahr – und versichert sich außerdem gegenseitiger Treue für die Zukunft. So etwas zählt viel in einem Staat, in dem sich die Menschen ausschließlich auf ihre persönlichen Beziehungen verlassen können, und so etwas muss natürlich gefeiert werden. Deshalb lädt uns Filippo für den Nachmittag in seine Wohnung ein, um die *auguri* auszutauschen. Zum Glück hat Antonia so etwas geahnt und zwei kleine Geschenke für unsere Hausmeisterfreunde vorbereitet. Eine Schachtel kandierter Orangen und Zitronen aus der sizilianischen *pasticceria* um die Ecke für die Dame und eine Flasche *Vino Nobile di Montepulciano* aus der *vinoteca* gegenüber für den Herrn.

Zum ersten Mal dringen wir nun über den Flur hinaus und in das Wohnzimmer von Filippo und Federica vor. Es ist klein, wohlgeordnet und stäubchenfrei. Da sich das Hausmeisterehepaar keinen *salone* leisten kann, muss eben der *salotto* ständig so hergerichtet sein, dass jederzeit ein König hereinschneien kann.

An der Wand hängt der *frate indovino*, der »Bruder Wahrsager«, der – Pirelli, Lavazza und sonstiger Kult-Erotica zum Trotz – meistverkaufte Wandkalender Italiens. Er wird seit 1945 von umbrischen Kapuzinermönchen verlegt und schmückt Hunderttausende Küchen und Korridore italienischer Haushalte. Jeder Jahrgang ist einem Motto gewidmet, zum Beispiel den Engeln, und jeden Kalendertag gibt es eine »Pille der Weisheit«, wie sich die Autoren ausdrücken. An unserem *auguri*-Tag steht da zu lesen: »Der Kuss verhält sich zur Liebe wie der Blitz zum Donner.« Solche Weisheiten sind in Italien überaus beliebt. Dennoch klagen die Schöpfer dieses geistlichen Kalenders, die weltliche Konkurrenz (Pirelli, Lavazza und Co.) werde immer größer und dreister, da sie »auf die Nacktheit schöner Frauen baut«.

Das berühmteste Beispiel dieser fleischlichen Konkurrenz ist der seit 1964 erscheinende Pirelli-Kalender. Er hat den Kalendermythos in Italien – und im Rest der Welt – überhaupt erst geschaffen. Ursprünglich schmückte das kurvenreiche Werk der Reifenfirma Lagerhallen und Werkstätten. Heute ist ein Akt der Kunst daraus geworden, der sogar Vorstandsbüros und Ministerwohnungen ziert und bei Auktionen höchste Summen einbringt. Denn Pirelli gibt sich nicht nur hinsichtlich der Bekleidung seiner Modelle minimalistisch, sondern bringt auch die Kalender in extrem knapper Auflage heraus.

Bei Filippo sucht man den Kultkalender und seine billigeren Epigonen jedenfalls vergeblich, darauf achtet schon Federica. Stattdessen gibt es eben den *frate indovino* – und daneben eine Schwarzwälder Kuckucksuhr.

Wir essen und trinken einen ganzen Spätnachmittag lang. Dann überreichen wir unsere Geschenke. Antonia und ich bekommen einen riesigen *panettone*, eine weiche, mit kandierten Früchten und Weintrauben gespickte Hefeteigkuppel, die einst ein verliebter Mailänder Bäckerlehrling namens Antonio für seine *fidanzata* erfunden hat. Daher der Name *panettone* = *pane di Toni*. Bernadette erhält ein Malbuch von Pu dem Bären, der auch in Italien heimisch ist. Nicolas dagegen bekommt eine Spieluhr in Form einer tulpenglasgroßen Kugel voller Weihnachtsmänner, in der es kräftig schneit, wenn man sie schüttelt.

»Wo sind denn die Fische?«, will Nicolas wissen. Er denkt, es sei ein Aquarium. Antonia erklärt ihm, das sei eine wunderbare Weihnachtskugel. »Ich will aber lieber ein Aquarium«, ruft Nicolas auf Deutsch und stampft wütend mit dem Fuß auf.

Federica will wissen, was Nicolas gesagt hat. Antonia übersetzt, er sei von der Weihnachtskugel hin und weg.

Am Ende wünschen wir uns herzlich und in aller Form die *auguri*. Filippo und Federica, die von ihren Geschenken ganz begeistert sind, werden nun zu ihrem Dorf bei Neapel aufbrechen, um dort mit der Großverwandtschaft Weihnachten zu feiern. »Dann fangen wir gegen drei Uhr nachmittags an Heiligabend mit dem *cenone di Natale* (frei übersetzt: dem großen Weihnachtsfressen) an«, erzählt Federica begeistert. »Es gibt Fisch und Meeresfrüchte aller Art, gekocht, gebacken, gebraten, gesotten und mariniert. Wir essen sechs, sieben Stunden lang, und dann gibt es *caffè*,

Likör und Kuchen. Anschließend gehen wir in die Mitternachtsmesse und später spielen wir bei prasselndem Kaminfeuer Bingo.«

»Bingo?«, frage ich. Das Wort weckt vage Kindheitserinnerungen in mir, doch ich kann nichts Rechtes damit anfangen.

»Ja, Bingo natürlich«, antwortet Federica, als handele es sich um den Kern der biblischen Weihnachtsgeschichte. »Und einige andere Spiele. Am ersten Weihnachtsfeiertag treffen wir uns dann alle zu einem großen Mittagessen mit *abbacchio*, im Ofen geschmortem Milchlamm.«

Nachdenklich ziehen wir nach der Geschenkeübergabe von dannen. In Antonias sozial bewegter und umweltschonender Familie gibt es zu Weihnachten traditionell Linsen mit Würstchen. In meiner gutbürgerlichen zwar Hummer, aber eben nur Hummer. Unserer römischen Hausmeisterfamilie wäre das eine wie das andere wohl recht asozial vorgekommen. Wenn Gott als Baby auf die Erde kommt, dann wird gefuttert, bis die Bäuche knirschen – alles andere wäre Sünde, oder?

Doch auch wir verbringen ein schönes erstes Weihnachtsfest in Rom. Beide Großelternpaare sind uns besuchen gekommen. Wir verbummeln den Vormittag bei 18 Grad und Cappuccino in Santa Severa am Meer. Am Abend gibt es dann als *primo* Linsen mit Würstchen und als *secondo* Hummer. Wir entfachen ein Kaminfeuer und singen, Bernadette spielt Flöte und es ist uns egal, ob die Cornettis glauben, dass die *signori tedeschi* ausgerechnet an Heiligabend eine spiritistische Sitzung abhalten. Bernadette bekommt vom Christkind eine Klarinette geschenkt, auf dass wir künftig noch munterer aufmusizieren können. Nicolas findet auf dem Gabentisch gleich drei Playmobil-Schiffe. Seinem Freund Alessio und der gesamten italienischen Marine werden wir es zeigen!

Doch nicht nur die Schiffe hinterlassen einen bleibenden Eindruck. Vor allem die Kugel mit den Schneemännern hat es Nicolas irgendwie angetan. Auch nach Weihnachten sitzt er oft davor und starrt hinein. Eines Tages kommt er in mein Arbeitszimmer und sagt: »Ich will ein Aquarium.«

»Wieso willst du ein Aquarium?«, frage ich.

»Weil Bernadette Meerschweinchen hat.«

Gegen derartige Logik ist nichts einzuwenden, zumal Nicolas im Januar Geburtstag hat.

Nur: Wie und wo kauft man in Rom ein Aquarium? Zum Glück erinnere ich mich schemenhaft, in einer Ecke von Francescos Friseursalon ein solches Fischbecken gesehen zu haben. Es ist ohnehin wieder einmal Zeit, mir die Nackenhaare und Koteletten stutzen zu lassen, schließlich will ich zu Neujahr nicht aussehen wie ein Zottel aus Tora Bora. Gedacht, getan. Francesco empfängt mich wie einen alten Freund, wünscht mir alle erdenklichen *auguri* und überlässt mich dann einer seiner jungen Kolleginnen zur Kopfwäsche.

Francescos Salon ist das absolute Informationszentrum des Viertels. Hier laufen alle Nervenstränge zusammen, hier werden sie verknüpft, hier entstehen in einer Melange aus warmer Luft, Haarspray, Scherengeklapper, *caffè* und Friseusengeplapper all die Nachrichten und Gerüchte, die das Leben in Prati würzen. Während der baumlange, hagere Francesco mit der graziösen Ruhe eines Flamingos durch das Getümmel schreitet, um hier ein wenig an meinem Resthaar zu schnippeln, da die Färbung einer *signora* zu begutachten und dort eine Dauerwelle abzukassieren, hüpft sein kleiner, zierlicher Kompagnon Amedeo umher wie ein Rebhahn auf Brautschau.

»Bis bald, *carissima*«, flötet er einer Kundin am Telefon ins Ohr. »Wie phantastisch Sie aussehen«, schmeichelt er einer verschrumpelten *signora* unter der Haube. »*Ahhhh, che bellezza*«, empfängt er die gestiefelte, 19 Jahre alte Sofia aus der Nachbarschaft, die fürs Fernsehen arbeitet – vorerst allerdings nur hinter den Kulissen.

Amedeo wird von Frauen magnetisch angezogen, er kann gar nichts dafür. Wenn er durch den Salon tänzelt, um eine Schere zu suchen, dann streift seine Hand hier die Hüfte von Claudia, der rehäugigen Friseuse mit dem Engelstatoo über dem in Hüftjeans steckenden kräftigen Gesäß, und dort den Rücken von Vittoria, der Kollegin mit den schmalen schwarzen Pullovern und den breiten purpurfarbenen Lippen. Dabei wirkt Amedeo nie wie ein gewöhnlicher Anmacher oder Grapscher. Dafür ist er viel zu galant und grazil.

Doch zurück zu den Fischen. Auf einem Fenstersims im hinteren Teil des Salons steht tatsächlich ein Aquarium. Es ist ziemlich groß und voller Wurzeln und Pflanzen, allerdings schwimmt nur ein einziger Fisch darin, ein kräftiger, junger Zwergbarsch. »Entschuldige den Ausdruck, aber der da ist ein *stronzo*, ein Arschloch«, sagt Francesco und zeigt verächtlich auf den einzigen Bewohner des Beckens. »Dieser *mascalzone*, dieser Strolch, hat alle anderen Fische so lange gejagt und gepiesackt, bis sie eingegangen sind.«

»Warum hast du ihn denn dann nicht weggegeben?«, will ich wissen.

»Na ja, er gehört eben irgendwie zu uns«, sagt Francesco.

Als ich ihm erzähle, mein Sohn Nicolas wolle auch ein Aquarium haben, leuchten seine Augen auf. »Dann musst du unbedingt mit Vittoria sprechen«, sagt er. »Ihr Freund Tito hat ein Aquariumsgeschäft.«

So kam es, dass Tito zum Zierfischhändler *della nostra fiducia* – unseres Vertrauens – wurde.

Tito ist ein Hüne von einem Burschen, etwa 1,95 Meter groß und so breit wie ein Bär. Er hat ein kleines Aquariumsgeschäft am westlichen Stadtrand von Rom und spricht ein *romanaccio*, einen römischen Dialekt, dass es einem schon in Florenz die Schuhe auszieht. Da wir auf Empfehlung von Vittoria kommen, empfängt er uns wie uralte Freunde. Er haut mir auf die Schulter, dass ich nach Luft japse wie ein verendender Zwergbuntbarsch, und stellt mir dann ein 60-Liter-Aquarium für Nicolas zusammen, inklusive Filter, Filterwatte, Heizung, Thermometer, Beleuchtung, Absaugglocke, Scheibenreinigungsmagnet, Kies, Steinen, Pflanzen, Wurzeln, Futterflocken, Futtertabletten, Bodendünger und diversen Chemikalien, um das Wasser aufzubereiten.

Als Nicolas nach den Fischen fragt und fordernd an ein Becken mit roten Platis und bläulichen Neons klopft, müssen wir wieder einmal erfahren, wie preußisch strikt Römer in Detailfragen sein können. Denn Tito bestimmt streng: »Erst müsst ihr vierzehn Tage warten, bis das Wasser stimmt.«

Nicolas löchert mich seither jeden Morgen beim Aufstehen: »Papa, wie lange dauert es noch, bis die Fische kommen?« Schließlich ist es so weit. Tito gesteht uns allerdings zunächst nur fünf Exemplare zu, »um keinen Stress im Aquarium zu schaffen«. Erst wenn die Tiere sich eingewöhnt hätten, könnten wir weitere Bewohner zukaufen. Leider verenden vier der fünf Fische in den ersten zwei Wochen. Nicolas ist empört und sagt: »Dummer Papa, warum lässt du die Fische sterben?« Wir fahren mit den Leichen zu Tito. Er sagt, da helfe nur ein Hausbesuch. Normalerweise mache er so etwas ja nicht. Da wir aber Kunden von Vittoria seien, wolle er bei uns zu Hause vorbeikommen, um unser Aquarium zu überprüfen.

Am nächsten Abend kommt Tito tatsächlich mit seiner Vespa angebraust. Er ist pünktlich auf die Minute. »Meine Freunde nennen mich *il tedesco* – den Deutschen«, rechtfertigt er seine Pünktlichkeit. Er hat eine Art Arztkoffer dabei, in dem sich alle möglichen Flakons mit Chemikalien befinden. Er mischt sie unter den andächtigen Blicken von Nicolas mit Pröbchen von unserem Aquariumwasser und begutachtet die Reaktion so sorgfältig wie ein Alchimist die Goldproduktion. Am Ende meint er, unser Wasser sei zu hart, zu eisenarm und zu phosphatreich, und abgesehen davon seien die Fische an Pilzbefall verendet.

Nach dieser niederschmetternden Nachricht haut er mir so aufmunternd auf die Schulter, dass ich mir ebenfalls eisenarm vorkomme, und drückt mir dann einen pH-Wert-Absenker, einen Pflanzendünger, einen Phosphatentferner und ein Fungizid in die Hand. Außerdem rät er mir, bei Wasserwechseln, die alle 14 Tage etwa 20 Prozent des Aquariumvolumens erfassen sollten, für die Hälfte des Frischwassers destilliertes Wasser zu nehmen. »Das macht ihr jetzt so, und wenn alle Werte in Ordnung sind, dann kommt ihr wieder zu mir in den Laden und kauft neue Fische. Aber bitte nicht vorher.«

Dankbar wie Patienten, die neue Hoffnung schöpfen, bitten wir unseren Aquariendoktor ins Wohnzimmer auf ein Glas Wein. Wir plaudern angeregt über diese und jene Fische, auch wenn es für Antonia und mich nicht leicht ist, Titos *romanaccio* in unseren Köpfen ins Italienische und von dort ins Deutsche zu übersetzen. Immerhin erfahren wir, dass er mit Vittoria und seinem sechs Jahre alten Sohn Davide in einer winzigen Wohnung im Stadtviertel Monteverde lebt und dass sie eine kleine Außenleiter benutzen müssen, um vom Schlafzimmer zum Bad und zum *salotto* zu kommen.

»Im Winter ist das schon etwas unpraktisch, vor allem, wenn man nachts aufs Klo muss«, erzählt er uns. Aber für etwas Komfortableres reichten ihre beiden Einkommen einfach nicht, weil sie zu viel Geld fürs Reisen ausgäben. »Dennoch ist unser *salotto* sehr hübsch«, schwärmt Tito. »Wir haben ein 300-Liter-Salzwasser-Aquarium darin. Ich habe es Vittoria zur Geburt von Davide geschenkt.«

Dann kommen wir aufs Reisen zu sprechen. Zu unserer Überraschung entpuppt sich der Ur-Römer Tito als fanatischer Österreich-Fan. »Ich fahre jedes Jahr drei-, viermal mit Vittoria und dem *bambino* für ein paar Tage in ein kleines Dorf bei Innsbruck. Wir machen uns immer am Abend auf den Weg und kommen morgens an. Meistens bleiben wir nicht mal eine Woche, aber es lohnt sich«, erzählt der italienische Großstädter mit den glänzenden Augen eines Jungen vor dem Weihnachtsbaum. »Wisst ihr, dieses Dorf liegt ganz abgelegen am Ende eines Tales. Es gibt nur ein paar Dutzend Häuser dort, eine Wirtschaft und unsere einfache Pension. Und im Winter ist alles Monate lang eingeschneit.«

»Warum fahrt ihr ausgerechnet da so gerne hin?«, frage ich erstaunt. Schließlich bin ich von den Römern gewohnt, dass sie im Urlaub größtmöglichen Trubel suchen. Doch in Tito lernen wir einen Freak der Nordland-Fraktion kennen, die es in Rom durchaus gibt, wenn auch nicht allzu häufig. Dieser römische Menschenschlag liebt die Berge mehr als das Meer und – welch Überraschung – er schätzt auch die Einsamkeit, jedenfalls manchmal. Meist schwärmt genau dieser Typ besonders von den echten oder vermeintlichen germanischen Tugenden, etwa von der Sauberkeit der Straßen, der Pünktlichkeit der Züge und der Korrektheit der Beamten. Ich erkenne ihn untrüglich daran, dass es bei ihm nicht zieht, wenn ich nun meinerseits anfange, über Italien zu schwärmen.

»Ich bin schon als kleiner Junge mit meinen Eltern immer in dieses Dorf gefahren«, sagt Tito nun. »Es ist so sauber dort, so geordnet und so ruhig. Und die Menschen sind unglaublich freundlich. Ganz anders als in diesem Hexenkessel.« Vorwurfsvoll zeigt er nach draußen auf die Lichter des verkehrsdurchtosten abendlichen Roms. »Am liebsten würden wir nach Österreich auswandern. Aber wir sprechen ja leider kein Deutsch.«

»Wie verständigt ihr euch dann mit den Leuten im Ort?«, frage ich.

Tito lacht. »Mit Händen und Füßen und ein paar Brocken Englisch.«

»Was macht ihr denn da den ganzen Tag?«

»Wir essen, Knödel und Kaiserschmarrn vor allem. Und wir gehen jeden Abend zu einem kleinen Wasserfall hinter dem Ort spazieren. Den habe ich schon als *bambino* geliebt. Und im Winter fahren wir natürlich Ski.«

»Ihr fahrt Ski?«, rufen Antonia und ich wie aus einem Mund. Irgendwie sind wir als Münchner davon überzeugt, dass Römer in etwa so viel vom Skilaufen verstehen wie wir beide vom Vespafahren, nämlich gar nichts. Wir kennen die Abruzzen nur vom Sommer, daher erscheint uns Rom als ein Ort, der unendlich weit von Pisten, Skiliften und Almhütten entfernt liegt.

»Natürlich fahren wir Ski, und zwar begeistert«, sagt Tito. »Davide, unser Sohn, macht sogar einen Kurs am Campo Felice in den Abruzzen. Deswegen fahren wir fast jedes Wochenende dorthin und übernachten in einem Chalet, das meine Eltern besitzen. Diese ganzen Touren sind zwar recht kostspielig, aber der Bursche muss schließlich ordentlich Skifahren lernen.«

Begeistert, so unerwartet in Rom Skifahrer getroffen zu haben, erzählen wir Tito, dass wir unsere ganze Ausrüstung aus Deutschland mitgebracht haben.

»Bislang ist sie nutzlos hier im Keller verstaubt. Könnt ihr uns nicht einmal in die Abruzzen mitnehmen?«

»*Ma certo*, aber klar doch«, sagt Tito. »Wie wäre es mit dem kommenden Wochenende?«

Am Samstag darauf machen wir uns auf den Weg. Tito und seine Familie sind schon am vorangegangenen Abend vorausgefahren, da Davides Skikurs bereits am frühen Morgen beginnt. Erstaunlich schnell gelangen wir über eine gut ausgebaute Autobahn von Rom aus in die Abruzzen. Eine gewundene Landstraße führt uns dann tief hinein in die Berge. Längst sind Steineichen, Esskastanien, Ginster und andere Mittelmeerpflanzen dichten Nadelwäldern gewichen, zwischen denen weite Hochalmen liegen. Wir fühlen uns – nur eine gute Autostunde hinter Rom – tatsächlich wie in Österreich.

Bald erreichen wir den bescheidenen Bergort Rocca di Mezzo, in dem Federico Fellini einst einige Szenen seines Films *La Strada* gedreht hat. Hier haben Tito und Vittoria zwei Zimmer in einer Pension für uns gebucht. Nachdem wir ausgepackt haben, ziehen wir unsere Skisachen an und fahren zur Talstation eines nahen Sessellifts, der uns zur Skischaukel »Campo Felice« bringt. Wir sind gespannt, was uns hier in den Abruzzen erwartet. Als Münchner von klein auf ans Skifahren gewöhnt, rechnen wir mit einem komischen Spektakel: mit vorsintflutlichen Anlagen und Römern, die in viel zu leichten Jogginganzügen unbeholfen im Schneepflug die einfachsten Hänge herabrutschen oder schreiend hinunterpurzeln.

Umso größer ist unsere Überraschung: Halb Rom ist hier oben auf den Beinen, in einem perfekt organisierten Skibetrieb mit Großparkplätzen, modernen Sesselliften und urigen Skihütten aus hellem Fichtenholz, in denen »Wiener-Wurstel« und Skiwasser verkauft werden. Die Römer tragen topmodische Overalls in knalligen Farben und haben die neuesten Skimodelle an den Füßen. Dagegen sehen Antonia und ich mit unseren Uraltskiern aus der Vor-Carver-Ära erst einmal ganz schön alt aus. Die irritierten Blicke der Römer am Lift verraten, was sie denken: »Wo kommen diese Waldschrate denn her?«

Die nächste Überraschung erleben wir auf den recht anspruchsvollen Pisten. Von wegen Schneepflug und Gepurzel! Viele Fahrer schwingen so elegant und flott die Hänge hinab wie die Menschen in Nord- oder Südtirol. Nicht, dass wir da nicht mithalten könnten, *ci mancherebbe*! Aber richtig anstrengen müssen wir uns schon.

Besonders ein Mann fällt uns auf, weil er so gekonnt und schnell wie ein Skilehrer über eine Buckelpiste gleitet. Es ist Tito, der für die dritte Überraschung sorgt. Wir begrüßen uns und er schlägt mir nun schon traditionsgemäß mit seinen pfannkuchengroßen Händen auf den Rücken. Zum Glück trage ich diesmal einen dick wattierten Anorak. Gleich darauf kommt Vittoria mit einer Gruppe von sechs Italienern angebraust, die auch beim Fahren unentwegt quasseln. Zwei sind gerade am Telefonieren. Es handelt sich um die üblichen Verwandten und Freunde, die *compagnia*, auf die offensichtlich selbst unsere beiden Fans der österreichischen Einsamkeit nicht verzichten wollen.

Davides Skikurs ist auch bald zu Ende, und so können Bernadette und Nicolas mit ihm um die Wette den Hang hinunterbrettern und kleine Schanzen bauen. Der Schnee ist – dank der vielen Schneekanonen – üppig, der Himmel über den felsigen Bergspitzen knallblau. Doch von Norden her zieht rasch ein Wolkenfeld heran. Tief unten sehen wir einige Römer mit Motorschlitten über das verschneite Hochtal pesen.

Nach etwa zwei Stunden lustiger Fahrt *in compagnia* ruft Vittoria plötzlich: »Vielleicht sollten wir mal nach Heike und Jens schauen.«

»Wer ist denn das?«, fragt Antonia überrascht.

»Freunde von uns aus Bremen. Wir haben sie vor Jahren in Österreich kennengelernt und mit ihnen Freundschaft geschlossen. Sie sprechen ganz gut Italienisch. Letztes Jahr haben wir sie in Deutschland besucht, und nun sind sie für ein paar Tage bei uns.«

Wir fahren hinunter zu einer hübschen Skibar, die mitten zwischen den Pisten auf halber Höhe liegt. Der Schnee ist hier in der Sonne zu Pfützen aufgeweicht, doch mittlerweile hat sich der Himmel zugezogen und ein feuchter, kühler Wind weht um die Bar. Dennoch liegen viele Skifahrer in den Liegestühlen und essen *piadina*, dünnes, warmes, mit Salat, Käse und Schinken belegtes Fladenbrot, *pizzette* und »Wurstel«. Manche Familien haben, wie am Strand, nicht nur ihre Großeltern und Kleinkinder, sondern auch Kühltaschen voller Nudelsalat, Eier, Tomaten und Getränke mit auf den Berg gebracht.

In all dem Trubel sitzt ein verdrossen dreinblickendes Paar. Die beiden tragen Jeans und dünne Jacken und scheinen heftig zu frieren. Ihre leichten Lederschuhe sind in dem Matsch unter ihren Füßen völlig aufgeweicht. Tito und Vittoria stürmen auf das Paar zu und reden lachend auf sie ein: »Na, ist es nicht herrlich hier? Damit hättet ihr sicher nicht gerechnet, als ihr von Bremen hierhergeflogen seid!«

Jens deutet stumm auf seine durchweichten Schuhe.

»Ah, hast du nasse Füße?«, fragt ihn Tito nonchalant. Er zieht zwei verkrümelte Plastiktüten aus seiner Anoraktasche, in denen sich Davides *panini* befunden haben. »Dann zieh doch einfach die Strümpfe aus und stülp dir die Plastiktüten über!« Er meint es wirklich ernst.

Heike und Jens lächeln gequält. Wie sie uns später auf Deutsch erzählen, haben sie damit tatsächlich nicht gerechnet. Kälte und Nässe hätten sie im Winter in Bremen wirklich genug, berichten sie. Deshalb wollten sie ein paar schöne sonnige Tage bei ihren Freunden Tito und Vittoria in Italien verbringen, durch Rom bummeln, ans Meer fahren. Und nun das: »Die haben uns gleich am Flughafen in ihr Auto verfrachtet und in die Abruzzen verschleppt«, sagt Heike verzweifelt.

»Sie haben uns etwas von Davide erzählt, der dringend einen Skikurs fortsetzen müsse«, meint Jens, während er in die Plastiktüten schlüpft. »Wir waren völlig überrumpelt.«

»Dabei hatten wir uns doch schon viele Wochen vorher angekündigt und gemeinsam geplant, was wir alles in Rom machen wollten – durch Trastevere bummeln, Museen besuchen, nach Ostia Antica fahren. Stattdessen sitzen wir jetzt hier im kalten Matsch«, seufzt Heike.

»Warum habt ihr euch denn nicht geweigert?«, frage ich sie.

»Zum einen waren wir völlig überrumpelt«, sagt Jens. »Zum anderen haben wir es nicht übers Herz gebracht. Tito und Vittoria waren so begeistert von ihrer Idee, mit uns in die Berge zu fahren. Auf unsere Frage nach Rom, meinten sie nur, die Hauptsache sei, wir seien *in compagnia*. Ob in Rom oder in den Abruzzen, das sei dabei doch ganz egal.«

Von *compagnia* kann man im Fall von Jens und Heike an diesem Tag allerdings nicht sprechen. Denn kaum hat Tito seine Brotzeit verzehrt, beordert er uns und seine Gruppe schon wieder auf die Piste. Die beiden Bremer Freunde bleiben allein im Matsch zurück – mit Plastiktüten an den Füßen und Frust im Herzen.

Wenigstens den Abend verbringen wir dann aber gemeinsam. Wir wollen um 20.00 Uhr in das Lieblingslokal von Tito und Vittoria in Rocca di Mezzo zum Essen gehen. Doch Tito besteht darauf, dass wir uns schon vorher auf der Piazza der kleinen Gemeinde treffen. »Wir wollen ja alle den *corso* machen, nicht wahr?«, sagt er bestimmt.

»*Fare il corso*«, zu Deutsch flanieren oder bummeln, ist *das* Freizeitvergnügen der Italiener nach Feierabend. Egal, ob im Frühjahr in Rom, im Sommer in Palermo, im Herbst in Verona oder eben im Winter in Rocca di Mezzo – zur Zeit der Abenddämmerung strömen Arm und Reich, Jung und Alt, Katholiken und Kommunisten, kurz gesagt alles, was schon oder noch laufen kann, nach draußen. Dann schlendern die Italiener ein, zwei Stunden die jeweilige Prachtstraße entlang, auf und ab und ab und auf, um gesehen zu werden und zu sehen, und zwar genau in dieser Reihenfolge. Hier treffen die *bambini* ihre Freunde wieder, hier üben sich die *ragazzi* und *ragazze* im Flirt, hier äugen die *signore* nach den neuesten Modekreationen, während die *signori* über die Politiker schimpfen und die letzten Fußballpartien erörtern. Man guckt in die Schaufenster, holt sich hier eine Eistüte oder dort einen *limoncello* und genießt es ansonsten einfach, *in compagnia* zu sein.

Danach gehen alle wieder ihrer Wege. Die Jungen an den Wochenenden in die Pizzeria und danach vielleicht noch in die Disco, die Älteren zur *pasta* nach Hause oder ab und an in ein Restaurant.

Zuvor aber, beim *corso*, finden die Italiener, dieses Volk von Individualisten, die alle stets die Hauptrolle im Theater des Lebens spielen wollen, zu ihrer Einheit in der Vielfalt. Deswegen ist der *corso* so wichtig für das ganze Land, deswegen ist er ein heiliges Ritual, dem wir *tedeschi* uns nicht einfach entziehen können, wenn wir die *compagnia* unserer italienischen Freunde teilen wollen.

Es ist kalt an diesem Abend in Rocca di Mezzo. Wir ziehen wieder unsere Anoraks und unsere Skimützen an und bummeln im Pulk mit Tito, Vittoria und den anderen, was das Zeug hält, durch das Dorf. Auf und ab und ab und auf. Wir alle frösteln, Jens und Heike frieren. Viel zu sehen gibt es nicht – außer eine Erinnerungstafel an Federico Fellinis Dreharbeiten für *La Strada* und das Schaufenster eines Immobilienmaklers, in dem wir die Angebote mit schönen alten Häusern begutachten. Tito meint, hier sei vielleicht eine Alternative zu finden, falls es mit dem Auswandern nach Österreich nichts werde. Vittoria widerspricht: »In Rocca di Mezzo wäre es mir auf Dauer vielleicht doch zu langweilig.«

Dann ist es endlich 20.00 Uhr. Erleichtert beenden wir den *corso* und stürmen guten Gewissens die Trattoria. Wir setzen uns an einen großen Tisch beim Kaminfeuer und schwatzen und essen und trinken, wie man es nur nach einem kalten Tag in den Bergen tut. Auch Jens und Heike vergessen die Nässe und die Kälte und irgendwann sogar die Plastiktüten.

Am nächsten Tag, einem Sonntag, gehen wir mit unseren Kindern zum Rodeln. Wir schlittern gerade mit Geschrei einen Hang am Campo Felice herunter, als sich mein Handy bemerkbar macht. Am Apparat ist ein Kollege aus der Zeitungszentrale in München.

»Hallo Rom-Korrespondent, wie geht's und steht's denn so am Strand?«, frotzelt er.

»Das weiß ich nicht«, antworte ich. »Denn wir sind gerade beim Schlittenfahren.«

Er will mir nicht glauben. »Der spinnt, der Römer«, murmelt er beim Auflegen.

Sechzehn

Bernadette und Nicolas sind so begeistert vom Schnee, dass wir am folgenden Wochenende eine Winterwanderung machen wollen. Etwas südlich von Rom, zwischen dem Sacco-Tal mit der Autobahn nach Neapel und der Pontinischen Ebene am Meer, erhebt sich ein schroffer, wilder, karger, kaum besiedelter Kalkgebirgszug, in dem es sogar Wölfe geben soll: die nur von Maultierpfaden erschlossenen Lepinischen Berge. Wir wollen gleich den höchsten Gipfel besteigen, den 1536 Meter hohen Monte Semprevisa. Laut unserem Wanderführer soll die Rundtour etwa dreidreiviertel Stunden dauern. Wenn wir geahnt hätten, wie lange wir wirklich brauchen würden, hätten wir uns nie auf diese Wanderung gemacht. Doch dann hätten wir auch nie erlebt, wie aufmerksam und hilfsbereit unsere italienischen Mitbürger in Notlagen sein können.

Wir laufen also in einer rauen Hochebene mit halbverwilderten Pferden los. Schon bald erreichen wir die Schneegrenze. Anfangs sind die Kinder noch begeistert. Sie jauchzen, bewerfen sich mit Schneebällen und hüpfen vergnügt vor uns her. Doch bald schon wird der Schnee tiefer und der Hang steiler. Immer mühsamer kämpfen wir uns voran. Immer häufiger fragen Bernadette und Nicolas: »Wie lange dauert es denn noch?« Zum Trost essen wir erst unsere *panini*, dann unsere Süßigkeiten. Irgendwann haben wir nur noch Wasser. Da die Markierungen zugeschneit sind, orientieren wir uns an dem steilen, bewaldeten Grat, der zum Gipfel führt. Hier oben ist nichts mehr von der mediterranen Stimmung Roms zu spüren. Während in der Stadt längst die Kamelien und Mimosen aufgegangen sind, ragen hier noch immer die glatten grauen Äste der Buchen mit ihren vertrockneten braunen Blättern wie Hexenkrallen in einen kalten blauen Himmel.

Kein Mensch ist unterwegs, fast keiner. Denn einmal treffen wir drei junge Männer, die uns vom Gipfel her entgegenkommen. Sie sind fassungslos, als sie unsere kleinen Kinder hier oben tapfer durch den Schnee stapfen sehen. Wir erklären ihnen, wir kämen aus München und unsere Kinder seien an größere Bergwanderungen gewöhnt. Sie machen zwar ein bedenkliches Gesicht, wünschen uns aber viel Glück und gehen weiter. Einer von ihnen dreht sich sogar noch einmal um und gibt den Kindern ein paar Schokoriegel.

Immer steiler geht es bergan, immer höher türmt sich der Schnee. Vor allem der kleine Nicolas hat Probleme voranzukommen und ich trage ihn immer mal wieder ein Stück. Wir erzählen den Kindern zur Aufmunterung Geschichten und malen ihnen aus, wie wir heute Abend in unserer Wohnung in Rom am Kamin sitzen und zur Belohnung Schokolade essen werden. So arbeiten wir uns weiter voran, nass geschwitzt trotz der Kälte. Endlich erreichen wir den Gipfel. Eine kahle, schneeverwehte Kuppel, auf der ein Steinhaufen mit einem Kreuz aus zwei Eisenstangen den höchsten Punkt markiert. Wir machen unser Gipfelfoto und sind unendlich stolz auf unsere Kinder.

Den Blick über die weißen Lepinischen Berge und das im Westen schimmernde Meer gönnen wir uns aber nur kurz. Denn jetzt, Ende Januar, steht die Sonne bereits um halb vier Uhr nachmittags ziemlich tief. Wir wollen uns beeilen, um noch bei Tageslicht nach unten zu kommen. Also setzen wir unsere Rundtour fort. Am Anfang verläuft der Abstieg blendend. Bernadette und Nicolas essen die Schokoriegel, die ihnen der Mann geschenkt hat, und scheinen von frischen Kräften durchströmt zu werden. Jauchzend rutschen sie in ihren Wanderstiefeln den schneebedeckten Trampelpfad zwischen den Buchenstämmen hinunter. Doch die Tour zieht sich und zieht sich. Es wird 16.00 Uhr, 16.30 Uhr, 17.00 Uhr. Und es wird dunkel.

Der Abstieg verläuft jetzt in einem vereisten Bachbett mitten im Wald. Manchmal, wenn sich der Bach gabelt, ist es schwer, die richtige Spur zu finden. Auch müssen wir langsam und vorsichtig gehen, um nicht auf den Eisplatten auszurutschen. Ich versuche, nicht weiter daran zu denken, was passiert, falls sich einer von uns den Knöchel brechen oder sonstwie verletzen sollte. Denn mit Einbruch der Dunkelheit ist es sehr kalt geworden, so erbarmungslos kalt wie im Winter in den Alpen. Ein Druck auf die Tasten meines Handys lässt das Display aufleuchten und zeigt mir, dass wir hier keinen Empfang haben. Auch das noch. Antonia und ich laufen bedrückt und schweigsam weiter. Nun sind es die Kinder, die uns aufmuntern. Sie stürmen in halsbrecherischem Tempo durch den Wald voran. Nicolas ruft uns zu: »Wo bleibt ihr denn endlich, ihr alten Kühe!« Da müssen auch wir lachen.

Bald ist es so dunkel, dass wir den Pfad überhaupt nicht mehr erkennen, und wir tasten uns von Baumstamm zu Baumstamm nach unten. Ich verfluche den Wanderführer mit seinen unrealistischen Zeitangaben und ich verfluche unsere Idee, mit den Kindern auf eine Winterwanderung zu gehen. Wieder einmal haben wir die Wildnis in Latium unterschätzt.

Plötzlich bilden sich in meinem Kopf Verse, die ich einmal gehört habe. Ich ertappe mich, wie ich vor mich hin summe:

»Wenn du denkst, es geht nicht mehr,
kommt irgendwo ein Lichtlein her.
Ein Lichtlein wie ein Stern so klar,
es wird dir leuchten immerdar.
Wird zeigen dir den Weg zurück ...«

Tatsächlich, weit vor uns blitzen im Wald zwei Lichter auf, die von Baum zu Baum zu hüpfen scheinen. Doch als wir ihnen so rasch wir können folgen, merken wir: Es sind zwei Männer mit Stirnlampen, die den Weg hinab ins Tal suchen. Wir rufen ihnen zu und sie bleiben stehen. Sie sind ernst und wortkarg. In ihren Vollbärten hängen kleine Eisstückchen. Sie sagen, wir sollten ihnen folgen, sie würden den Weg kennen. Die nächste halbe Stunde warten sie immer mal wieder, wenn wir zurückfallen, bis wir schließlich aus dem Wald kommen und in der Ferne den Parkplatz erkennen. Erst dann beschleunigen die Männer ihren Schritt und eilen davon.

Als wir – exakt 6 Stunden und 35 Minuten nach unserem Aufbruch – den Parkplatz erreichen, blenden uns die Scheinwerfer eines Autos, das im Schritttempo auf uns zurollt. Wir sehen das blaue Signallicht auf dem Dach und erkennen die weiße Aufschrift an den Seiten: *carabinieri*. Drinnen sitzen zwei junge Beamte. Der Fahrer hält neben uns und lässt das Fenster herunter. Wir erwarten das Schlimmste. Hält man uns etwa für Wilderer? Wohl kaum mit den Kindern. Oder wird man uns das Sorgerecht entziehen, weil wir Bernadette und Nicolas in diese Wildnis verschleppt haben?

»Sind Sie die deutsche Familie, die heute Nachmittag oben am Monte Semprevisa war?«, fragt einer der *carabinieri* freundlich.

»Äh, wohl schon«, antworte ich zögernd. »Warum?«

Der Mann seufzt erleichtert auf. »Ach, dann ist ja alles in Ordnung. Drei Bergsteiger, die Sie heute Mittag oben am Berg getroffen haben, haben uns alarmiert. Als sie gegen Abend immer noch Ihr Auto hier unten am Parkplatz sahen, dachten sie, Ihnen wäre etwas passiert. Wir waren schon drauf und dran, die Forstwacht nach Ihnen suchen zu lassen. *Buona serata*, einen schönen Abend noch.«

Wir sind verblüfft. Keine Strafpredigt, nicht einmal ein Vorwurf. Nur die beruhigende Erkenntnis, dass da jemand war, der über uns wachte, während wir durch den dunklen Wald irrten.

Wir bedanken uns bei den *carabinieri* und wünschen auch ihnen einen schönen Abend. Dann fahren wir heim. Zu Hause setzen wir uns vor den prasselnden Kamin und essen Schokolade.

Von dieser positiven Erfahrung mit der italienischen Amtsgewalt – und insbesondere mit den *carabinieri* – ermutigt, nehme ich mir vor, endlich einmal mit dem Großcousin von Sergio Kontakt aufzunehmen. Ich rufe kurz bei ihm an, denn bei einer anständigen italienischen Familie platzt man auch als Freund nicht so einfach in die *casa*. Paola ist am Apparat und meint: »Ja, er ist da, komm am besten gleich herunter.« Als sie mir die Tür öffnet, merke ich sofort, dass sie schlechter Laune ist.

»Sergio und Ale sitzen im Wohnzimmer und schauen einen deutschen Film über den U-Boot-Krieg an«, zischelt sie mir zu. »Was für ein Unsinn, einem Kind so etwas zu zeigen.«

»Warum macht Sergio das?«, frage ich entsetzt.

»Er behauptet, er habe gelesen, Kriegsfilme schadeten Kindern nur, wenn sie sie alleine ansehen müssten. Schauten sie das Gemetzel dagegen mit einem Erwachsenen an, dann sei das kein Problem, ja sogar lehrreich. So ein Unfug!«

Aus dem Wohnzimmer höre ich die Explosionen

schwerer Torpedos. Ich gehe hinein. Sergio und Ale sitzen mit offenem Mund auf der Couch und verfolgen gebannt den Verlauf der Seeschlacht. Als Sergio mich bemerkt, schaltet er den Fernseher sofort aus. Er wirkt ein bisschen verlegen. »Weißt du, Ale braucht das für den Geschichtsunterricht in der Schule«, murmelt er.

Natürlich sei er gerne bereit, mich an seinen Großcousin, den Kultur-*carabiniere*, zu vermitteln. »Ich werde den *capitano* gleich anrufen«, sagt er, offensichtlich froh, die Sache mit Ale und der U-Boot-Schlacht nicht weiter unter den vorwurfsvollen Augen von Paola vertiefen zu müssen. Fünf Minuten später habe ich meinen Termin.

Siebzehn

Am Abend fahre ich mit dem Bus nach Trastevere. Dort residiert nahe der Kirche San Francesco a Ripa der operative Arm des *Comando Carabinieri Tutela Patrimonio Culturale* (*Carabinieri*-Kommando zum Schutz des Kulturgutes). Die *carabinieri* in ihren schmucken Uniformen mit den roten Längsstreifen an den dunkelblauen Hosen sind eine Gendarmerie, die teils als Militärpolizei, teils in Konkurrenz zur normalen italienischen Polizei agiert. Sie unterstehen dem Innenministerium. Die kleine, vor etwa 40 Jahren gegründete Einheit der Kultur-*carabinieri* wird dagegen – als vielleicht einzige Polizei der Erde – vom Kultusminister verantwortet. Sie ist der Stolz des Landes und Vorbild für viele ähnliche Einheiten in anderen Ländern der Welt.

Ich klingele und werde von einem höflichen jungen Beamten empfangen. Schon beim Eintreten wird mir klar, dass dies nicht irgendeine Polizeikaserne ist, sondern etwas ganz Edles. Ich laufe über einen eleganten hellgrauen Steinboden mit schwarzen Zierstreifen durch einen hohen, gekalkten Bogengang, an dessen Ende eine lebensgroße antike Statue aus hellem Marmor steht. An der Wand hängt ein schöner, alter Stich der Piazza Navona. Der Beamte führt mich zu einer geschmackvollen Ledergarnitur, die um ein Teetischchen gruppiert ist. Das gesamte Ambiente erinnert eher an ein Museum. Er bittet mich, noch ein bisschen zu warten, und bringt mir einen *caffè* und einige Informationsbroschüren über seine Einheit.

Es ist still in diesem Palazzo, nach Dienstschluss eben. Ich blättere in den Broschüren und lese ein bisschen über die Kultur-*carabinieri*. Die Einheit besteht nur aus ein paar Hundert Spezialisten, doch sie können bei ihren Untersuchungen auf die Unterstützung der 110 000 »normalen« *carabinieri* und des übrigen Staatsapparates, auf die Polizeieinheiten anderer Staaten und auch auf Interpol bauen. So jagen sie ziemlich erfolgreich Kunsträuber, -schmuggler und -hehler bis hinein in die Chefetagen der großen Museen Europas und Amerikas. Sie legen internationalen Kunstfälscherringen das Handwerk und fahnden nach den Vandalen, die in italienischen Parks den Statuen die Köpfe abhauen.

Das eher kleine Italien besitzt mit seinen 20 000 Schlössern, 100 000 Kirchen, ungezählten Museen und archäologischen Ausgrabungsstätten mehr Kulturgüter als alle anderen Staaten der Welt zusammen. Das alles zu erhalten oder auch nur zu schützen ist fast unmöglich. Daher wirkt das Land manchmal wie ein riesiger Kultur-Selbstbedienungsladen. Seit 1970 seien 850 000 Kunstgegenstände geraubt worden, rechnen die *carabinieri* vor. Nach Drogen und Waffen zähle der internationale Kunst-Schwarzmarkt zu den lukrativsten Geschäften der Welt.

Während ich noch überlege, ob das denn sein kann, kommt der Beamte wieder und führt mich in ein Büro. Die Wände sind voller Wimpel, Polizeiabzeichen und Ehrenurkunden aus der ganzen Welt. Auf dem riesigen, von Papieren übersäten Schreibtisch steht ein Drache aus Bronze – das Wahrzeichen der Kultur-*carabinieri*. Hinter dem Schreibtisch sitzt ein athletisch wirkender Mann mit pechschwarzen, extrem kurzen Haaren, dunklem Teint und den energischen Gesichtszügen eines Elitesoldaten. Er trägt Zivil, ein feines Tweedsakko und eine elegante dunkelrote Seidenkrawatte, was nicht recht zu seinen vierschrötigen Händen mit den schmutzigen Fingernägeln passt, die aussehen, als würde er nachts die Grabräuber persönlich aus den Erdlöchern ziehen.

Dieser Mann ist, ich erkenne es voller Neid an, ein Multitasker. Während er mich auf einen Stuhl winkt und damit beginnt, meine Fragen zu beantworten, telefoniert er auf einem Handy, das er sich zwischen Schulter und Kinn geklemmt hat. Gleichzeitig hackt er mit seinen kräftigen Fingern auf die Tastatur seines Computers ein, als gelte es, Nägel in ein Brett zu schlagen. Offenbar beantwortet er gerade E-Mails. In der Ecke läuft der Nachrichtenkanal Rainews24 im Fernsehen, im Regal hinter ihm murmelt ein Transistorradio. Und das Erstaunlichste ist: Der Offizier ist bei alldem voll auf unser Gespräch konzentriert und verliert nie den Faden, wenn er sich immer mal wieder unterbricht, um in das Handy zu sprechen.

Im Gegensatz zu den meisten italienischen Justiz- und Polizeibeamten, die ich bislang kennengelernt habe, beklagt sich der Hauptmann weder über schlechte Bezahlung und mangelnde Ausbildung noch über eine allgemeine Vernachlässigung durch den Staat. Im Gegenteil: »Wir sind eine Elite, und so werden wir auch behandelt«, meint er. »Wir haben genug Geld, dazu die modernste Technik und die weltweit größte Kunstdatenbank. Außerdem stehen mir die besten Archäologen und Kunstexperten des Landes zur Verfügung.«

Er tippt auf sein Festnetztelefon. »Ich muss nur im Kultusministerium anrufen und sagen: ›Ich brauche diesen oder jenen Professor‹ – und schon bekomme ich ihn.«

Wieder einmal bin ich über Italien verblüfft. Im Land des schwachen Staates, der lähmenden und gelähmten Verwaltung gibt es also auch hervorragend funktionierende Einheiten. Ich werde im Rahmen meiner Arbeit als Journalist auch noch andere kennenlernen, den italienischen Zivilschutz zum Beispiel.

Erst nach einer Weile fragt mich der *carabiniere*, während er erstmals von seinem Computer aufblickt: »Sie sind ein Freund meines Cousins Sergio?«

Ich nicke.

»Wie kann ich Ihnen helfen?«

»Ich würde Sie gern zu den Etruskern befragen«, antworte ich. »Ich bin da an einer Recherche, es geht um ein paar Leute, die einen Etrusker-Schatz entdeckt haben wollen.«

»Ach, diese *tombaroli*, diese Grabräuber«, legt der Hauptmann los. »Was haben sie nicht alles zerstört. Sie brechen mit ihren Äxten und Spaten nachts in die Nekropolen ein und schleppen davon, was ihnen wertvoll erscheint. Die Gegenstände werden dann oft über Zwischendealer ins Ausland geschafft, vor allem in die Schweiz. Dort erhalten sie gefälschte Herkunftszertifikate und werden in den internationalen Kunstmarkt eingespeist.«

Tausende Gräber seien so schon geplündert worden, erzählt der Offizier, während er wieder auf seine Tastatur einhackt. Schon die alten Römer hätten systematisch nach Etrusker-Schätzen gesucht. Später, im 19. Jahrhundert, hätten reiche, adelige Archäologie-Dilettanten den Boden Etruriens durchwühlen lassen. »Ganz schlimm wurde es dann nach dem Zweiten Weltkrieg, als die Bauern Not litten und die Bronzefiguren, Terrakottaschalen oder gar ganze Sarkophage, auf die sie beim Pflügen stießen, für ein Taschengeld an Ausländer verhökerten.«

»Und heute, *capitano*?«

»Heute liegt immer noch einiges im Tuff und in der Erde Latiums verborgen. Aber es wird immer schwieriger, die Sachen zu finden. Die bekannten Orte sind längst geplündert, doch natürlich sind auch weiterhin Grabräuber am Werk. Wir versuchen, ihnen die Arbeit so schwer wie möglich zu machen.«

»Wie gelingt Ihnen das?«, frage ich ihn.

Der *capitano* legt sein Handy ab und stellt den Fernseher mit der Fernbedienung lauter, da Fußballnachrichten kommen. Gerade laufen Champions-League-Spiele. Dann antwortet er mir: »Wir haben eine recht effektive Methode entwickelt. Wir fliegen zweimal im Monat mit dem Helikopter über die entsprechenden Gegenden. In jedem Hubschrauber sitzen immer ein *carabiniere* und ein Archäologe. Sie machen Videos, die wir dann in unsere Computer einspeisen. Der Rechner zeigt uns an, was sich seit dem letzten Mal verändert hat. So erkennen wir, wo gegraben wird.«

»Und dann?«

Durch den Körper des *capitano* geht ein Ruck. Seine Gesichtsmuskeln straffen sich, als wolle er gleich einem *tombarolo* an die Gurgel springen. »Dann schicken wir unsere Bodentruppen los, um sie in flagranti zu erwischen.«

»Bodentruppen? Das hört sich an wie im Krieg.«

»Na ja, wir kommen je nach Gelände mit Jeeps oder Pferden und verstecken uns in der Nähe. Wenn die Grabräuber nachts zu buddeln anfangen, heben wir sie aus.«

Das klingt wie in einem erfundenen Archäo-Krimi. Doch diese Jagdszenen sind Wirklichkeit, sie ereignen sich immer wieder nachts in den einsamen Hügeln zwischen Florenz und Rom. Sollte mein geheimnisvoller Informant etwa zu den Grabräubern gehören? Ist die Sache mit dem Artikel nur ein Vorwand, um mit meiner Hilfe den Schatz an ausländische Kunden zu bringen? Oder hat Angelo Neri, wie er behauptet, vielmehr Angst davor, der Schatz könne in falsche Hände geraten, und sucht daher den Weg an die Öffentlichkeit? Ich ringe mich zu einer weiteren Frage an den *carabiniere* durch.

»Hören Sie, *capitano*, haben Sie schon einmal etwas von einem Mann namens ›Angelo der Etrusker‹ gehört?«

Jetzt stellt der Offizier den Fernseher aus und dreht sich auf seinem Schreibtischstuhl ganz zu mir um. »Fragen Sie mich offiziell als Journalist oder privat als Freund von Sergio?«, will er wissen.

»Als Freund von Sergio.«

»Na gut. Offiziell kann ich nämlich nichts dazu sagen. Signor Neri ist nichts nachzuweisen. Inoffiziell kann ich Ihnen aber anvertrauen: Wir haben den Verdacht, dass er seit Jahren eine ziemlich professionelle Gang von Grabräubern leitet. Er wohnt in Orvieto und betreibt pro forma ein Import-Export-Geschäft, lebt aber vom Vermögen seiner Vorfahren. Neri wirkt als Mäzen und ist bei seinen Mitbürgern sehr angesehen. Wir haben so unsere Indizien gegen ihn, aber sie reichen noch nicht, um zuzuschlagen. Was haben Sie denn mit ihm zu tun?«

»Er will mir etwas zeigen«, sage ich zögernd. »Er möchte, dass ich darüber schreibe. Mehr kann ich dazu auch noch nicht sagen.«

Der *capitano* mustert mich prüfend. Seine Augen in dem dunklen Gesicht sind seltsamerweise blau.

»Eine Bitte hätte ich noch«, sage ich. »Ich würde mich gerne noch ein bisschen weiter mit dem Thema Grabräuber beschäftigen. Sie könnten mir nicht zufällig jemanden nennen, vielleicht einen *pentito*, einen Kronzeugen aus der Szene, der mir etwas erzählen würde?«

Der Offizier denkt nach. Dann sagt er: »Die Personen, mit denen wir gerade zusammenarbeiten, kann ich ihnen natürlich nicht nennen. Aber es gibt da einen alten *tombarolo*, der seine Strafe abgesessen hat und sozusagen in den Ruhestand gegangen ist. Er erzählt recht gern von seinen früheren Abenteuern. Er lebt in Montefiascone beim Bolsena-See. Ich gebe Ihnen mal die Telefonnummer.«

Ich bedanke mich herzlich und stehe auf. Der *capitano* wendet sich wieder seinem Computer zu. Als ich hinausgehe, sagt er: »*In bocca al lupo*, viel Glück. Und passen Sie auf. Neri ist nicht sauber.«

Achtzehn

Als ich wieder hinaus auf die Straße trete, regnet es. Ich bin müde und habe keine Lust, auf den Bus zu warten, daher nehme ich ein Taxi. Da ich auch hungrig bin, würde ich gerne über die Köstlichkeiten der italienischen Küche plaudern, und sei es über ein bisschen *porchetta*. Doch der Taxifahrer interessiert sich nicht dafür. Denn diesmal bin ich an eine andere Kategorie des typischen *tassista* geraten – den Fußballfan. Man erkennt diese Fahrer sofort, wenn man sich in ihr Auto setzt. Denn dort läuft im Radio immer – also morgens, mittags, abends und nachts, in der Sommerpause wie in der Silvesternacht – Fußball. Ganze 15 solcher Sondersender gibt es allein in Rom, manche von ihnen berichten sogar ausschließlich über einen einzigen Verein.

So viel gibt es darüber gar nicht zu sagen? Das dachte ich auch, doch ich habe mich getäuscht. Wenn das letzte Spiel restlos, und zwar bis zur Leistung des Ersatzlinienrichters, abgefrühstückt und das nächste Spiel in all seiner zu erwartenden Dramatik vorbereitet ist, dann wird eben über das Liebesleben des Stürmers (stürmisch), den Restaurantbesuch des Präsidenten (präsidial) oder das Hühnerauge des Platzwarts (schmerzhaft) geplaudert. Stundenlange, emotional aufgewühlte Talkshowrunden widmen sich nichts anderem als dem Verein, und zwischendurch dürfen die Zuhörer anrufen, um die Anhänger gegnerischer Clubs als Schweine, *terroni* – Erdfresser – und Ähnliches zu begrüßen. »Radio-Ultra« werden solche Sender genannt.

Als ich ins Taxi steige, läuft zum Glück gerade das Champions-League-Spiel. Da passiert wenigstens etwas. Mein Fahrer, ein netter junger Mann, hat das Radio so laut gestellt, dass die Insassen der Autos neben uns mithören können. Er wippt vor Begeisterung auf seinem Sitz hin und her und beschleunigt oder bremst, je nachdem, ob Lazio Roma gerade stürmt oder in die Defensive gerät. Das passt zwar nicht immer zum jeweiligen Verkehrsgeschehen, aber die anderen Fahrer zeigen sich flexibel.

Lazio, so viel habe ich im Büro des *carabiniere* schon mitbekommen, spielt zu Hause gegen eine starke spanische Mannschaft. Kaum sind wir losgefahren, da dreht sich der Fahrer zu mir um und jammert so verzweifelt, als sei gerade seine *fidanzata* mit einem AS-Roma-Fan durchgebrannt: »Stellen Sie sich vor, kurz bevor Sie eingestiegen sind, ist das eins zu zwei gefallen! Und dabei haben wir so toll gespielt.«

»Schauen Sie doch bitte nach vorne«, ermahne ich den Fahrer höflich. »Wie viele Minuten werden denn noch gespielt?«

»Noch dreizehn, noch zwölf!«

»Na ja, da kann ja noch allerhand passieren!«

»Hoffen wir's! Hoffen wir's!«, klagt der *tassista* und bekreuzigt sich, während er gerade einem Streifenwagen die Vorfahrt nimmt. Die Minuten verrinnen. Noch acht, noch sieben, noch sechs. Lazio stürmt mit der Verzweiflung des Underdogs. Entsprechend rasant verläuft jetzt die Fahrt. Wir rasen über den Ponte Garibaldi, eine große Tiberbrücke, und biegen schlitternd nach links in den vom Regen glänzenden Lungotevere Vallati ein. In halsbrecherischem Tempo geht es durch tiefe Pfützen rauschend weiter. Auch ich bekreuzige mich nun. Schon kommt die Engelsbrücke in Sicht.

Da geschieht es. Aus dem Radio dringt ein gellender, nicht mehr endenwollender, entmenschlichter Schrei wie aus dem Albtraum eines Brüllaffens: »Goooooooooolllllllllll ...« Lazio hat den Ausgleich geschossen. Mein Taxifahrer legt eine Vollbremsung hin, hält mitten auf der Fahrbahn, wirft sich nach hinten und umarmt mich. »Du bringst uns Glück! Du bringst uns echt Glück!«, schreit er, während der Radiomoderator immer noch »Goooooooolllllllllll ...« plärrt.

»Gerade sind Sie eingestiegen, und schon schießen wir das zwei zu zwei.« Dann fährt er wieder an, greift nach dem Handy und tippt eine Nummer ein. »*Pronto, sono io*, Massimo«, brüllt er hinein. »Don Giorgio, Don Giorgio, haben Sie das Tor mitbekommen? Ja? Ja! Dann knien Sie sich vor den Altar und beten Sie, beten Sie! Bleiben Sie auf den Knien! Ich rufe Sie wieder an, wenn das Spiel vorbei ist.«

Don Giorgio, sein Stadtteilpfarrer, sei ein genauso großer Lazio-Fan wie er, erklärt mir der Taxifahrer. Wenn ein wichtiges Spiel auf Spitz und Knopf stehe, eile Don Giorgio in seine Kirche, knie sich vor den Altar und harre aus, bis es vorbei ist. In der Regel bete er zur Heiligen Maria. Meistens führe dies zum Erfolg.

Als wir vor meinem Palazzo in Prati ankommen, ertönt aus dem Radio der Schlusspfiff. Lazio hat einen wichtigen Punkt gerettet. Nach Ansicht des *tassista* war das irgendwie mein Verdienst. Daher weigert er sich, den Fahrpreis zu kassieren.

Außer Fußball lieben die Italiener vor allem ihre *bambini*, aber das ist ja allgemein bekannt. Deswegen richten sie ihren Kindern auch gerne große Geburtstagsfeste aus, bei denen traditionell die ganze Kindergarten- oder Schulklasse eingeladen wird. Anders als in Deutschland liegt die Ehre dabei weniger beim Eingeladenen als beim Einladenden. Viel Gast, viel Ehr', lautet die Devise, und das gilt natürlich auch für den eigenen Nachwuchs. In den Tagen vor dem Fest telefoniert die *mamma* des Jubilars daher die *mamme* der anderen Kinder ab, um sicherzustellen, dass Fabio, Patrizia und Alessandro auch wirklich kommen. Die *mamme* lassen die Zusage dann meist bis zum letzten Augenblick offen – es könnte ja noch eine interessantere Einladung kommen.

Leider konnte Nicolas bislang noch nicht einmal den Einladungen folgen. Einmal waren wir in Umbrien, ein andermal war er krank, und dann wieder waren gerade Onkel und Tante nebst Cousinen aus Deutschland zu Besuch. Nun aber ist es endlich so weit. Nicolas geht auf seine erste italienische Geburtstagsparty, zu seiner Freundin Tiziana. Wobei »gehen« hier rein bildlich gebraucht ist, denn in Rom geht kein einziger Römer, schon gar nicht mit Kind. Weil es angesichts des infernalischen Verkehrs zum Laufen viel zu gefährlich ist, fahren alle mit dem Auto, was das Laufen noch gefährlicher macht. Ein echter Teufelskreis.

Es ist ein schöner Samstag Ende März. Da ich vorgebe, an einem sehr komplexen Artikel für die Montagsausgabe der Zeitung zu arbeiten, opfert sich Antonia und nimmt die Fahrt auf sich. Die Party soll, laut Einladungszettel, nicht bei Tiziana zu Hause steigen, sondern in einer *ludoteca*. Das klingt irgendwie unanständig – so nach »Luder« und »liederlich«. Deswegen schauen wir erst einmal im Wörterbuch nach und finden schließlich die Übersetzung »Spielothek«.

»Was ist das?«, frage ich Antonia.

»Keine Ahnung«, sagt sie. Zum Glück gibt es Google und Wikipedia. Dort finde ich geschrieben, eine *ludoteca* sei ein »geschützter und anregender Ort, der es den Kindern ermöglicht, sich zu sozialisieren, Freundschaften zu schließen und eine große Menge Spielsachen zu nutzen, die einem Einzelnen kaum zur Verfügung stehen«. Das klingt doch großartig. »Also, nichts wie hin«, gebe ich Antonia mit auf den Weg.

Das Fest soll um 14.00 Uhr beginnen und Antonia fährt, um pünktlich da zu sein, schon um 13.00 Uhr los. Schließlich liegt die *ludoteca* weit draußen in EUR, einem unter dem Diktator Benito Mussolini Anfang der vierziger Jahre erbauten monumentalen Viertel im Süden der Stadt. Der Weg dorthin ist besonders verkehrsreich. Antonia versucht sich an einer Abkürzung, verfranst sich in den Außenbezirken und hat leider keinen Beifahrer dabei, der im Stadtplan nachsehen könnte. Die Zeit verrinnt, Nicolas und Bernadette, die als Geschwisterkind mit eingeladen ist, werden langsam ungeduldig. Die anderen Autos hupen. Antonia verfährt sich immer mehr. Als ihr dann ein *motorino* besonders dreist – und gefährlich – die Vorfahrt nimmt, ist sie mit den Nerven am Ende. Auch Multitasker haben ihre Grenzen. Sie hält in einer Toreinfahrt und ruft mich mit ihrem *telefonino* an.

Nun ist Antonia an sich eher ein überlegter, ausgeglichener Typ. Im Gegensatz zu mir bringen sie die Dinge gewöhnlich nicht so schnell aus der Ruhe. Umso mehr erschrecke ich, als ich sie ins Telefon kreischen höre: »Du musst mir helfen! Ich kann nicht mehr! Ich werde wahnsinnig!«

»Was ist denn los? Wo bist du überhaupt?«, frage ich verdattert.

»Ich sitze immer noch in diesem Scheißauto und habe mich total verfahren«, schreit sie. »Ich finde diese blöde *ludoteca* einfach nicht. Und dann ist hier noch so ein aberwitziger Verkehr …«

»Jetzt versuch mal, ganz ruhig zu bleiben …«, beginne ich ganz vorsichtig, doch das kommt gar nicht gut an.

»Du tust dir leicht! Was heißt hier ruhig bleiben! Du sitzt da fett in deinem Büro und drechselst an deinem komischen Artikel herum, während ich hier mit den Kindern ...«

»Weißt du was?«, sage ich. »Ich breite jetzt den Stadtplan auf dem Schreibtisch aus, du sagst mir an der nächsten Ecke, in welcher Straße du bist, und dann lotse ich dich wie ein Navigationssystem zur *ludoteca*.«

Allein, es funktioniert nicht. Unser Stadtplan ist leider nicht mehr der neueste, die Straßenführung in der Peripherie hat sich geändert und »*lavori in corso*« – Bauarbeiten – versperren den Weg. Im Hintergrund schreit Nicolas immer wieder: »Ich will nicht mehr Auto fahren! Ich will jetzt endlich in diese Spieloteca! Ich mag nicht zu spät zu Tiziana kommen.«

Nach zehn Minuten kreischt Antonia erneut entnervt auf: »Neiiiin – jetzt bin ich wieder an derselben Kreuzung wie zuvor. Mir reicht es. Ich stelle mich jetzt an den Rand und fahre keinen Meter mehr weiter. Du musst sofort kommen!«

Es ist ein Notfall, ein *caso d'emergenza*, wie die Italiener sagen. Und nun möchte ich Antonia zeigen, dass ich mittlerweile genauso gut wie ein Italiener auf so einen Notfall reagieren kann. Ich bitte sie in sehr souveränem Ton, wie mir scheint, noch mal um die genauen Straßennamen. Dann rufe ich ein Radiotaxi und sage dem Fahrer, er solle sich beeilen, meine Frau stecke hochschwanger im Stau, womöglich sei das Baby gleich da. Er beeilt sich tatsächlich, und wie. Die Herausforderung scheint ihm Spaß zu machen, und so schlängelt er sich einem Slalomfahrer gleich durch den dichten Verkehr auf der Ringautobahn. Links überholen, rechts überholen, links, rechts, links, rechts. In dem Viertel angekommen, stoppen wir überfallartig an einem Kiosk, ich springe heraus und erwerbe einen neuen Großraum-Stadtplan von Rom. Kurz darauf sind wir bei Antonia angelangt. Sie hat den Kindern zwischendurch in einem nahen Laden Kaubonbons gekauft und sich selbst ein Eiskonfekt. Die drei stehen mampfend neben dem Auto und sehen eigentlich ganz vergnügt aus.

Fragend mustert der Fahrer Antonias flachen Bauch und dann Bernadette und Nicolas. Wie Neugeborene sehen die beiden nicht gerade aus. Ich gebe ihm ein üppiges Trinkgeld. Er schüttelt den Kopf und fährt gemächlich von dannen.

Gegen halb vier treffen wir schließlich in der *ludoteca* ein. Derartige Spielstätten sind oft in Pfarrheimen oder Gemeindehäusern untergebracht. In unserem Fall gehört die Spielothek zu einem sehr gepflegten kommerziellen Freizeitpark mit Bähnchen, Karussell und Wurfbude nebst Café und Trattoria. Die *ludoteca* besteht aus drei miteinander verbundenen Sälen, in denen an diesem Nachmittag mehrere Kindergeburtstage parallel gefeiert werden. Hinzu kommt, dass in unserem Saal gemeinsam mit Tiziana auch noch zwei weitere Freundinnen aus ihrer Kindergartengruppe feiern. Entsprechend groß ist der Menschenauflauf. Zusammen mit uns kommen noch ein ganzes Bataillon Eltern mit ihren Kindern an. Sie schleppen koffergroße, mit unzähligen Schleifen, Lollys und Glitzersternchen geschmückte Geschenkpakete mit sich. Stets sind die *mamme* dabei, und an diesem milden, sonnigen Samstagnachmittag auch so mancher *babbo*.

Wie sich zeigt, sind wir zwar für deutsche Verhältnisse eineinhalb Stunden zu spät gekommen, für italienische aber super pünktlich. Denn die Party geht gerade erst richtig los. Die Türen zu unserem Saal werden geöffnet, Discomusik dröhnt aus den Lautsprechern und alle stürmen in den mit Luftschlangen und

Luftballons geschmückten Raum. Am Rande sind Buffettische aufgebaut, auf denen sich Plastikschüsseln mit Chips, Salzstangen, *pizzette*, Erdnüssen, Schokoküssen, Popkorn, Marshmallows, Gummischlangen, Brausestäbchen, Coca-Cola-Dosen und anderen gesunden Dingen stapeln. Zwischendrin steht sogar ein Alibischälchen mit echten Tomaten. Die Kinder stürzen sich darauf wie Heuschrecken auf eine Oase der Sahara und verputzen in Windeseile alles, nur die Tomaten bleiben übrig. Doch die Angestellten der *ludoteca* schütten sofort neue Knabbereien und Süßigkeiten nach.

Nachdem der erste Hunger gestillt ist, kommt die Zeit für die Spiele, und bald übertönt eine schrille Mädchenstimme die Discomusik. Nun sehe ich auf einem Podium im Raum eine vielleicht 20 Jahre alte Studentin in leuchtenden Turnschuhen mit Blockabsatz, engen, zerrissenen Hüftjeans, bauchfreiem Top und einem kleinen Mützchen über den hochgesteckten Haaren herumspringen. Bauchnabel und Nase sind mehrfach gepierct, das Gesicht ist so grell geschminkt wie bei einem Clown. Sie trägt ein Headset, hopst auf und ab wie ein Jo-Jo und schlägt dabei ihre dicht beringten Hände mit den neonfarbenen Fingernägeln so rhythmisch wie ein Klatschaffe aneinander. »Alle *bambini* mal herkommen, nun geht es los. Heute wollen wir feiern, es geht los, es geht los! *Bam-bi-ni, Bam-bi-ni*, lasst uns hopsen, kreischen, feiern, *Bam-bi-ni, Bam-bi-ni*«, schreit sie im Turbotempo in ihr Mikrofon.

Offensichtlich hat eine Geistesgestörte den Kindergeburtstag gestürmt. Ich will gerade in den Raum rufen, ob ein Arzt anwesend sei, als mir eine italienische Mutter ins Ohr brüllt. »Das ist die *animatrice*! Toll macht sie das, was?«

»Ganz toll, wirklich klasse«, brülle ich zurück und schäme mich für meinen Opportunismus. In den folgenden Monaten lerne ich, dass in Italien eine *animatrice* zu einem Kindergeburtstag gehört wie ein Pfarrer in die Kirche. Für viele italienische Eltern ist es unvorstellbar, ihre Kleinen ohne professionelle Unterhaltungskünstler toben zu lassen oder gar selbst mit ihnen Spiele zu veranstalten. *Ci mancherebbe!* Nein, man bezahlt lieber viel Geld für eine Studentin, die so nebenbei Erfahrungen für eine künftige Karriere im Fernsehen als *stellina*, *velina* oder *valletta* – vulgo Showgirl – sammeln kann. Die *animatrice* hat die Aufgabe, die *bambini* einer Geburtstagsfeier im Rekordtempo in höchste Erregung zu versetzen und sie dann über mehrere Stunden in Ekstase zu halten, um sie schließlich, am Rande der Erschöpfung angelangt, wieder in Freiheit zu entlassen.

Die *bambini* werden mit Reizen überflutet und sollen sich auf Teufel komm raus amüsieren. Allmählich dämmert mir auch, warum mir diese Geburtstagsspektakel so seltsam vertraut vorkommen: Sie ähneln den allabendlichen Shows im italienischen Fernsehen und nicht zuletzt Sitzungen des Parlaments in Rom.

Um die Kinder zu unterhalten, werden, ähnlich wie auf dem Oktoberfest, immer wieder infantile Gassenhauer gespielt, die auf keiner Party fehlen dürfen. So startet die *animatrice* nun den Ohrwurm: »*Il coccodrillo come fa?*« Dabei müssen die Kinder mit Geräuschen und Gesten bestimmte Tiere wie eben das Krokodil nachmachen. Am meisten Spaß hat dabei allerdings die *animatrice*. Danach hängt sie einen mit Süßigkeiten gefüllten Ball aus Pappmaché an die Decke und verteilt Holzprügel an die Kinder. Die *bambini* schlagen damit so lange auf den Ball ein, bis dieser zerfetzt und die Lutscher, Gummibären und Überraschungseier zu Boden regnen. Das Chaos ist unbeschreiblich. Schön, dass es keine Toten gibt. Es folgen die wildesten Ringelreientänze, Luftballonzerklatschen, Gruppenbrüllen, Gesangswettbewerbe und so weiter und so fort. Die am Rande der Szene *prosecco* schlürfenden Eltern amüsieren sich königlich. In *compagnia* ist es halt am schönsten.

Nun ist nicht jeder *bambino* der Extremsituation Kindergeburtstag gewachsen. Einige, darunter unser Nicolas, verkrümeln sich nach etwa zwei Stunden Animation in eine ruhige Ecke und brummen dort ermattet mit Autos hin und her. Die Show aber muss weitergehen. Denn nun naht der erste Höhepunkt: das Auspacken der Geschenke. Die *animatrice* lässt die drei Geburtstagskinder auf Stühlen auf der Bühne Platz nehmen und zerrt dann mit Hilfe mehrerer kräftiger Väter drei blaue 180-Liter-Müllsäcke auf die Bühne. Darinnen stecken die Geschenke. »*Scartare, scar-ta-re*« – »aus-pa-cken«, skandiert die *animatrice* und fuchtelt dabei mit den Händen wie eine Laufente beim ersten Flugversuch. »*Scar-ta-re, scar-ta-re*«, brüllen jene *bambini* zurück, die noch bei Bewusstsein sind. Die verschwitzten Geburtstagskinder beginnen nun, das Geschenkpapier von den Schachteln zu rupfen. Die *animatrice* hebt jedes Stück hoch und schreit: »Dieses Geschenk ist von … Claudio (Alessio, Natascha, Nicolas). *Applauso! Applauso!*« Alle, die Eltern inbegriffen, klatschen und trampeln Beifall. Dann wird das Geschenk in die Ecke gepfeffert wie ein geleertes Wodkaglas in einer russischen Folklorekneipe, und das nächste Stück angepriesen.

Endlich, nach vier vergnüglichen Stunden, naht der zweite Höhepunkt: *la torta*. »*Applauso! Applausissimo!*« Unter Getöse tragen zwei Mütter ein rosa gefärbtes, mit brennenden Kerzen geschmücktes Biskuit-Sahne-Monster herein, das ausreichen würde, den Cholesterinspiegel einer ganzen Kompanie zu ruinieren. Alle singen »*Tanti auguri a te.*« Noch einmal gelingt es der *animatrice*, den müden *bambini* ein

bisschen Leben einzuhauchen und sie in die Torten-
schlacht zu hetzen. Im Nu ist das Wunderwerk zer-
mantscht. Die Kinder verschlingen ein paar Bissen, der
Rest wird weggeschmissen. Immerhin schaffe ich es,
ein Stück zu ergattern. Es schmeckt sehr gut. Und sehr
süß.

Doch damit ist die Party längst nicht vorbei. Nun
kommt der wirklich harte Teil, für mich zumindest.
Die *animatrice* studiert mit den Eltern eine Tanzeinla-
ge ein. Die Details habe ich verdrängt. Auf der
Heimfahrt verfahren wir uns dann wieder.

Nach diesem ersten Kindergeburtstag habe ich den
Verdacht, dass sich italienische *bambini* womöglich
nur mit Hilfe von Animateuren amüsieren können.
Doch ein paar Tage später erhalte ich die beruhigende
Nachricht: Sie können es auch allein. Mein deutscher
Freund Karl aus Orvieto ruft wieder einmal an. Wir
plaudern über dieses und jenes, und dann erzählt er
mir von seiner Einweihungsfeier in dem kleinen Haus,
das er sich vor kurzem mit seiner italienischen Lebens-
gefährtin gekauft hat. Karl liebt seit jeher Kaffee und
Kuchen, und so lud er eines Nachmittags viele italienische Freunde dazu ein, die alle ihre Kinder mitbrach-
ten. »Wir haben uns ins Wohnzimmer und in die Küche
gesetzt und geratscht«, erzählt Karl. »Für die Kinder
hatte ich oben im Schlafzimmer ein paar Spiel- und
Malsachen auf den Boden gestellt. Sie haben sich Teller mit Kuchen- und Tortenstücken genommen und
sind damit nach oben verschwunden.«

Eine Zeit lang verlief alles ruhig. Die Erwachsenen
plauderten, die Kinder spielten offenbar friedlich.
»Doch plötzlich gab es ein Riesengetrampel und Geschrei. Wir sind alle die Treppe hochgestürmt, und was
glaubst du, was sich da in unserem Schlafzimmer ab-
gespielt hat?« Karl macht eine dramatische Pause. »Da

sind die Kinder wie die Springteufel auf unserem na-
gelneuen Bett herumgehopst und haben eine Torten-
schlacht veranstaltet! Die Tagesdecke, Kissen und La-
ken waren mit Sahne, zermantschten Erdbeeren und
Schokoglasur verschmiert. Sogar an der Decke klebte
ein halber Schokokuss. Ich war sprachlos.«

Mir entfährt ein Kichern, als ich mir die Szene bildlich vorstelle. »Und was haben die Eltern gemacht?«,
frage ich.

»Das war das Beste. Sie haben in die Hände ge-
klatscht, mit den Fingern auf ihre Springteufel gedeu-
tet und gerufen: ›*Ma come si divertono i bambini!*‹ –
Was haben die Kinder für einen Spaß!«

Neunzehn

Während unseres Telefongesprächs frage ich Karl nach meinem Etrusker-Freund Angelo Neri. Doch er kann mir auch nicht mehr über ihn erzählen, als ich ohnehin schon weiß. Von dem alten *tombarolo* in Montefiascone hat er ebenfalls noch nie etwas gehört. Da es politisch eine ruhige Woche ist in Italien und auch der Papst im Vatikan stillhält, nehme ich mir vor, die Sache nicht länger vor mir herzuschieben und nach Montefiascone zu fahren. Vorher rufe ich die Nummer an, die mir der *capitano* der Kultur-*carabinieri* anvertraut hat.

Der Mann am anderen Ende der Leitung ist redselig und meint, wenn ich auf Empfehlung des *capitano* käme, sei ich ihm natürlich willkommen. Bereitwillig beschreibt er mir den Weg zu seinem Haus. Nach zwei Stunden Fahrt komme ich in Montefiascone an, einem Landstädtchen, das für seinen Wein namens *Est! Est!! Est!!!* bekannt ist – und dafür, dass sich ein Augsburger Prälat namens Johannes Fugger vor 900 Jahren daran zu Tode gesoffen hat. Am Ortsrand zweigt ein gepflegter, von Zypressen gesäumter Kiesweg ab, der zu einem sorgfältig renovierten kleinen Bauernhaus auf einer Anhöhe führt. Von hier oben habe ich einen glänzenden Blick auf die kreisrunde Wasserfläche des Lago di Bolsena, eines Vulkansees.

Ein kleiner grauhaariger Herr in Cordhosen und Flanellhemd macht mir auf. Er hat feine Gesichtszüge, ein Schnurrbärtchen und zierliche Hände und sieht so gar nicht aus, wie ich mir einen Grabräuber vorstelle. Er bittet mich in sein Wohnzimmer, das mit alten toskanischen Bauernmöbeln eingerichtet ist. In eine Wand ist ein Stück einer antiken Säule eingelassen, auf einer Vitrine stehen mehrere Figuren, Vasen und Schüsseln aus Terrakotta. Eine besonders hübsche Amphore zeigt in Rottönen auf schwarzem Grund einen Gott und eine Göttin, die sich auf einer Quadriga aus den Meeresfluten erheben.

»Alles garantiert echte Fälschungen«, sagt der Mann lachend. »Seit ich keine Etrusker-Kunst mehr ausgrabe, mache ich sie eben nach. Aber keine Sorge. Ich verkaufe die Stücke offen als Imitate, sogar mit einem entsprechenden Zertifikat.«

Mein *tombarolo* erzählt mir anschließend bei einem *caffè*, sein Vater habe ihn schon als *ragazzo* zu nächtlichen Grabungen mitgenommen. Später habe er es dann zu einer gewissen Berühmtheit unter den Grabräubern gebracht, Dutzende noch unversehrte Gräber entdeckt und viele etruskische Kunstwerke gefunden. »Ich hatte eine Nase für das, was da unter der Erde lag, in etwa wie ein Trüffelschwein.« Mit den Jahren habe er gelernt, die Zeichen in der Natur zu deuten. »Ich habe an der Form der Erderhebungen, an aufrecht stehenden Steinen und am Wuchs der Pflanzen oder der Farbe des Grases erkannt, ob sich darunter ein Grab verbarg.«

»Und dann?«, frage ich gespannt.

»Dann habe ich einen *spillone* genommen, einen langen, spitzen Eisenstab, und damit die Erde geprüft. Stieß ich auf den Deckel eines Grabes, so habe ich ihn vorsichtig durchstoßen und den Stab ins Innere gesteckt. An dem Staub, der an der Spitze hängenblieb, konnte ich mir ausmalen, welche Art von Keramik in dem Grab zu finden war oder ob es womöglich bereits geplündert war.«

»Und dann haben Sie es aufgebrochen?«

»Nicht so schnell. Zuerst einmal habe ich es markiert. In einer der folgenden Nächte, wenn es Neumond oder der Himmel von Wolken verhangen war, bin ich mit meinem Kameraden zurückgekommen, um einen Zugang zu graben und die Vasen und Schmuckstücke aus dem Grab zu holen. Es war eine schwierige Arbeit, denn wir haben kein Licht benutzt, um nicht auf uns aufmerksam zu machen. Wir waren stets in Furcht vor den *carabinieri*. Einer der Zwischenhändler, an die ich geliefert habe, hat mich schließlich verpfiffen.«

»Sie sind ins Gefängnis gekommen?«

»Neun Monate habe ich abgesessen. Dann bin ich begnadigt worden. Seitdem ist Schluss mit den Nächten als Trüffelschwein. Ich bin jetzt Künstler. Sehen Sie nur!«

Er zeigt mir einen Katalog mit seinen hervorragenden, aber sündteuren Nachbildungen. »Ich lebe ganz gut davon. Allerdings würde es mich manchmal schon noch jucken, wieder auszurücken.«

»Hatten Sie denn nie Skrupel, als Grabräuber zu arbeiten?«

»Wieso denn das? Ohne uns *tombaroli* würden die ganzen schönen Sachen in der Erde vergammeln. Und wenn sie die staatlichen Archäologen ausgraben, wandern sie in die Depots der Museen, die ohnehin schon überfüllt sind. Wir dagegen haben dafür gesorgt, dass viele Sammler in aller Welt sich an den alten Sachen erfreuen können.«

»So kann man das auch sehen.«

»So muss man das sehen.«

»Jedenfalls: Falls Sie irgendwann mal wieder losziehen, dann müssen Sie mich unbedingt mitnehmen«, sage ich halb im Scherz. »Kennen Sie übrigens einen Angelo Neri?«

»*Come no*? Wie könnte ich ihn nicht kennen? Jeder hier kennt ihn.«

»Was halten Sie von ihm?«, frage ich vorsichtig.

»Was soll ich von ihm halten? Er ist ein reicher Mann. Und er handelt manchmal mit sehr kostbarer etruskischer Kunst.«

»Woher hat er die?«

»*Boh!*« Der grauhaarige Mann zieht die Augenbrauen hoch und zuckt mit den Achseln. »Irgendwoher wird er sie schon haben.«

»Was können Sie mir über das Bundesheiligtum der Etrusker, Fanum Voltumnae, sagen?«

»Viele suchen hier danach. Es ist ein alter Mythos dieser Gegend.«

Als ich merke, dass aus dem *signore* nicht mehr herauszubekommen ist, bedanke ich mich und stehe auf.

»Grüßen Sie mir den *capitano*«, sagt er.

»Das mache ich gerne, wenn ich ihn wiedersehe.«

Diesmal bin ich es, der bei Angelo Neri anruft. »Ah, Sie sind es«, sagt er an seinem *cellulare*. »Ich wollte mich auch schon bei Ihnen melden. Haben Sie denn jetzt endlich mit Ihrer Zeitung wegen der Nachricht auf der Seite eins gesprochen?«, fragt er gewohnt forsch.

»Das mache ich erst, wenn ich Ihre Entdeckung gesehen habe«, antworte ich.

»Das wird leider noch ein wenig dauern«, erwidert er verdrossen. »Die Gegend ist zurzeit ein wenig unruhig. In der Nähe unserer Höhle sind Grabräuber am Werk und die *carabinieri* sind hinter ihnen her. Wir müssen vorsichtig sein. Aber sobald die Luft rein ist, rufe ich Sie an und wir fahren zur Höhle.«

Zwanzig

Ich bin nicht unglücklich, die Etrusker-Geschichte noch etwas zu schieben. Zum einen, weil mir das alles doch ziemlich suspekt ist und mir ein wenig vor diesem Höhlenbesuch graust. Zum anderen, weil ich auf einmal ziemlich viel zu tun habe. Zuletzt war es noch eher ruhig, doch nun naht Ostern, der Rom-Tourismus steuert auf seinen Jahreshöhepunkt zu und auch meine Zeitung kann von Geschichten über Italien gerade nicht genug bekommen.

Eines Nachmittags kurz vor Ostern kommt Antonia zu mir ins Arbeitszimmer und sagt: »Gerade war Filippo da und sagte mir, morgen Nachmittag komme der Priester.«

»Welcher Priester?«, frage ich. »Liegt jemand im Sterben?«

»Genau das habe ich ihn auch gefragt. Filippo meinte, es sei der Pfarrer unseres Viertels. Er komme immer in der Fastenzeit vorbei, um Wohnung und Esstisch zu segnen.«

»Das ist ja nett«, sage ich. »Aber du weißt, ich habe morgen einen Termin. Du bist ja da! Er freut sich sicher darüber, eine echte Protestantin in Rom zu segnen.«

»*Boh*«, sagt Antonia schon ganz römisch und schüttelt ihren bei Francesco frisch geföhnten Kopf. »Filippo meinte mit Nachdruck, es sei besser, wenn auch der *dottore* anwesend sei. Der Priester könne sich sonst missachtet fühlen.«

Das wollen wir natürlich nicht, *ci macherebbe*. Also verschiebe ich meinen Termin.

Am folgenden Nachmittag ziehen wir uns und die Kinder den Umständen entsprechend an und warten auf den Pfarrer. Doch als es klingelt, steht nur Filippo draußen. »*Si può?*«, fragt er und tritt ein, ohne auf eine Antwort zu warten. Wir kennen uns nun schon wirklich sehr gut. »Stellen Sie bitte eine Schale mit Wasser für das Segnen bereit«, sagt er mit Verschwörermiene. »Und bereiten Sie einen Umschlag mit etwas Geld vor. Das machen alle so im Palazzo.«

Ich hole also einen Briefumschlag und will zehn Euro hineinstecken, da tippt Filippo mir auf den Arm. »Das ist zu viel, *dottore*. Fünf Euro reichen völlig.« Er weiß es besser als wir und ich gehorche.

Der Gedanke, uns *signori stranieri* allein mit der geistigen Macht zu lassen, beunruhigt Filippo sichtlich. Womöglich gibt es irgendwelche grässlichen Missverständnisse und Peinlichkeiten, die dann auf den ganzen Palazzo zurückfallen. »Vielleicht wäre es nicht ganz ungünstig, wenn ich auch mit dabeibleiben könnte«, meint er daher. Natürlich kann er.

Endlich kommt der Priester, der aussieht wie einer der Mönche auf bayerischen Bierflaschen. Ein jovialer, kleiner, rundlicher Mann mit geröteten Backen, der sichtlich zufrieden mit sich und der Schöpfung ist. Wir plaudern kurz, dann macht er sich ans Werk. Er segnet erst das Wasser in der Schale und spritzt dann ein bisschen davon auf den Tisch und in alle vier Himmelsrichtungen. Danach beginnt er, mit Filippo auf Italienisch ein Ave Maria zu beten. Ich murmele auf Deutsch mit.

Just in diesem Augenblick bricht das Unglück über uns herein. Ich habe es schon die ganze Zeit über leise aus den Kinderzimmern kichern hören. Nun stürmen Bernadette und Nicolas in den *salone*. Sie haben die feinen Kleider, die wir ihnen angezogen hatten, wieder abgelegt und sich als Indianer geschminkt und verkleidet. Ein Gewehr und ein Tomahawk schwingend, rasen sie durch den Raum. Dabei schreien sie »*Forza Italia!, Forza Italia!*« Filippo wird leichenblass. Der Priester bekreuzigt sich reflexartig – dann lacht er. Er legt vier Marienbildchen auf unseren Tisch, nimmt den Umschlag und verabschiedet sich. Als Filippo im Jahr darauf den Priester erneut ankündigt, meint er, es sei womöglich besser, wenn die Kinder so lange zu Freunden gingen.

Kirche und Glauben, Pfarrer und Heilige spielen im Alltagsleben Italiens eine große Rolle, eine größere jedenfalls als in Deutschland. Weil die weltlichen Mächte im Lande so oft versagen, werden die geistigen umso dringender gebraucht. Das gilt ganz handfest in der Altenpflege, Krankenbetreuung oder Armenspeisung. Und es gilt metaphysisch. Laut einer Umfrage rufen 70 Prozent der Italiener Heilige um Hilfe an, wobei der stigmatisierte Kapuzinermönch Padre Pio klar vor dem Heiligen Antonius und der Madonna rangiert. Viele Menschen, vor allem Frauen und Süditaliener, tragen Heiligenbildchen mit sich herum oder haben sie in ihrem Haus, Geschäft oder Auto aufgehängt. In Rom entdecke ich auf Schritt und Tritt kleine Altäre und fromme Bilder an den Fassaden der Palazzi, die oft sehr alt und meist mit frischen Blumen geschmückt sind. Und auf Reisen im ganzen Land bewundern wir hier und da Prozessionen zu Ehren des jeweiligen Ortsheiligen, dessen Figur wie im Triumph durch die steilen Gassen getragen wird.

Von der Heiligenverehrung ist es nicht weit bis zu Wundern, die in Italien fast alltäglich sind. Nur ist der Wunderglaube manchmal schwer vom Aberglauben zu unterscheiden. Magier und Wunderheiler machen im Lande jedenfalls gute Geschäfte.

Federica erzählt uns etwa von einem Schwager, den eine große Warze geplagt habe. »Der Heiler, zu dem er gegangen ist, hat ein paarmal über der Warze in der Luft herumgefuchtelt und unverständliche Sprüche gemurmelt. Am nächsten Tag war die Warze verschwunden.« Filippo wiederum berichtet uns, er streue sofort Salz auf den Boden, wenn ein Gast bei ihm zu Hause von gefährlichen Krankheiten erzähle. Das Salz kehre er dann zusammen mit dem bösen Omen aus der Wohnung, sobald der Gast gegangen sei.

Am 10. August, in der Nacht des Heiligen Laurentius, zieht unser Hausmeisterehepaar immer mit einer Decke und einer Flasche Rotwein auf eine besonders dunkle Wiese in einem der Parks von Rom. Nein, nicht deswegen! Sie halten vielmehr nach Sternschnuppen Ausschau, um sich dann etwas zu wünschen. »Laurentiustränen« nennen sie die Sternschnuppen, nach einem Märtyrer, der am 10. August 258 auf einem glühenden Rost zu Tode gefoltert wurde. Seitdem weint am 10. August der Himmel. Filippo behauptet steif und fest, das mit den Wünschen funktioniere. »Würde ich denn sonst die halbe Nacht im Park verbringen?«

Freilich würde auch Filippo niemals so weit gehen, aus Aberglauben eine schwarze Katze zu meucheln. »Die Tiere können ja nichts dafür, dass sie Unglück bringen«, versichert er mir. »Aber neulich habe ich gelesen, dass jedes Jahr sechzigtausend schwarze Katzen erschlagen oder bei satanischen Riten hingerichtet werden. Das ist doch keine Lösung!« Besonders viele Tiere erwischt es an Halloween. Tierschützer haben den 17. November daher zum nationalen Schutztag der schwarzen Katze ausgerufen.

Eines Tages kurz nach Ostern, als ich morgens meine Zeitungen hole, ist der sonst so mürrische Verkäufer in der kleinen *edicola* an der Ecke außergewöhnlich aufgeräumt. *»Buongiorno, dottore«*, trötet er mir schon aus mehreren Metern Entfernung entgegen. »Was nehmen wir denn heute? Einen *Corrierino* und eine *Repubblichina?«* Übersetzt bedeutete das in etwa: »Einen netten kleinen *Corriere della Sera* und eine niedliche *Repubblica.«* Die beiden Blätter sind meine italienischen Lieblingszeitungen und fester Bestandteil der täglichen Morgenlektüre.

»Ihnen geht es aber heute gut!«, kann ich mir nicht verkneifen, dem sonst so muffeligen Alten zu sagen.

»Ma come no? – Wie auch nicht?«, erwidert er grinsend. »Spüren Sie denn nicht diesen warmen Lufthauch? Es ist nicht mehr Frühling und noch nicht Sommer, sozusagen die schönste Jahreszeit in Rom!«

Nun spüre auch ich es. Die Luft ist heute tatsächlich besonders weich und duftig, die Akazien am Straßenrand lassen ihre weißen Blütentrauben herabregnen und die jungen Römerinnen brausen schon wieder bauchfrei auf ihren Vespas vorbei. Auf dem Nachhauseweg treffe ich Ercole und Diletta, die gerade zum Einkaufen auf den Stadtteilmarkt ausrücken. *»Buongiorno, dottor Uuulrik«*, ruft mir der alte *padrone* zu. *»Che splendida giornata! –* Was für ein wunderbarer Tag! Genießen Sie es! Denn jetzt beginnt die schönste Zeit in Rom.«

Wir nehmen unseren *padrone* beim Wort. Für den nächsten Samstag verabreden wir uns mit Sergio, Paola und Ale, um wieder einmal nach Santa Severa zu fahren. Es ist ein Tag zum Junge-Helden-Zeugen, wie Antonia gerne sagt. Das Grün auf den Hügeln explodiert förmlich, der Himmel schüttet sein ganzes Blau herab und das Meer wogt so sanft an den Strand, als wolle es ihn liebkosen. Wir alle sind in Festtagslaune, als wir barfuß im Sand Richtung *castello* laufen. Wir haben die Ärmel unserer Hemden und die Jeans hochgekrempelt und laufen die Linie entlang, wo das Wasser endet und der Strand beginnt und der Sand nass und hart genug ist, um nicht einzusinken.

»Wisst ihr, dass Sergio und ich uns hier vor zwölf Jahren kennengelernt haben?«, sagt Paola plötzlich.

»Nein, das wussten wir nicht«, sagt Antonia. »Erzähl doch mal!«

»Na, das war so«, beginnt Paola. »Aber das soll euch besser Sergio erzählen.«

Unser Freund grinst breit. »Meine Eltern hatten immer den ganzen August über ein Ferienhaus in Santa Severa gemietet, weil das Familienhaus meines Großvaters in den Albaner Bergen im Sommer restlos überbelegt war. Deshalb haben meine Mutter, mein Bruder und ich den August stets in Santa Severa verbracht. Mein Vater arbeitete in Rom und stieß an den Wochenenden zu uns. Es war eine herrliche Zeit.«

Sergio blickt verträumt auf den langen, breiten Strand, der sich bis zum *castello* zieht. »Wir sprangen jeden Morgen aus den Betten, liefen über die Straße, damals war kaum Verkehr, und tobten erst einmal eine Stunde lang im Wasser. Dann liefen wir zurück in den Garten, setzten uns in den Halbschatten unter die dicke Palme und meine Mutter brachte uns heiße Milch mit einem Schuss Espresso darin und mit Vanillecreme gefüllte Hörnchen. Danach haben wir gelesen, sind mit dem Fahrrad herumgefahren oder haben am Strand mit den anderen *ragazzi* Fußball gespielt.« Oft seien auch Freunde und Verwandte vorbeigekommen und abends sei in den Gärten gemeinsam gegrillt worden. »Dann habe ich mir mein Schnitzel und meine Limonade in einen alten Feigenbaum hinaufreichen lassen und mich wie ein Pirat auf einer Schatzinsel gefühlt.«

Völlig sorglos und wild seien diese langen Wochen gewesen, erzählt Sergio. »Das war wie unser zweites, unser wahres Leben.« Denn unterm Jahr seien sie mit den langen Schultagen, den Hausaufgaben und all der durchorganisierten spärlichen Freizeit vom Schwimmkurs über das Fußballspielen bis zur Klavierstunde eigentlich nie wirklich frei gewesen. »Doch dann kamen die großen Ferien!«, Sergio schnalzt mit der Zunge. »Das war, wie wenn die Wolken nach mehreren Regentagen aufreißen und der Himmel plötzlich wieder blau ist.«

Wir laufen an drei Fischern vorbei, die ihre langen Brandungsangeln in den Sand gesteckt haben. Die Schnüre mit den Haken und Würmern, Larven oder Muschelstücken am Ende ziehen sich weit hinaus ins flache Meer, wo die Plattfische im Sand lauern. Die Fischer treffen wir jedes Mal, wenn wir nach Santa Severa kommen. Es sind keineswegs nur alte Männer, im Gegenteil. Auch viele *ragazzi* scheinen jeden freien Tag mit ihren Angeln am Strand zu verbringen und manche haben sogar ihre *fidanzata* mitgebracht.

Nicolas saust aufgeregt zwischen den Wassereimern hin und her, die neben den Klappstühlen der Angler stehen, und sieht nach, was darin ist. Meistens kommt er enttäuscht zurück. »Die haben ja kaum etwas gefangen.«

Ich versuche ihm zu erklären, dass es gar nicht so sehr darum gehe. Die Männer hätten einfach Vergnügen daran, mit ihren Freunden am Strand zu sitzen, den Wind auf dem Gesicht zu spüren und in die Wellen zu blicken. »Wenn dann auch noch ein Fisch anbeißt, umso besser. Wenn nicht, dann ist das für sie trotzdem ein schöner Tag. Der Weg ist das Ziel, verstehst du?«

»Nein«, sagt Nicolas dann jedes Mal voller Verachtung. »Wenn ich angele, dann will ich auch Fische fangen.«

Im Vorbeigehen werfen wir einen Blick in einen der Eimer. Eine kleine Seezunge liegt darin. »Ach ja, und das Fischen!«, schwelgt Sergio weiter in seinen Erinnerungen. »Stundenlang sind wir mit unseren Netzen zwischen den Felsen im Wasser vor dem *castello* herumgeturnt, um Krabben und Taschenkrebse zu fangen.« Seine Mutter habe dann *sugo* daraus gemacht. Als sie größer waren, seien sie mit Schnorchel, Taucherbrille und Harpunen losgezogen, um Fische zu schießen und Kraken aus ihren Löchern zu holen. »Und als wir dann noch größer wurden, haben wir nach *ragazze* gefischt«, lacht Sergio.

Er deutet auf die erste Häuserzeile hinter dem Strand. »Das weiße Haus da drüben mit der Palme im Garten und dem kleinen Türmchen haben wir immer gemietet«, sagt er. »Mein Bruder und ich haben uns an den frühen Sommerabenden darin verschanzt. Wir hatten Feldstecher dabei und haben systematisch die Uferpromenade abgesucht.«

»Aber da waren doch gar keine Fische«, meint Nicolas, der uns kurz zugehört hat.

»O nein, diesmal haben wir nach Mädchen gesucht«, erklärt ihm Sergio.

»Warum denn das?«, ruft Nicolas verblüfft, um im nächsten Moment wieder mit Bernadette und Ale davonzurasen.

Doch Sergio und sein Bruder, diese beiden verwöhnten Jungen aus der reichen römischen Bourgoisie, suchten keineswegs irgendwelche *ragazze*. »Wir haben uns nur für die Ausländerinnen aus dem Norden interessiert, vor allem Deutsche und Däninnen. Wenn wir welche entdeckten, setzten wir schnell unsere Sonnenbrillen auf, liefen hinunter zum *lungomare* und bummelten den Mädchen dann wie zufällig über den Weg. Im Vorbeigehen rempelten wir sie scheinbar versehentlich an, entschuldigten uns formvollendet mit unserem Schulenglisch und luden sie zum Ausgleich zu einem Eis oder auf einen Campari ein.«

»Und das hat funktioniert?«, will ich wissen.

»Zugegeben nicht immer. Eher selten. Aber manchmal doch.«

»Und dann?«

»Danach haben wir uns vor dieses Café da gesetzt, das es immer noch gibt, und wilde Geschichten erfunden. Oft haben wir uns als zwei Prinzen aus uraltem römischen Hochadel ausgegeben. Wir sagten, unsere Motoryacht würde gerade aufwendig umgebaut. Deswegen säßen wir für ein paar Tage hier unter all diesen gewöhnlichen Leuten fest.«

»Das haben die euch abgenommen?«

»Ich weiß nicht so recht. Jedenfalls sind wir dann meistens an die Seeseite des *castello* gegangen, das damals noch eine Ruine war. Wir setzten uns in eine Wandnische und betrachteten den Sonnenuntergang. Und dann …«

»Das brauchen wir jetzt nicht weiter zu vertiefen«, fällt ihm Paola ins Wort. »Erzähl lieber, wie du mich kennengelernt hast!«

»Na gut. Eines Tages, wir waren bereits Studenten, sahen wir in unseren Feldstechern zwei Mädchen mit rotblonden Haaren und hellem Teint, die wir noch nie hier gesehen hatten. ›Das sind sicher *tedesche*‹, rief ich meinem Bruder zu und wir sausten los.« Es folgte die Masche mit dem Rempler und der Einladung ins Café.

»Dort merkten wir entsetzt, dass die beiden Mädchen aus Sizilien stammten. Doch sie gefielen uns trotzdem. Da sie sehr gebildet wirkten, fingen wir an, über Philosophie zu dozieren. So blamiert wie damals haben wir uns selten!«

Sergio konnte ja nicht ahnen, dass Paola eine sehr begabte junge Philosophiestudentin und an der Universität Catania eingeschrieben war. »Sie stellte uns mit ein paar Fragen zu Kant und Hegel bloß. Und dann saßen wir mit offenem Mund da und hörten Paolas

Vorlesung über Platon bis Hegel zu. Danach fragte sie, ob wir uns zusammen den Sonnenuntergang ansehen wollten. Seitdem bin ich in dieser Beziehung nie mehr aus der Defensive gekommen!«

»Vielleicht ist das ja das Geheimnis unseres Erfolges«, sagt Paola spitz. Tatsächlich wirkt die Beziehung der beiden glücklicher als die von so manch anderem Paar in unserem Palazzo. So hat Sergios Großvater, unser Vermieter und Palazzo-Patriarch, einen seiner Söhne verstoßen, weil der es einfach zu bunt getrieben und seine Frau allzu dreist bloßgestellt hatte. Bis heute wohnt dieser Onkel, er ist inzwischen Anfang 60, nicht im Haus der Großfamilie in Prati. Doch er kommt manchmal mit seinem blank polierten Alfa Spider zu Besuch, das gefärbte Haar gegelt, eine Goldkette um den Hals und eine *velina* an der Seite. Das alles passt dem Patriarchen überhaupt nicht. Nicht, dass er sich sein Leben lang grundsätzlich und mit letzter Konsequenz gegen Seitensprünge gesperrt hätte. Aber wenn schon, so versuchte er seine Söhne zu lehren, dann müssten sie dezent und stilvoll erfolgen. Seine Frau Diletta akzeptierte es offenbar, wie so viele Ehefrauen ihrer Generation, mit dieser Regel zu leben. Sie begnügte sich mit ihrer Rolle als Herrscherin über das Haus und mit dem Schein einer funktionierenden Ehe.

Zwei Generationen später gestaltet sich die Sache deutlich komplizierter. Vom Piemont bis nach Sizilien sind die jungen Italienerinnen nicht mehr gewillt, sich klaglos in die alten Rollen zu fügen. Unsere Freundin Anna etwa, Sergios Cousine, hat ihren Mann regelrecht aus dem Haus gejagt. »Am Anfang lief alles bestens«, erzählt sie uns einmal verbittert. »Wir waren sehr verliebt, gingen viel aus, ich war für ihn die schicke *fidanzata*. Doch als wir dann unsere Tochter Sara bekamen, änderte sich alles.«

Während sie zu Hause blieb, um sich um Sara zu

kümmern, habe ihr Mann sein altes Junggesellenleben wieder aufgenommen. »Er kam heim, wann er wollte, und natürlich merkte ich, dass er auch Freundinnen hatte. Doch was mich am meisten ärgerte: Er fand das völlig okay. Er verdiene schließlich das Geld für uns alle. Da dürfe er sich doch auch mal ein bisschen amüsieren, was sei denn da schon dabei. Schließlich habe sein Vater das auch so gemacht.«

Da habe sie aber wirklich Pech gehabt, versuchen wir Anna zu bemitleiden. Doch sie schüttelt den Kopf: »Was heißt hier Pech! 80 Prozent der italienischen Männer sind bis heute so. Sie erwarten von ihren Frauen, dass sie ihre Kinder anständig großziehen und ihnen auch sonst alle Freiheiten lassen.«

Nun, mit Sergio und Paola am Strand, diskutieren wir lange darüber, ob 80 Prozent nicht viel zu hoch gegriffen seien. Paola meint nein, ich meine doch und führe einige Beispiele von guten Beziehungen aus unserem Freundeskreis in Rom auf. Doch wie es wirklich steht um die Ehen im Lande der *Casanove* und *Don Giovanni*, der *Gigoli* und *Papagalli*, das können wir nicht ergründen.

Selbst die professionellen Meinungsforscher tun sich da schwer, obwohl sie sich mit Hingabe der *scappatella*, dem Seitensprung, widmen – streng beruflich selbstverständlich. Die Umfrageergebnisse stiften allerdings mehr Verwirrung, als Klarheit zu schaffen. So kam ein Meinungsforscher vor einigen Jahren zu dem präzisen Ergebnis, exakt 67,3 Prozent der italienischen Männer betrögen ihre Frauen. Sie hätten dabei zumeist kein schlechtes Gewissen, denn der Ehebruch liege nun mal in ihrer Natur und über seine Erbanlagen könne man nicht gebieten. Ein männlicher Erbmangel an Moral? Keineswegs. Denn bald darauf ergab eine andere Erhebung: 69 Prozent der Italienerinnen finden Ehebruch völlig in Ordnung, insbesondere – was wiederum eine weitere Erhebung belegt – in einem verlassenen Leuchtturm. Drei Motive für Seitensprünge führten die *signore* am häufigsten an: Der Gatte sei ungepflegt, ein Langweiler oder – diesmal im wörtlichen Sinne – ein Schnarcher.

Das grundseriöse Institut Censis befand dagegen, da werde viel Lärm um nichts gemacht. So seien Italiens Männer – welch nationale Schande! – gar keine Machos und nur jeder Vierte gehe fremd. Die Frauen dagegen blieben sogar zu fast 90 Prozent treu. Zahlen, die streng genommen nicht recht zusammenpassen.

Wie dem auch sei: Das Thema Seitensprung beschäftigt Italien jedenfalls deutlich mehr als andere Länder. Hingebungs- und liebevoll bis ins Detail berichten selbst die seriösen Zeitungen und Fernsehsender von den *scappatelle* der Prominenz aus Film, Fußball, Show, Wirtschaft und Politik. Immer wieder landen Seitenspringer mitten in einer Staatsaffäre. Etwa als ein Senator, ein strammer Christdemokrat und Familienvater, dabei überrascht wurde, wie er in einer römischen Luxussuite eine Orgie mit Prostituierten und Kokain feierte.

Die glamouröseste Geschichte aber lieferte wieder einmal der reichste Bürger des Landes, der dreifache Expremier und mehrfache Großvater Silvio Berlusconi, den sie in Italien den *cavaliere* nennen. Dieser Kavalier gleite bisweilen in die Rolle des *casanova* ab, argwöhnte seine 20 Jahre jüngere zweite Ehefrau, die Schauspielerin Veronica Lario. Deswegen schrieb die *signora* ihrem Gockelgatten einen Brief, und zwar auf Seite eins der großen nationalen Tageszeitung *La Repubblica*. Dort erfuhren die verblüfften Italiener beim morgendlichen Espresso an der Bar: Veronica hat die Techtelmechtel ihres Silvio und seine schamlos-charmanten Avancen gegenüber blutjungen Fernsehfeen und Filmsternchen gehörig satt. Sie habe Streitigkeiten in ihrer Ehe stets vermieden, so schrieb Veronica auf Seite eins. Doch nun habe sie keine andere Wahl mehr. Denn »ein derartiges Verhalten hat eine einzige Grenze – meine Würde als Frau«.

Der sprunghafte Silvio reagierte stante pede. Ebenfalls öffentlich versicherte er Veronica seiner Ergebenheit, wenn auch nicht unbedingt seiner Treue. »Ich schütze deine Würde wie einen Schatz, auch wenn meinem Mund ein gedankenloser Scherz, eine galante Anspielung oder eine flüchtige Bagatelle entweicht«, säuselte der *cavaliere*.

Ähnliche Szenen einer Ehe spielen sich in etlichen italienischen Familien ab, so auch in unserem Palazzo – wenngleich nicht unbedingt auf Seite eins der *La Repubblica*.

Während solch weitschweifiger Gedanken und Gespräche verfliegt der Vormittag mit Sergio und Paola in Santa Severa im Nu. Zum Glück hat Il Saraceno, unsere Lieblingsstrandbar, bereits wieder geöffnet, denn es ist ja schon nach Ostern. Das Häuschen ist frisch gekalkt, die Schirme sind geflickt und der Strand ist bis zur letzten Zigarettenkippe gesäubert. Vor allem aber: Die Besitzer, Herr und Frau Gualdini, sind bestens erholt und tatendurstig aus der Winterpause zurückgekommen. Die nächsten Monate werden sie nun wieder fast rund um die Uhr den Gästen eine *dolce vita* bereiten. Wir werden inzwischen bereits wie Stammgäste begrüßt und dürfen an einem schönen Ecktisch auf der Holzterrasse Platz nehmen. Es ist wieder einmal Zeit für *spaghetti alle vongole*.

Am Nachmittag bummeln wir dann traditionsgemäß vor zum *castello*. In einem der Innenhöfe des alten *borgo* entdecken wir in einem uralten Häuschen ein kleines geologisches Museum, das uns bisher entgangen ist. Ein freundlicher alter Herr im weißen Schutzkittel, der sich uns als Luca vorstellt, veranstaltet mit uns eine kleine Führung. Er sei früher Chemiker und Geologe gewesen und vertreibe sich jetzt als Pensionär die Langeweile mit diesem Museum, sagt er. Er zeigt uns allerlei Mineralien und Versteinerungen aus der Gegend und verzückt die Kinder mit chemischen Experimenten, bei denen bunter Sand zu dampfen und brodeln anfängt, Steine die Farbe wechseln und Kristalle entstehen. »Wenn ich groß bin, will ich auch Zauberer werden«, meint Nicolas, der völlig gebannt zusieht.

Da wir gerade die einzigen Besucher sind, kommen wir mit Luca ins Gespräch, woraufhin er uns so nebenbei, mit Bunsenbrenner und Reagenzglas hantierend, seine Lebensgeschichte erzählt. Wieder einmal bin ich verblüfft, ja geradezu fassungslos, in welchem Elend viele Italiener noch vor einem halben Jahrhundert lebten und was für einen Entwicklungssprung das Land seitdem gemacht hat.

»Meine Eltern sind in diesem *castello* aufgewachsen«, beginnt Luca seine Erzählung, die wie eine Saga aus versunkenen Zeiten klingt. »Damals war es noch ein schrecklicher Ort. Die Mauern waren verfallen, der Regen rann zwischen den Dachziegeln hindurch und die Ratten nisteten zwischen den morschen Dielen. Die Burg war der einzige Ort weit und breit, denn Santa Severa existierte noch nicht. Rundherum erstreckten sich riesige Sümpfe. Und die Menschen im *castello* starben wie die Fliegen an Malaria und Hunger.«

Atemlos hören wir ihm alle zu, auch die Kinder. Denn wir spüren, da ist nichts erfunden oder aufgebauscht. Wir blicken aus dem Fenster in den stillen Hof des *borgo* und es ist uns, als wären wir mit einer Zeitmaschine in die erste Hälfte des letzten Jahrhunderts zurückgereist. »Die Menschen, die hier im *cas-*

tello und seinem *borgo* gehaust haben, waren alles Bauern und Bergarbeiter«, erzählt Luca weiter. »Sie haben hart gearbeitet und sind früh gestorben.«

In diese Misere wurde Luca im letzten Kriegsjahr 1945 geboren. Die Mutter bekam die Zwillinge im siebten Monat und die beiden Jungen waren so klein, dass die Eltern sie in einen Schuhkarton legten. »Sie haben uns mit der Pipette durchgefüttert, wie zwei Vögelchen.«

Die Eltern arbeiteten in einer Kaolinmine in den Bergen hinter den Sümpfen. Die Mine lieferte ein feines weißes Gestein für die Porzellan- und Papierherstellung. Die Minenbesitzer ließen große Gesteinsbrocken aus den Bergen heraussprengen, die dann von den Männern und Frauen des Bergwerks mit Spaten und Pickeln kleingeschlagen, in Schubkarren herausgefahren und in Reinigungswannen geworfen wurden. Es war eine brutale Arbeit in brutaler Armut.

»Die Minenarbeiter haben sich zu zweit ein paar Schuhe geteilt und immer nur den einen zum Arbeiten mit dem Spaten benutzt. Sonst sind sie barfuß gelaufen«, sagt Luca. Ein Schatten legt sich über sein freundliches Gesicht. Dann sagt er wie beiläufig: »Meine Mutter ist früh an einer Staublunge gestorben.«

Seltsamerweise waren unter den Menschen im *castello* keine Fischer. Das Meer machte ihnen Angst. Luca und seine Freunde dagegen füllten als *ragazzi* Konservenbüchsen mit Dynamitresten aus der Mine und legten eine primitive Lunte. Sie zündeten sie an und warfen sie ins Meer. Wenn es gut ging, explodierte die Bombe. Den Fischen zerriss es die Schwimmblase, sie trieben tot an die Oberfläche und die Jungen konnten sie einsammeln. Es war ein willkommenes, nein, ein lebensnotwendiges Zubrot für ihre Familien.

Zu jener Zeit hatte sich schon einiges verändert im Umfeld des *castello*. Unter dem faschistischen Diktator Benito Mussolini waren die Sümpfe trockengelegt worden. Die Malaria wurde so allmählich besiegt, auch wenn sie noch bis in die fünfziger Jahre hinein vorkam. Mussolini ließ zudem für seine Parteibonzen und höheren Beamten eine Feriensiedlung nahe dem *castello* errichten – das heutige Santa Severa. Lucas Vater fand damals, als die Villen gebaut wurden, eine zusätzliche Arbeit als Zimmermann. So brachte er schließlich das Geld auf, seine beiden Söhne in Rom studieren zu lassen. Wie ganz Italien schaffte auch Lucas Familie den großen Sprung nach vorne.

»Immer dann, wenn mein Vater den Eindruck hatte, wir studierten nicht fleißig genug, schickte er uns ein Schwarzweißbild von unseren Eltern in der Mine.« Einige der Fotos sind heute in Lucas Museum zu sehen.

Lucas große Liebe zu den Steinen kommt daher, dass ihm die Kumpel des Vaters immer ihre schönsten Fundstücke schenkten, wenn er dem Vater die Brotzeit in den Stollen brachte. Er schaffte sein Examen in Geologie und fand Arbeit in einer großen Firma. »Doch da habe ich nicht lange durchgehalten, weil ich zu rebellisch war, um mich unterzuordnen.« Also nutzte Luca den zunehmenden Tourismus. Er pachtete eine Badeanstalt in Santa Severa und behielt sie 20 Jahre lang.

Im Alter ist er nun in seinem Museum zu den Steinen der Eltern zurückgekehrt.

Die schlichte Geschichte von Luca beeindruckt uns alle. Sergio, der in ganz anderen Verhältnissen aufgewachsen ist, meint nachdenklich: »Vielleicht verstehe ich meine Landsleute nun besser. Dieser Drang nach unbeschwerten Vergnügungen, diese Manie, jeden Meter mit dem Auto zu fahren, diese Begeisterung für Handys, Gameboys und sonstigen modischen Schnickschnack. Hinter all dem steckt immer noch die Angst vor der Malaria, vor dem Hunger und dem schäbigen Leben auf der nackten Erde.«

Einundzwanzig

Als Rom-Korrespondent muss man sich um zwei sehr unterschiedliche Länder kümmern: zum einen um das turbulente Italien, zum anderen um den geheimnisvollen Vatikan. Trutzige, hohe Mauern aus Backstein und schwere Eisentore schützen den Kirchenstaat und für einen Neuling ist es ziemlich schwer, sie zu überwinden. Es dauert oft Monate oder gar Jahre, bis man das Vertrauen der *monsignori* gewinnt und hinter die Mauern blicken kann. Deswegen sind viele *vaticanisti*, wie die Vatikanjournalisten in Italien genannt werden, über Jahrzehnte an Ort und Stelle im Dienst. Erfahrung zahlt sich nun mal aus, das gilt besonders für den Kirchenstaat.

Journalisten haben ihre Rituale, wie jede andere Berufsgruppe auch. Amerika-Reporter zählen, wie viele Präsidenten sie gewählt haben. Nahostexperten führen an, wie viele Kriege sie beschrieben haben. Alte Afrika-Korrespondenten brauchen mindestens vier Hände, um die Zahl der miterlebten Putsche an ihren Fingern abzuzählen. *Vaticanisti* dagegen prunken mit ihren Papstreisen. Jedes Mal, wenn sie im Flugzeug des Pontifex sitzen, ritzen sie eine weitere Kerbe in den Schaft ihrer Flinte – symbolisch gesehen.

»Wie oft sind Sie denn schon mitgeflogen?«, fragen die Alten die etwas weniger Alten mit diabolischem Grinsen. »Was? Erst sieben Mal! Warum boykottiert man Sie denn im Vatikan?« Sind die Alten aber mal unter sich, dann lästern sie über das unpersönliche Reisen in modernen Zeiten und schwärmen davon, wie schön es einst war, als sie noch zu Fuß mit dem Apostel Paulus unterwegs waren.

Der erste Papstflug ist dennoch so etwas wie der Ritterschlag für den Vatikankorrespondenten, und der lässt gerne mal auf sich warten. Denn um die paar Dutzend Plätze, die der Pontifex in seiner Maschine zu vergeben hat, drängen sich zahllose Journalisten aus aller Welt. Allein die Akkreditierungsversuche schlucken eine Unmenge Zeit, schließlich folgt der Vatikan italienischer Verwaltungskultur – veredelt mit 2000 Jahren Kirchenbürokratie.

Mein erster Versuch, mit Benedikt XVI. zu fliegen, ist zum Scheitern verurteilt, denn ich gelange nicht auf die Liste der glücklichen Zugelassenen. Beim zweiten Mal habe ich größere Hoffnung, denn es geht in ein europäisches Land und ich arbeite schließlich für eine große Tageszeitung Europas. Etwa zwei Monate vor dem geplanten Abflug muss ich meine Akkreditierungsunterlagen bei der *Sala Stampa della Santa Sede* – dem »Presseamt des Heiligen Stuhls« – einreichen. Dazu brauche ich unter anderem eine Bestätigung meines Chefredakteurs, dass ich als Journalist überhaupt etwas tauge und damit beauftragt bin, über den Papst zu schreiben. Außerdem muss mein Chef versichern, er habe mich dazu verdonnert, »die ethischen Normen des journalistischen Berufs einzuhalten«. Wer weiß, was ich sonst alles anstellen würde! Ich selber verpflichte mich, die Bedingungen für den Papstflug einzuhalten, was insbesondere bedeutet, die teuren Flugtickets und das luxuriöse Hotelzimmer, das der Vatikan für mich aussuchen wird, zu bezahlen. Da wird mir klar: Papstflieger sind keine Billigflieger.

Nun heißt es warten und beten. Schließlich erfahre ich von einem Kollegen, die Liste mit den Papstfliegern sei inzwischen in der *sala stampa* einsehbar. Ich hechte zu Fuß durch halb Prati bis in die Via della Conciliazione, wo die *sala stampa* ihren Sitz hat. Da, an einer schlichten Pinwand, hängt die Liste mit den Namen der 68 Hauptgewinner. Ich unterdrücke einen Jubelschrei, um die hier in kleinen Kabinen arbeitenden *vaticanisti* nicht zu verschrecken. Unter Nummer 62 steht tatsächlich: »Ulrich, Stefan – Süddeutsche Zeitung«.

Eine Ordensschwester des Akkreditierungsbüros beglückwünscht mich, es gibt Blumen, Champagner und einen Tusch, na ja, beinahe jedenfalls, und dann wird mir ein zehn DIN-A4-Seiten dickes, eng beschriebenes Konvolut ausgehändigt. »Logistische Dokumentation für die zum Papstflug zugelassenen Journalisten«, prangt darüber. Darin steht unter Punkt 10. 9., ich solle in Anwesenheit des Papstes anständig gekleidet sein. Bei Journalisten weiß man ja nie.

Ein paar Tage vor dem Abflug darf ich in der Via della Conciliazione meine Akkreditierungskarte abholen. Nachdem ich eine halbe Stunde in der Schlange angestanden bin, hängt mir ein freundlicher Diener des Papstes eine Metallkette mit einer durchsichtigen Plastiktasche um den Hals. Er erklärt mir geduldig, an diese Kette und in diese Tasche hätte ich meine allgemeine Akkreditierungskarte als Journalist beim Vatikan, die Akkreditierungskarte für den Papstflug, die Akkreditierungskarten für die einzelnen Papstveranstaltungen im Reiseland sowie weitere notwendige örtliche Karten zu stecken. Während der Reise werde ich so viele bunte Kärtchen an mir hängen haben, dass ich aussehe wie ein preisgekrönter Pfingstochse.

Mächtig stolz auf meine erste Zulassung zu einem Papstflug und erstaunt, wie unproblematisch letztendlich alles vonstatten gegangen ist, will ich mich von dannen machen. Genau in diesem Moment schlägt sie zu, die vatikanische Bürokratie, und schickt mich auf eine Schnitzeljagd durch Rom. Die »logistische Dokumentation« klärt mich auf, ich hätte mich nun ins ferne Bahnhofsviertel zu einem Sonderschalter der italienischen Airline Alitalia zu begeben, um das dort auf meinen Namen hinterlegte Hinflugticket zu erwerben. Eine halbe Stunde Stadtverkehr später bin ich im Alitalia-Büro, stehe wieder in der Schlange der *vaticanisti* an und halte schließlich mein Ticket in der Hand. Nun haste ich – wegen des Verkehrschaos diesmal zu Fuß – zurück zu einem Pilgerbüro in der Nähe des Petersplatzes, wo ich in der Schlange der *vaticanisti* darauf warte, das Rückflugticket zu erwerben. Denn dafür ist bei Papstflügen traditionell nicht die Alitalia, sondern die nationale Airline des Gastlandes zuständig.

Nun ist es vollbracht? Keineswegs. Als Nächstes geht es, ebenfalls zu Fuß, zum Sender Radio Vatikan. Dort hetze ich, den anderen *vaticanisti* auf den Fersen, die Stufen in ein oberes Stockwerk hoch, um schließlich mit einem dankbaren Röcheln ein Programmheft der Papstreise in Empfang zu nehmen. Fix und fertig und mit Blasen an den Füßen komme ich viele Stunden nach meinem Aufbruch wieder in unserem Palazzo an.

Ich danke Papst Benedikt, dass er mir diese Übung in Geduld und Demut ermöglicht hat. Dann werfe ich mich aufs Bett und schaue neugierig in den mitgebrachten Reiseplan, der die Überschrift »Arbeitsprogramm für die Journalisten« trägt. Es folgen elf Seiten – für eine dreitägige Reise. Offensichtlich war hier der preußische Generalstab am Werk, denn auf die Minute genau sind alle meine Bewegungen in den kommenden Tagen vorausgeplant. Am meisten erschreckt mich das Programm des mittleren Tages, ein Samstag. Es beginnt mit: »05.00 Uhr: Verteilung der Papstreden im Büro des Presseamtes des Heiligen Stuhls im Hotel,

Zimmer 336.« Und es endet mit: »21.15 Uhr: Heilige Messe für die Journalisten in Zimmer 336.«

Erwartungsfroh und doch beklommen fahre ich dann an besagtem Freitag im Morgengrauen hinaus zum Flughafen Ciampino am südlichen Stadtrand. Sofort finde ich die Gruppe der Papstflieger. Die *vaticanisti* in ihren dunklen Dreiteilern sehen in der Masse der Touristen aus wie Raben in einem Schwarm Papageien. Um halb sieben beginnt unser Check-in, schließlich soll es schon um halb zehn losgehen. Wir werden in einen Zubringerbus gequetscht und aufs Rollfeld gefahren. Aus Erzählungen von Kollegen weiß ich, dass Tempo von nun an alles ist. Denn im Papstflugzeug werden für die schreibenden Journalisten keine Plätze reserviert. Wer etwas sehen will vom Heiligen Vater, der muss sich sputen.

Den Weltmeistertitel in diesem Papstsprint trägt ein deutscher *vaticanista*, also halte ich mich mal unauffällig in seiner Nähe. Ich bemerke, wie er sich während der kurzen Fahrt neben der vorderen Bustüre platziert. Als wir an der Maschine ankommen, krallt er seine Computertasche fest an die Brust. Sobald die Tür aufgeht, ballt er die Fäuste und ruft wie zu sich selbst: »Jetzt geht's los.« Dann hechtet er aus dem Bus, rast mit flatternden Sakkoschößen über das Rollfeld und springt die Gangway hoch. Hinter ihm läuft und rempelt und stolpert die ehrenwerte Schar der anderen *vaticanisti.* Das Gedränge am Flugzeugeingang ist schlimmer als das Treiben am Faschingsdienstag in einer Alpengondel. Ich ergattere den respektablen Sitzplatz Nummer 26 D des Airbus A 321 der Alitalia. Im ersten Moment klingt das nach relativ weit hinten, ist es aber nicht. Denn ich sitze immerhin in der dritten Reihe der schreibenden Kollegen.

Man kann sich so ein Papstflugzeug in etwa wie eine

mehrstufige Rakete vorstellen. An der Spitze thront –
nein, nicht der Papst, sondern der Pilot. Dahinter
kommt dann der Pontifex mit seinen engsten Beratern.
Es folgt eine Pufferzone aus Kardinälen und sonstigen
monsignori, die durch einen dicken Plastikvorhang
von der Bagage auf den billigen Plätzen abgetrennt
sind. Dort wiederum lauern in den ersten Reihen die
Kameramänner und Fotografen darauf, Benedikt XVI.
vor die Linse zu bekommen. Und dann, erst dann, folgen die vielen Reihen mit den schreibenden Journalisten.

Nachdem sich der erste Tumult gelegt hat, kann ich
mich ein wenig umsehen. Das Flugzeug ist mit einem
neuen blaugrünen Teppich ausgelegt. Von den Bild-
schirmen über den Sitzreihen leuchtet das Wappen Benedikts XVI. mit der goldenen Muschel, dem gesattel-
ten Bären und dem Freisinger Mohrenkopf. Auch von
den weißen Tüchern, die über den Kopfstützen hängen,
prangt das Papstwappen. Außerdem schimmert es
noch von dem schmalen, halbhohen, auf edlem Glanz-
papier gedruckten Heft, das wir nun von einem Steward gereicht bekommen. Ich hoffe, es ist die Speise-
karte. Da ich so früh aufgestanden bin, habe ich bereits
ziemlichen Hunger. Doch die päpstliche Broschüre ent-
hält lediglich ein paar Informationen über unsere Maschine und unser Reiseland. Ein Mitarbeiter der *sala
stampa* verteilt kurz darauf verschlossene Umschläge
mit den Grußworten, die der Papst an die Präsidenten
all jener Länder schicken möchte, die wir bald über-
fliegen werden. Anschließend gibt es noch für jeden ein
Erfrischungstuch, allerdings ohne Papstwappen. Das
ist dann doch eine Enttäuschung.

Dass Benedikt XVI. irgendwann ebenfalls zusteigt,
merke ich nur an den hektischen Bewegungen der Kollegen, die auf der richtigen Fensterseite sitzen. Wenig
später heben wir ab. Es fühlt sich an wie immer, ob nun

mit Papst oder ohne. Dann wird endlich die elegant gestaltete Frühstückskarte gereicht. Es gibt Zucchini-Omelette mit Käseflocken, Früchte der Saison, *torta della nonna*, Joghurt, warme Brötchen und allerlei mehr. Dazu werden geistige Getränke kredenzt, etwa ein Verdicchio aus den Marken, ein roter Val di Cornia aus der Toskana und ein Spumante aus der Franciacorta. Wie gesagt, wir sind beim Frühstück.

Dann kommt der Pontifex. Ich erkenne es daran, dass die Fotografen und die Kameramänner in den ersten Reihen plötzlich aufspringen und einen menschlichen Vorhang bilden. Dank meiner fakirhaften Gelenkigkeit gelingt es mir, Oberkörper und Kopf so zu verdrehen, dass ich durch zwei winzige Lücken zwischen den Kameras ein Stück des päpstlichen Ornats und sogar des päpstlichen Gesichtes erspähen kann. Da hat sich doch all die Mühe mit dieser Reise gelohnt! Benedikt ist freundlich wie immer, antwortet auf ein paar vorab eingereichte Fragen und zieht sich dann rasch wieder Richtung Raketenspitze zurück.

Vom Papst und vom Wein gestärkt, kommen wir schließlich in unserem Reiseland an. Draußen tobt ein Wolkenbruch. Ungläubig starrt der Steward an der Tür hinaus in den peitschenden Regen. Dann grinst er und meint in Abwandlung eines alten italienischen Brautspruches: »*Papa bagnato, Papa fortunato*« – »Nasser Papst, glücklicher Papst«. Die Willkommenszeremonie wird kurzerhand in einen riesigen Flugzeughangar verlegt. Dort sind drei Empfangsbrigaden aufmarschiert. Erstens: eine kleine Gruppe in Blau gekleidete singende Kinder. Zweitens: eine kleine Gruppe in Rot und Lila gekleidete Kardinäle und Bischöfe. Drittens: eine große Gruppe graugrüner Gardesoldaten mit Stahlhelmen und Sturmgewehren. Es sieht so aus, als sei die halbe Armee des kleinen Landes aufmarschiert.

Der zierliche, in einen langen weißen Mantel ge-
hüllte weißhaarige Papst bleibt vor der Phalanx kräftiger Gardisten stehen. Diesmal kann ich alles bestens
beobachten. Plötzlich tritt ein hünenhafter Offizier an
und marschiert im Stechschritt und mit gezücktem Säbel auf den kleinen Pontifex zu. Die Situation wirkt so
bedrohlich wie sie vielleicht ist. Der Offizier holt mit
dem Säbel ganz weit aus und ... ich fühle mich an Lud-
wig Uhlands Gedicht »Als Kaiser Rotbart lobesam« erinnert. Darin heißt es in einer Säbelszene:

>   »Zur Rechten sieht man wie zur Linken,
>   Einen halben Türken heruntersinken.«

Zum Glück geht die Sache diesmal unblutig aus. Benedikt zuckt nicht einmal mit der Wimper, der Offizier
senkt den Säbel wieder, salutiert und brüllt, dass die
Halle bebt: »Willkommen, Eure Heiligkeit!«

Dann ist der Papst verschwunden. Wir Papstflieger
werden auf drei Busse aufgeteilt, die uns, laut Programm, wie im Flug in die Innenstadt bringen sollen,
um von dort aus über den Einzug Benedikts berichten
zu können. Natürlich bleibt unser Bus im Verkehr stecken. Nichts geht mehr voran. Unsere Betreuerin vom
staatlichen Presseamt versichert, das sei so nicht geplant gewesen. Das beruhigt mich sehr. Kurz darauf
bittet sie uns alle, mit unseren Computern auszustei-
gen, im strömenden Regen zur U-Bahn-Station zu laufen und öffentlich in die Stadt zu fahren. Als wir endlich völlig durchnässt im Zentrum ankommen, ist der
erste Auftritt des Papstes leider schon vorbei. Die folgenden Tage verbringen wir *vaticanisti* in größter
Hast, um wenigstens das eine oder andere Mal rechtzeitig vor dem Eintreffen Benedikts an Ort und Stelle
zu sein und irgendwie zwischen Hotel, Bus, Kirchen-
bänken und Pressetribüne unsere Berichte abzuson-

dern. Unerklärlicherweise haben sie manchmal etwas Gehetztes.

Nun sind wir Pressevertreter kein Ausbund von Disziplin, im Gegenteil. Auf der Suche nach exklusiven Informationen für unsere Leser tanzen wir ständig aus der Reihe. Die Extrawurst ist unser Lieblingsgericht. Wie also soll es funktionieren, dass immer alle Journalisten aus dem Papsttross rechtzeitig im richtigen Bus sitzen und dabei auch noch sämtliche Akkreditierungskarten gut sichtbar um den Hals hängen haben? Dass es funktioniert, ist allein der militärischen Zucht und Ordnung des vatikanischen Presseamtes zu verdanken. Es stellt uns einen ganz besonderen Aufpasser zur Seite. Der Mann, nennen wir ihn Tom, hat unter den *vaticanisti* einen Ruf wie Zerberus. Wenn Tom naht, nehmen selbst die gestandensten Großvatikanisten unwillkürlich Haltung an. Denn Tom regiert mit dem herben Charme eines Kompaniefeldwebels. Wer unpünktlich ist oder sich gar aufmüpfig zeigt, der bekommt vor versammelter Mannschaft einen Anpfiff, der den Sünder rasch zu Kreuze kriechen lässt. Erstmals seit langem fühle ich mich in diesen drei Tagen wieder an meinen Grundwehrdienst in einem oberbayerischen Luftlandebataillon erinnert.

Toms größte Stunde schlägt im Morgengrauen, als wir uns der Reihe nach ins Vorzimmer seiner Hotelsuite begeben dürfen. Dort liegen auf einem extrem niedrigen Tischchen mehrere Stapel mit den Ansprachen, die der Papst im Laufe des Tages halten wird. Tom steht mit dem düsteren Gesicht eines altägyptischen Pyramidenwächters nahezu bewegungslos im Raum und starrt uns an, während wir, tief über den Tisch gebeugt, schlaftrunken und unbeholfen nach den kostbaren Informationen grabschen.

Nun sind Journalisten nicht nur undiszipliniert, sie neigen auch dazu, spät ins Bett zu gehen und davor Alkohol zu konsumieren, und das nicht zu knapp. Dafür schlafen sie morgens umso länger – das behauptet jedenfalls der Volksmund. Das mag in Einzelfällen durchaus stimmen. Bei dieser Papstreise jedoch kann von Schlaf nun wirklich keine Rede sein. Am Samstag lässt uns Tom tatsächlich, wie im Programm angedroht, um Punkt 05.00 Uhr in seinem Zimmer aufmarschieren. Mit zerknitterten Gesichtern und gebügelten Anzügen kriechen wir herein. Eine junge Kollegin hat es offenbar nicht mehr geschafft, sich rechtzeitig in ihre eleganten Schuhe zu zwängen. So erscheint sie im schwarzen Hosenanzug und giftgrünen Flip-Flops vor Tom. »Ich werde seinen Blick nie vergessen«, flüstert sie später.

Nach drei derart vergnüglichen Tagen sollen wir mit der Airline des Gastlandes zurück nach Rom fliegen. Während wir Journalisten lange vor dem Abflug in der Maschine auf den Papst warten, bekommen wir jeder zwei Flaschen guten Weines geschenkt. Soviel ich sehen kann, widerstehen alle der Versuchung, sie sofort aufzumachen. *Vaticanisti* können eben Haltung bewahren.

Diese Haltung droht sich jedoch aufzulösen, als wir ausgerechnet zur abendlichen Rushhour vom größten Flughafen der Stadt starten. Denn kurz nach dem Abheben kippt die Maschine abrupt nach links und beginnt in dieser Schräglage zu kreisen. Dicht unter uns sehen wir die Gebäude und die Rollfelder. Was ist passiert? Wir wechseln verwirrte Blicke. Ein Getriebeschaden? Das Warten auf das Okay des Towers für die Notlandung? »Wenn der Papst jetzt abstürzt, können wir nicht einmal darüber berichten«, bedauert ein Kollege neben mir. Unsere Maschine kreist einmal, noch einmal und sogar ein drittes Mal über dem Flughafen. Allmählich werden auch die Abgebrühten unruhig. Schließlich kommt ein *monsignore* von vorne durch den Vorhang und geht durch unsere Reihen. »Keine Sorge«, sagt er und lächelt milde über unsere weltlichen Sorgen. »Seine Heiligkeit wollte nur noch schnell ein neues Flughafengebäude segnen.« Der weitere Rückflug verläuft störungsfrei. Zu essen gibt es Zander-Paprika-Terrine, Stubenküken und Birnentarte mit Pfefferkaramell.

Nach der Landung in Ciampino genieße ich die warme Luft und den klaren Nachthimmel Roms. Todmüde nehme ich mir ein Taxi. Diesmal bin ich an einen Politik-Freak geraten. Kaum hat er erfahren, dass ich ein ausländischer Journalist bin, drückt er mir auch schon ein Pamphlet in die Hand, das er an den Bürgermeister von Rom geschickt hat. »Darin steht all das, was in dieser Stadt nicht funktioniert, und das ist so gut wie alles«, schimpft er. »Mir entgeht nichts! Denn ich bin Tag und Nacht überall unterwegs.« Er selbst hänge zwar – wie die meisten Taxifahrer – der Rechten an, doch im Grunde genommen seien alle italienischen Politiker *furbi* (Gauner), *farabutti* (Halunken) und *fannulloni* (Faulpelze).

»Wissen Sie, was mir erst neulich ein Freund erzählt hat, der öfter mal einen *onorevole*, einen Abgeordneten, fährt? Das ganze Gestreite im Fernsehen und im Parlament ist alles nur Theater! Danach setzen die sich ins Ristorante, essen und trinken miteinander und lachen über uns Bürger, weil wir ihnen die Show abkaufen. Eine Schande ist das!«

Ich versuche es damit, die Vorzüge Italiens oder zumindest der Italiener zu loben. Doch der *tassista* redet sich immer weiter in Rage. »Und unsere Ordnungshüter? Was machen die? Sehen Sie sich doch um, wie es hier ausschaut. Die Löcher in den Straßen, der Dreck, die Drogenhändler und überhaupt die ganzen Kriminellen.« Erst neulich habe die Polizei ein 18 Jahre altes

Mädchen aus einem der *campi nomadi* geschnappt, als diese gerade eine 80 Jahre alte Frau in deren Wohnung überfiel. Bei der Überprüfung sei herausgekommen, dass das Mädchen in den vergangenen fünf Jahren exakt 124 Mal wegen verschiedener Straftaten festgenommen worden sei. »Stellen Sie sich das vor! Über hundert Mal! Und ständig kommt sie wieder frei, um den nächsten zu überfallen!« Der Fall hat sich wohl tatsächlich so ereignet, ich habe ebenfalls schon davon gehört.

Während mein *tassista* immer schneller durch die Nacht braust, lässt er Beispiel auf Beispiel für seinen Frust auf mich herunterhageln. »Haben Sie das gehört? Der oberste Verkehrspolizist Roms hat neulich seinen roten Alfa Romeo Brera im absoluten Halteverbot geparkt und ist mit seiner Freundin gemütlich essen gegangen. Im Wagen hat er einen Behindertenparkausweis liegen lassen, der auf eine 86 Jahre alte Frau ausgestellt war.« Auch davon habe ich gehört. »Und auf der anderen Seite werden wir ehrlichen Bürger ständig schikaniert und gegängelt«, brüllt der Mann nun, als sei ich daran schuld. »Da haben sie doch glatt einem Taubstummen fünf Führerscheinpunkte abgezogen, weil er beim Fahren mit dem Handy telefoniert haben soll! Und ein *babbo natale*, ein Weihnachtsmann, wurde bestraft, weil sein Schlitten nicht zugelassen war! Ja, sind die denn bescheuert!«

Der *tassista* fährt über eine der Tiberbrücken und zieht, ohne zu blinken, abrupt nach links, um in die Uferstraße Richtung Prati einzubiegen. Dabei schneidet er ein entgegenkommendes Auto. Selbst die flexiblen Fahrkünste der Italiener reichen nun nicht mehr ganz aus, um einen Crash zu vermeiden. Es gibt einen ohrenbetäubenden Knall und der Seitenspiegel des anderen Fahrzeugs fällt auf den Boden. »Scheiß Politiker!«, schreit mein Taxifahrer und springt aus dem

Auto, um wild gestikulierend mit dem anderen Fahrer zu diskutieren.

Ich versuche, die beiden zu beruhigen.

»Mischen Sie sich da bloß nicht ein«, herrschen sie mich an.

Ich frage, was denn nun aus meiner Taxifahrt werde. Schließlich hätte ich einiges an Gepäck und es sei mitten in der Nacht.

»Da kann ich Ihnen jetzt auch nicht helfen«, meint mein Fahrer. »Ich muss erst das hier klären. Gehen Sie doch zu Fuß, es ist ohnehin nicht mehr weit.«

Verdrossen ziehe ich mit meinem Trolley und meiner Computertasche in die Nacht.

Zweiundzwanzig

Als ich endlich unseren Palazzo erreiche, mit dem scheppernden Aufzug nach oben fahre, die x-fach verschlossene gepanzerte Dienstbotenhaustüre aufschließe und mich im Wohnzimmer auf unser Sofa sinken lasse, kommt es mir vor, als sei ich eine Ewigkeit weg gewesen. Dabei waren es gerade einmal drei Tage. Dennoch hat sich Großes verändert im Palazzo oder vielmehr: Großes hat sich angekündigt, wie mir Antonia sogleich erzählt.

»Ist dir nicht aufgefallen, wie fröhlich Ercole und Diletta in letzter Zeit waren?«, fragt sie mich.

»Ja, stimmt, das habe ich auch schon gemerkt. Ercole ist mit seinen gut 80 Jahren pfeifend durchs Treppenhaus gelaufen, als sei er ein *ragazzo*. Und Diletta wirkt auch seltsam verjüngt. Bekommen sie ein Kind?«

»Blödmann«, sagt Antonia. »Sie heiraten.«

»Ich dachte, die beiden sind schon seit den napoleonischen Kriegen verheiratet?«

»Nein, doch nicht Ercole und Diletta. Es geht um Alberto, du weißt schon, Ercoles jüngsten Sohn. Der heiratet. Endlich. Noch dazu ein junges Mädchen aus bester römischer Familie, eine Adelige. Diletta hat es mir gestern im Hof erzählt. Sie ist völlig aus dem Häuschen.«

Ich freue mich sehr für die beiden Alten. Denn der ein wenig linkische Alberto, der jüngste Sohn des Patriarchen, schien mit seinen 45 Jahren zum ewigen

Junggesellen bestimmt zu sein. Er lebt in einer kleinen, schicken Dachgeschosswohnung des Palazzo und arbeitet recht erfolgreich als Gartenarchitekt. Er war 15 Jahre mit seiner letzten Freundin zusammen, sie hatten immer mal wieder vom Heiraten gesprochen, sich vor zwei Jahren aber plötzlich getrennt. Seitdem lebt Alberto nur noch für seinen Beruf. Wir sehen ihn kaum im Palazzo, er scheint uns früh zu verknöchern.

Doch dann lernte er in einem Garten, wo sonst, eine andere Gartenarchitektin kennen, die 28 Jahre alte *principessa* Patrizia Paolina. Sie stammt aus einer immer noch sehr reichen römischen Familie mit beträchtlichem Grundbesitz in der Maremma. Von da an ging alles sehr schnell. Schon nach wenigen Wochen verkündete Alberto seinem Vater, er werde heiraten.

Im Palazzo wird kolportiert, der alte Herr sei daraufhin von seinem Sofa aufgesprungen, habe sein Elfenbeinstöckchen in der Luft gezwirbelt und »Champagner!« gerufen.

Die Hochzeit wird für Anfang Juli angesetzt, kurz bevor alle in die Ferien verschwinden. Schon nach dem ersten strategischen Treffen des familiären Planungsstabs wird klar, dass jede der beiden Sippen mindestens 300 allerengste Verwandte und intimste Freunde einladen muss. Da die Feier in ein Volksfest auszuarten droht, beschließen die beiden Väter, sie zweizuteilen: Eine Woche vor der Trauung wird Ercole in seiner Ferienvilla in den Albaner Bergen eine Feier vorwiegend für seine Familie ausrichten. Am Tag der Trauung wird dann die Brautfamilie auf einem ihrer Landgüter in der Maremma ein weiteres Fest steigen lassen.

Bald darauf bringt uns Filippo einen Brief. »*Dottor Stefan Ulrich e signora*« steht darauf. Drinnen steckt eine Karte. In verschnörkelter Schrift auf dickem elfenbeinweißen Papier werden wir zu dem Fest in den Albaner Bergen eingeladen. Wir sind gerührt. Denn wir wissen, was für eine Ehre es ist, als *signori stranieri tedeschi* bei dieser Hochzeit mitfeiern zu dürfen.

Der ganze Palazzo schwirrt inzwischen in fiebriger Erregung wie ein Bienenschwarm im Mai. Da werden Geschenke angebracht, Catering-Firmen empfangen, Schneiderinnen herbeizitiert. Auch Antonia lässt sich schnell und gern in das aufgeregte Treiben hineinziehen. Dank ihrer Freundschaft mit Paola und Anna kann sie diskret Erkundigungen einholen, was man bei so einer Hochzeit zu schenken und zu tragen hat.

Vor allem die Geschenkefrage erweist sich als äußerst delikat. Sollen wir den sicheren Weg gehen und irgendeinen silbernen Nippes kaufen, wie er in allen italienischen Familien auf den Bücherregalen einstaubt? Oder sollen wir eine originellere Wahl wagen und etwas Münchnerisches verschenken? Ermutigt von Paola und Anna entscheiden wir uns für die zweite Lösung – einen Bayerischen Löwen mit Rautenschild der Porzellan-Manufaktur Nymphenburg. Da die Viecher verdammt teuer sind, wählen wir ein eher handliches Exemplar. Wir bekommen es rechtzeitig zugeschickt und Antonia versteht es, die kleine Raubkatze mit Hilfe von allerlei Kartonagen, edlem Geschenkpapier und bunten Bändern in ein bombastisches Hochzeitsgeschenk zu verwandeln. Wir überreichen es, wie in Rom üblich, nicht am Hochzeitsfest, sondern geben es schon vorher bei der philippinischen Hausangestellten in Ercoles Wohnung ab.

Nun gilt es nur noch das zweite Problem zu lösen: die Kleiderfrage. Bei mir ist das ja relativ einfach, denn für den Herren gilt stets die Devise: gedeckt. Dank meiner Tätigkeit als Vatikanjournalist verfüge ich über mehrere Anzüge in schicken Farben, von einem düsteren Mausgrau über ein stumpfes Graublau bis hin zu einem dezenten Krähenschwarz. Ich entscheide mich relativ schnell für das Krähenschwarz mit weißem Hemd – das gibt einen hübschen Kontrast.

Schwieriger ist die Wahl für Antonia. Tagelang steht sie seufzend vor ihrem Kleiderschrank, telefoniert mit ihren Schwestern und schleicht um die Schaufenster der Via Condotti herum, die ich eigentlich zur Sperrzone erklärt habe. Anna schafft schließlich Orientierung. Das Fest in den Albaner Bergen werde vom Mittag bis zum frühen Abend gehen, legt sie Antonia dar. »Damit scheidet ein langes Kleid schon mal aus. *Non si fa!* Ideal wäre dagegen ein halblanges Trägerkleid mit Stola, das ist luftig und dennoch elegant. Dazu solltest du eine kleine Handtasche tragen und dir die Haare hochstecken.« Anna hat ganz klare Vorstellungen. »Und dann die Schuhe. Die sind ganz wichtig! Stefan, du solltest sehr elegante schwarze Schuhe tragen. Sie müssen äußerst gut geputzt sein, so richtig auf Hochglanz. Sonst macht ihr am Ende noch *brutta figura!*«

Streng nach dieser Gebrauchsanweisung aufgebrezelt, ziehen wir wenige Tage später an einem hochsommerlich heißen Vormittag los. Der Einladung liegt eine kleine, gezeichnete Straßenskizze bei, die uns zum Ort des Geschehens lotsen soll. Wir fahren die Albaner Berge hoch, den Albaner See entlang und weiter Richtung Nemi-See. Dort folgen wir der Skizze für drei, vier Abbiegungen und landen schließlich auf einem schmalen Teersträßchen, das einen bewaldeten Hang hinaufführt. Laut Plan sollen wir nun bis zu einer Umspannstation der Elektrizitätswerke fahren und dort nach rechts in einen Feldweg einbiegen, der uns schnurstracks zum Ferienhaus der Familie Cornetti führen wird.

Nur: Von einem Stromhäuschen ist weit und breit nichts zu sehen. Dafür treffen wir auf umso mehr

Wald- und Wiesenwege. Wir probieren erst den einen, dann einen anderen, danach den nächsten und stoßen bald auf weitere Autos, in denen Herren im krähenschwarzen Anzug und Damen mit Trägerkleid und Stola sitzen. Sie tragen ausnahmslos extrem dunkle Sonnenbrillen und suchen alle das Gleiche: das Hochzeitsfest. Hektisch krame ich im Handschuhfach nach meiner extrem dunklen Sonnenbrille, denn ich fühle mich irgendwie nackt. Dann kurbeln wir die Wagenfenster herunter und verabreden uns mit den anderen auf einem Waldparkplatz. Dort wird wieder einmal die Lage besprochen. Dank der *telefonini* weiß bald die ganze Großfamilie Cornetti – ach, was sage ich: ganz Rom –, dass wir uns verfahren haben. Sie beginnt uns nun per Handy zu dirigieren, nur leider nicht ganz widerspruchsfrei. Nach weiteren zwanzig Minuten, in denen unsere Karawane auf sieben Fahrzeuge angewachsen ist, fahren wir durch das Eisengatter des Anwesens.

Am Fuße eines Hanggrundstücks parken wir unsere Autos. Dort empfängt uns der Mann des Hausmädchens von Ercole und Diletta Cornetti. Er ist ebenfalls Philippiner und arbeitet hier draußen als Gärtner und Hausmeister. Er bittet all jene Gäste, die nicht mehr gut zu Fuß sind, in einen Holzkarren zu steigen, und zieht sie dann mit einem kleinen Traktor den schmalen Weg zum Haus hoch. Die betagten *signore* und *signori* in ihren Festtagskleidern halten sich kichernd aneinander fest und haben ein Riesenvergnügen. Da ich nicht betagt genug bin, muss ich zu Fuß gehen. Ich schwitze in meinem krähenschwarzen Anzug und beneide Antonia um ihr Trägerkleid.

Oben empfängt uns das Brautpaar, ausgeruht und strahlend wie die Renaissancefürsten. Alberto trägt einen krähenschwarzen Anzug mit weißem Hemd zur Sonnenbrille, Patrizia Paolina ein kurzes braunes

Kleid aus Seidentaft, schlicht, aber sehr schön. Die *principessa* sieht jung und hübsch aus mit ihren langen, glatten Haaren, fast zu jung und hübsch für Alberto. Die beiden begrüßen uns mit Küsschen und bedanken sich für den eleganten Kerzenleuchter, den wir ihnen geschenkt hätten. Für die Brautleute ist es bei 300 Gästen nicht leicht, all die Geschenke richtig zuzuordnen, die in den Tagen zuvor bei ihnen angeliefert wurden. »Es war ein Löwe, ein Bayerischer Porzellanlöwe«, sage ich.

»Ach, der süße kleine Löwe ist von euch«, sagt Patrizia Paolina. »Der ist ja so niedlich, so winzig.« Womöglich haben wir doch ein zu kleines Modell gewählt.

Wir werden weitergeschoben und gehen um das schmucke Landhaus im toskanischen Stil herum zu dem terrassierten Garten. Überall sind runde Tische mit weißen Decken zwischen den Buchsbaumhecken und Ziersträuchern aufgestellt. Kellner in weißer Livrée bieten *spumante* und andere *aperitivi* an. Einige der Damen haben elegante Hüte auf. Wenn sie hinter einer der Hecken vorbeilaufen, sieht es aus, als seien die Hüte alleine unterwegs.

Wie sich herausstellt, sind die 300 Gäste praktisch alle irgendwie miteinander verwandt, und sei es als angeheiratete Cousins vierten Grades. Sie kennen sich zumindest von früheren Festen und stürzen sich begeistert aufeinander. Gesprächsthemen gibt es ja genug. Das Raucherbein von Tante Marta etwa oder der Cholesterinspiegel von Onkel Fulvio.

»Der müsste endlich mal diese Fischtranpastillen ausprobieren, die ich ihm empfohlen habe«, ereifert sich eine schwer an ihrem Goldschmuck tragende *signora* im roten Leinenkostüm.

»Ach was, Tabletten«, winkt ihre hagere Cousine im dunkelblauen Seidenanzug ab. »Für mich hilft da nur eines: Bewegung, Bewegung, Bewegung.«

Antonia und ich stehen erst einmal ein wenig dumm herum, da wir uns weder mit Martas Raucherbein noch mit Fulvios Blutfettwerten auskennen. Auch die Diskussionen in Sachen Arterhaltung laufen zunächst an uns vorbei. Immerhin merken wir, dass da so manches Fettnäpfchen lauert und mancher Seitenhieb verteilt wird.

»Bist du denn nun endlich auch Großmutter geworden?«, fragt etwa eine Dame, die gerade Fotos ihrer fünf Enkel vorgeführt hat, eine andere *signora*.

»Wie du weißt: nein«, antwortet diese mit sauertöpfischer Miene. »Ich wäre schon froh, wenn meine Tochter einen festen *fidanzato* hätte. Leider hat sie gerade wieder eine *brutta esperienza* – eine unschöne Erfahrung – gemacht. Die jungen Männer wollen sich ja heute nicht mehr binden.«

»Na ja, so schlecht scheinen mir die jungen Männer auch wieder nicht zu sein«, widerspricht die erste. »Meine drei Töchter hatten jedenfalls keine Probleme, einen Mann zu finden.«

»Steht Laura nicht bereits vor ihrer zweiten Scheidung?«, kontert die zweite.

Bevor wir noch mehr über Lauras Liebesleben in Erfahrung bringen können, winkt uns Simonetta, eine der Töchter Ercoles und zugleich die Mutter unseres *incubo* aus dem Palazzo, zu sich herüber. Sie ist prächtiger Laune und erzählt allen von ihrem neuen Enkelkind. Uns nimmt sie nun rührend unter ihre Fittiche, stellt uns viel mehr Menschen vor, als ich mir jemals merken kann, und bittet uns dann an den Esstisch, an den sie sich mit ihrem Mann und einigen gleichaltrigen Verwandten gesetzt hat. Sie sind alle so um die 60 und erzählen aus jenen alten Zeiten, in den fünfziger Jahren, als sie noch mit der gesamten Großfamilie in die Sommerfrische fuhren.

»Wisst ihr noch«, beginnt Simonetta, »schon während der Weihnachtstage haben wir Reiseführer und Landkarten durchgesehen, um einen netten Ferienort für den Sommer zu finden. Dann haben wir immer einen ganzen Eisenbahnwaggon gemietet und sind für drei Monate in die Abruzzen oder nach Südtirol gefahren.«

»Ja, *cuginetta*«, ergänzt eine Cousine, »und am Morgen haben wir dann am Dorfbrunnen unsere Wasserflaschen gefüllt, Brot und Salami in den Rucksack gepackt und sind losgewandert.«

Antonia und mir gefallen diese Geschichten von Annodazumal. Wir lesen gerne die Romane der italienischen Schriftsteller aus dem vorigen Jahrhundert und fühlen uns nun an manche Szene erinnert, etwa aus Natalia Ginzburgs wunderbarer, tiefsinnig-komischer Familienbiografie *Lessico famigliare*.

Es ist ein verschwundenes Land, dieses Italien der bürgerlichen Großfamilien mit ihrer monatelangen Sommerfrische. An diesem Sommernachmittag aber scheint es noch einmal lebendig zu werden. Unter riesigen Sonnenschirmen sitzt hier der weit verzweigte Cornetti-Clan auf den Gartenterrassen zusammen, um gemeinsam eine Hochzeit zu feiern. Es ist ein fröhliches, ungezwungenes Zusammensein. Offizielle Reden gibt es keine, dafür wird umso mehr gegessen.

Unsere Gastgeber haben sich dafür etwas Originelles und zum Landleben Passendes einfallen lassen: Die Kellner stellen auf jeden Tisch einen großen, mit einem weißen Leinentuch bedeckten Korb. Neugierig lupfen wir die Tücher und zum Vorschein kommt, als *primo*, ein gebackener Nudelkranz mit Limonensauce auf einer Silberplatte. Wir heben ihn ab und entdecken in den Tiefen des Korbes den *secondo*, einen knusprigen Brotteig, in den sich verschiedene Braten, Gemüse und gebackene Kartoffeln kuscheln. Dazu fließen große Mengen Weiß- und Rotwein. Ich bin es gar nicht gewohnt, dass Italiener so viel trinken, aber das ist schließlich eine Hochzeitsfeier! Danach gibt es natürlich auch noch reichlich *vin santo* und *grappa* – und das alles bei über 30 Grad.

Ich schwöre mir, beim nächsten Mal auch ein kurzes Trägerkleid anzuziehen, und zwar ohne Stola.

Sieben Stunden, von zwölf Uhr mittags bis sieben Uhr abends, dauert das – pardon – große Fressen. Danach fühle ich mich wie ein Mastkarpfen kurz vor Weihnachten. Das Fest löst sich langsam auf. Die Gäste schwanken wie Bojen in stürmischer See über die Gartenwege zum Vorplatz des Hauses, wo der Philippiner mit Minitraktor und Holzkarren wartet. Diesmal lassen sich die meisten fahren. Auch wir sind dabei.

In den folgenden Tagen wird es noch heißer. Unser Palazzo in Prati ächzt unter der Sommerglut, selbst die dicken Mauern können die Kühle nicht mehr halten. Bernadettes Meerschweinchen auf dem Balkon liegen nur noch träge unter einem blau-weiß gestreiften Sonnensegel, das ihnen unsere Tochter aus Stoffresten genäht hat. Es fehlt nur noch, dass sie an einer Eistüte lecken. Auch die Fische in Nicolas' Aquarium leiden unter der Hitze, denn das gute Stück lässt sich zwar beheizen, aber nicht kühlen. Und in unserer Wohnung wird es immer stickiger.

Wir fühlen uns an die ersten Wochen in Rom erinnert. Doch diesmal verlieren wir keine Zeit mehr mit der aussichtslosen Suche nach einem rohrfreien *pinguino*. Wir holen unsere großen Standventilatoren aus dem Keller, die wir nachts vor unsere Betten stellen und laufen lassen, bis es die Sicherung heraushaut. Und wenn es in meinem Büro am Nachmittag allzu heiß wird, dann ziehen Bernadette und Nicolas liebevoll eine Wanne mit kaltem Wasser herein, in die ich unter dem Schreibtisch die Füße stellen kann. Ich habe so ein Bild immer für eine Korrespondentenphantasie gehalten. Nun wird es Wirklichkeit.

Die Abende verbringen wir jetzt draußen auf unserem Balkon vor dem Wohnzimmer. Dank der Toleranz unserer italienischen Nachbarn dürfen wir da sogar grillen, am liebsten natürlich die Fische von Teodoro. Ein kleiner, bösartiger Feind aber verdirbt uns ein wenig die Sommernächte auf Balkonien. Er ist lautlos, schnell und blutrünstig. Vor allem Bernadette wird von ihm heimgesucht und am nächsten Morgen sieht ihr Gesicht manchmal aus wie ein Streuselkuchen. Auch ich kann manche Nacht kaum schlafen, weil meine Fußknöchel so sehr jucken.

Filippo klärt mich auf, unser bösartiger Feind heiße *zanzara tigre* – Tigermücke. Dabei sehen die fünf Millimeter kleinen Insekten mit ihren schwarz-weiß gestreiften Leibern eigentlich eher aus wie Zebras. Sie wurden einst in mit Regenwasser gefüllten alten Autoreifen auf Schiffen aus Asien nach Europa eingeschleppt. In den neunziger Jahren tauchten sie erstmals in Süditalien auf, heute sind sie im ganzen Land verbreitet.

Das Tolle an der Tigermücke ist, dass sie sich so gut an ihre Umwelt anpassen kann, äußerst resistent gegen Insektengift ist, Tag und Nacht auf Jagd geht und auch durch Kleidung hindurchsticht. Wobei man fairerweise sagen muss: Aggressiv sind nur die Weibchen. Während sich die Männchen friedlich von Blütennektar ernähren, lechzen die befruchteten Mückenweibchen nach Blut. Ihre Stiche jucken besonders stark und ausdauernd und verursachen zudem eitrige Entzündungen.

»Das sind richtige Mini-Monster«, sagt Filippo. »Und wussten Sie, *dottore*, dass die *zanzare* mehr als hundert Krankheiten auf Menschen und Tiere übertragen können? Darunter sind etwa Dengue-Fieber, Gelbfieber und West-Nil-Fieber.« Ich mache wohl ein ungewohnt besorgtes Gesicht, denn Filippo besänftigt mich sofort wieder. »Lassen Sie sich von den Biestern bloß nicht beunruhigen. In Italien haben sie in diesem Jahr bisher bloß das Chikungunya-Fieber übertragen.«

Nun weiß ich von diversen eher unsensiblen Bemerkungen Antonias, dass sie mich für einen hoffnungslosen Hypochonder hält. Dennoch kann ich es mir nicht verkneifen, sofort im Internet nach Chikungunya-Fieber zu googeln. So erfahre ich: Der Virus löst Fieber und Gelenkbeschwerden aus. Bleibende Schäden sind zwar selten, aber davon lasse ich mich nicht einlullen. Denn was heißt schon selten! Irgendeinen trifft es also doch! Und da ist dieses Ziehen in der linken Schulter, das mich schon seit Tagen beunruhigt. Kann das Zufall sein?

Nachdem sich mein Zustand in der Folge nicht wesentlich verschlechtert, setze ich mich weiter auf den Balkon und versuche, die *zanzare tigre* einfach zu ignorieren. Andere sind da weniger leichtfertig. Eines Tages, wir essen gerade draußen zu Mittag, geht plötzlich das Tor zum Hof unseres Palazzo auf. Ein seltsames Fahrzeug, wie ich es noch nie gesehen habe, rollt herein. Es ähnelt entfernt einem Amphibienpanzer. Nebenher laufen mehrere Männer in Schutzanzügen und mit Gasmasken. Ist der Dritte Weltkrieg ausgebrochen? Oder planen die seltsamen Gestalten einen Giftgasanschlag auf Rom?

Zu meiner Überraschung sehe ich Filippo, ebenfalls mit Schutzmaske, im Hof herumstolzieren und die Männer einweisen. »Filippo, was ist da los?«, schreie ich hinunter.

»Um Gottes willen, *dottore*«, brüllt Filippo zurück. »Gehen Sie sofort in die Wohnung und schließen Sie alle Fenster.«

»Was geht denn hier draußen vor?«

»Das sind die Giftexperten der Stadtwerke! Sie

sprühen alle Bäume im Hof ein, um die Tigermücken zu killen! Das Spray ist äußerst giftig, sonst wirkt es nicht. In einer halben Stunde können Sie dann ruhig wieder herauskommen.«

Wir raffen, so schnell wir können, Mozzarella, Schinken, Brot und Tomaten zusammen und eilen ins Haus – gerade noch rechtzeitig. Denn im nächsten Augenblick beginnen die Maskenmänner damit, den ganzen Innenhof einzunebeln.

Dreiundzwanzig

Als am selben Abend auch noch Angelo Neri anruft, denke ich mir: »Wer Tigermücken und Gasattacken übersteht, der braucht auch sonst keine Gefahr zu fürchten. Es ist Zeit, in die Höhle der Etrusker zu gehen.«

Tatsächlich sagt Neri im Befehlston: »Kommen Sie morgen Abend nach Gradoli am Bolsena-See. Wir erwarten Sie dort um acht Uhr in der alten Taverne im Zentrum.« Dann legt er auf, ohne meine Antwort abzuwarten.

Der Name Gradoli ist mir bekannt. Er steht für eine der merkwürdigsten Episoden der neueren italienischen Geschichte und Italien ist reich an solchen beunruhigenden Geheimnissen. Denn es ist nicht nur das Sehnsuchtsland, wo die Zitronen blühen, das Land der Ruinen und Olivenhaine, der Zypressenalleen und mittelalterlichen *borghi*, der Renaissancepaläste und Barockkirchen, der Latin Lover und der *alta moda*, der *polenta*, *pasta* und Pizza, der Michelangelos, Fellinis und Armanis – sondern zugleich ein Geisterschloss. In dunklen Kellergewölben hausen Terroristen, Geheimlogen, Schattenarmeen, Verschwörer und Agenten und die Bürger schaffen es nicht, diese finsteren Gestalten loszuwerden.

Mindestens einmal im Jahr wird Italien von einem Politskandal erschüttert, der an diese Schattenwelt rührt. Doch ebenso schnell, wie sich Medien und Volk empören, sackt der Aufruhr auch wieder in sich zusammen. Das Leben geht weiter wie zuvor, ohne dass die Morde, Flugzeugabstürze, Putschversuche, Spionageringe, Politintrigen, Entführungen und Attentate je richtig aufgeklärt würden. Wer sich beruflich damit befassen muss, und sei es als ausländischer Journalist, den befällt bald das Gefühl, einen doppelten Boden unter den Füßen zu haben. Er fühlt sich wie ein Seefahrer in einem Glasbodenboot, der nur durch die oberste Wasserschicht blickt und die schwarzen Abgründe darunter allenfalls erahnt.

Gradoli ist eine dieser Geschichten, die mich daran zweifeln lassen, dass in Italien alles mit rechten Dingen zugeht: Der christdemokratische Expremier und Spitzenpolitiker Aldo Moro wurde am 16. März 1978 von Linksterroristen namens »Rote Brigaden« in Rom entführt. Ganz Italien rätselte, wo ihn die *brigate rosse* versteckt hielten. Plötzlich kam der Verdacht auf, er werde in dem Ort Gradoli im Norden Latiums an der Grenze zur Toskana gefangengehalten. Ein damals noch unbekannter Professor aus Bologna, der spätere italienische Premierminister und Kommissionspräsident der Europäischen Union, Romano Prodi, hatte den Behörden einen entsprechenden Tipp gegeben.

Prodi sollte später vor Untersuchungsausschüssen eine bizarre Geschichte zum Besten geben: Danach befand er sich am 2. April 1978 mit anderen Akademikern von der Universität Bologna im Landhaus eines Freundes. Da es regnete, beschloss die Runde, zum Zeitvertreib eine spiritistische Sitzung abzuhalten. Der Katholik Prodi, ein nüchterner Mann, und seine intellektuellen Freunde riefen dabei die Geister verstorbener christdemokratischer Parteigrößen an und fragten sie, wo Aldo Moro versteckt gehalten werde. Ein Teller in der Mitte des Tisches hüpfte daraufhin von Buchstabe zu Buchstabe und formte die Wörter

»Bolsena«, »Viterbo« und »Gradoli«. Die Geisterbeschwörer schauten in einem Atlas nach, und siehe da: Es gab einen Ort Gradoli, der am Bolsena-See in der Provinz Viterbo lag. Prodi fühlte sich nun verpflichtet, den Hinweis der Geister weiterzugeben, auch wenn er sich dabei nach eigenem Bekunden lächerlich vorkam.

Nun folgte die nächste Seltsamkeit: Die Polizeibehörden lachten nicht etwa über die kuriose Information des unbekannten, jungen *professore* aus Bologna, o nein. Sie nahmen sie vielmehr so ernst, dass kurz darauf ganz Gradoli auf den Kopf gestellt wurde. In Tarnanzügen und mit Maschinenpistolen bewaffnet, rückten die Polizeikräfte an, durchkämmten den ländlichen Ort auf seinem Tuffsteinhügel und sogar die Tuffhöhlen, in denen die Bauern ihren Wein lagerten. Sie fanden – nichts.

Keiner der Polizeikräfte dachte damals offenbar daran, dass es in Rom eine Via Gradoli gibt, in der man ebenfalls suchen könnte. Dabei hatte es durchaus entsprechende Hinweise gegeben, unter anderem von Aldo Moros Frau. Genau hier, in der Via Gradoli Nummer 96, befand sich jedoch das Hauptquartier der Entführer. Als die Wohnung am 18. April 1978 durch einen Zufall entdeckt wurde, waren die Roten Brigaden mit ihrem Opfer längst getürmt. Am 9. Mai wurde Moro von seinen Entführern nach einem sogenannten »Volksprozess« erschossen.

Seither wird Prodi die Geister nicht mehr recht los, die er damals gerufen hat. Denn natürlich glauben viele Italiener nicht an seine Gespenstergeschichte. Sie fragen sich vielmehr, was wirklich dahintersteckt. Eine Theorie lautet, Prodi habe aus der linksradikalen Studentenszene in Bologna den Namen »Gradoli« gesteckt bekommen. Die Geschichte mit der spiritistischen Sitzung habe er dann erfunden, um den Informanten zu schützen. Doch stimmt das wirklich? Und was ist dran an all den Gerüchten, dass die italienische Geheimloge P 2, die amerikanische CIA oder gar Parteigrößen der *Democrazia Cristiana* in den Mord an Moro verwickelt sein sollen? Wie so viele andere Geheimnisse Italiens ist auch dieses bis heute ungeklärt.

Gradoli also. Ein wenig beklommen mache ich mich auf die Fahrt nach Norden. Wegen eines Unfalls auf dem Grande Raccordo brauche ich länger als gedacht und komme erst nach 20.00 Uhr in dem behaglichen alten Ort mit seinem wuchtigen Farnese-Kastell an. Als ich die Landtaverne betrete, sehe ich meine Etrusker sofort. An einem Tisch in der Ecke sitzen Angelo Neri und zwei jüngere, unauffällige Männer und trinken Rotwein.

Neri winkt mich heran. »Ich wusste, dass Sie kommen«, begrüßt er mich. »Denn eine solche Sensation lässt sich ein Journalist nicht entgehen.« Mein Unbehagen wird größer. Sie schenken mir ebenfalls Wein ein und wir kommen ohne Umschweife zur Sache. »Das hier sind meine Freunde«, stellt Neri die beiden Männer vor. »Wir suchen schon lange nach dem Schatz von Fanum Voltumnae und haben die Höhle gemeinsam entdeckt.«

Neri legt ein paar Fotos auf den Tisch. Sie zeigen eine honigfarbene Tuffsteingrotte. Aus den Wänden sind halbe Pilaster herausgehauen, die Decke ist so zurechtgemeißelt, dass sie wie die Balkendecke eines Wohnhauses wirkt. Genauso sahen etruskische Gräber aus, die die Häuser der Lebenden imitieren sollten. Der Boden ist mit schwarzem, grobkörnigem Vulkansand bedeckt. In der Mitte klafft ein kreisrundes, vielleicht drei Meter tiefes Loch.

»Sehen Sie genau hin«, sagt Neri. »Merken Sie etwas? Der Boden besteht nicht aus Tuffstein, sondern aus dem Sand des Sees. Und das, obwohl die Höhle etwa fünfundzwanzig Meter über dem Wasserspiegel und fünfhundert Meter vom See entfernt liegt. Nun frage ich Sie: Wie ist der Seesand in die Höhle gekommen?«

»Jemand hat ihn dorthin gebracht.«

»Genau. Und dieser jemand, das waren die Etrusker, die den Tempelschatz von Fanum Voltumnae vor den heranrückenden Römern retten wollten.«

»Warum glauben Sie das? Die Höhle kann irgendein Etrusker-Grab bergen.«

»Das ist unwahrscheinlich. Die Etrusker haben ihre Toten in Terrakottasärgen oder auf Steinbetten und in Nischen beerdigt, die sie aus dem Tuff schlugen. Wir haben in der Höhle zu graben begonnen. Sehen Sie doch nur das Loch. Die Schicht aus Seesand ist sehr dick. Womöglich zehn, fünfzehn Meter. So begräbt man keinen Toten. So versteckt man einen Schatz.«

»Sonst haben Sie keine Indizien?«

»O doch: Zum einen ist die Höhle so gut in einem engen Tal hinter dem Seeufer versteckt, dass sie kaum zu finden ist. Aus ein bisschen Entfernung wirkt der von Pflanzen überwucherte Eingang wie ein dunkler Fleck im Fels. Wir haben ihn zufällig entdeckt, als wir mit einem Fernrohr Quadratmeter um Quadratmeter der Hänge abgesucht haben. Den Etruskern muss es große Mühe bereitet haben, die Unmengen von Sand den Steilhang zum Höhleneingang hinaufzutragen. Warum haben sie das nur getan? Zum anderen: Sehen Sie sich dieses Foto an!«

Er schiebt mir ein Bild herüber, auf dem eine in den Fels gehauene, stark beschädigte Inschrift zu sehen ist.

»Da kann ich nichts entziffern«, sage ich.

»Das wundert mich nicht«, sagt Neri. »Denn das ist Etruskisch. Wir haben versucht, die Buchstaben zu rekonstruieren. Das Ergebnis ist eindeutig: Voltumna.«

Ich nehme einen kräftigen Schluck Wein und sage: »Dann lassen Sie uns am besten die Höhle gleich ansehen.«

Angelo Neri winkt dem Kellner und bezahlt.

Selten habe ich mich so unwohl gefühlt wie während der folgenden Stunden. Wir steigen in einen kleinen Geländewagen vor der Taverne und fahren den steilen Hang von Gradoli hinab. Neri steuert, ich kauere, ein wenig benommen von dem starken Rotwein, neben ihm auf dem Beifahrersitz. Hinten sitzen die beiden Männer und schweigen. Ich versuche, sie in ein Gespräch zu verwickeln, doch sie blocken ab. »Ja« – »Nein« – »Das wissen wir nicht«, mehr ist nicht aus ihnen herauszuholen.

Endlich erreichen wir die Ebene. Es ist eine besonders düstere Nacht, eine Schicht bauschiger Wolken verdeckt den Himmel. Nur von den Orten rings um den See dringt ein bisschen Licht zu uns herüber. Die riesige Wasserfläche liegt schwarz und schweigend wie ein Grabtuch vor uns. Wir fahren durch sumpfiges Gebiet, die Autoscheinwerfer gleiten über Schilffelder, kleine Gemüseäcker und ein paar Holzhütten. Die asphaltierte Straße endet und wir holpern über eine Schotterpiste weiter. Ein Hund fängt an zu bellen und plötzlich schallt uns aus allen Richtungen ein wütendes Kläffen entgegen.

»Das sind die Kettenhunde der Bauern«, sagt Neri. »Sie bewachen ihre Gärtchen und die Tuffsteinhöhlen mit ihrem Wein.« Er schaltet die Scheinwerfer aus. »Wir erregen besser kein Aufsehen.«

Plötzlich biegt er scharf nach rechts ab und der Weg wird noch rauer. Dunkle, hohe Felswände tauchen rechts und links von uns auf. Dann rücken sie ein wenig zur Seite, offenbar verbreitert sich das Tal. Neri zieht den Wagen nach rechts und lenkt ihn mitten in ein

Brombeergestrüpp hinein. Die Ranken kratzen über den Lack und mäandern wie Schlangen über die Windschutzscheibe.

»Ihr bleibt hier im Wagen«, sagt er zu den beiden Männern auf dem Rücksitz.

Sie antworten nicht, während ich schon mal aussteige. In diesem Moment ziehe ich geistig einen Schlussstrich unter mein Leben. Vielleicht ist es der Wein oder die Müdigkeit oder die Dunkelheit oder das Schweigen der beiden Männer oder alles zusammen. Jedenfalls habe ich auf einmal das Gefühl, einen Schritt zu weit gegangen zu sein und bald Bilanz ziehen zu müssen: Was habe ich erreicht? Was habe ich versäumt? Nach welcher Seite wird sich die Waage neigen?

Ich denke an Antonia, Bernadette und Nicolas. Und ich denke an all die Mordszenen, die ich in Krimis gelesen und in Filmen gesehen habe. Was werden Angelo Neri und seine Männer mit mir anstellen? Sind sie einfach nur Banditen, die Lösegeld aus meiner Familie herauspressen wollen? Oder sind sie irgendwelche verrückten Ritualmörder? Ich habe von all den Satanisten gehört, die in Italien ihr Unwesen treiben.

»Kommen Sie«, sagt Neri und reißt mich aus meinen Gedanken. Er drückt mir eine Taschenlampe in die Hand und knipst ebenfalls eine an.

Ich lasse den Lichtkegel über den staubigen Boden, das Gestrüpp und die Felswände gleiten. »Wo müssen wir hin?«, frage ich und versuche, meiner Stimme einen festen Klang zu verleihen.

»Auf die andere Seite des Weges«, sagt er, während er ein paar Ranken so über die Rückseite des Wagens zieht, dass dieser kaum noch zu erkennen ist.

Wir überqueren den Weg und schlagen einen schmalen Pfad ein, der steil den Tuffsteinhang hinaufführt. Nach ein paar Metern müssen wir die Hände zu Hilfe nehmen, um nicht abzurutschen. In meiner Not greife ich in Brombeerdornen und anderes Gestrüpp, reiße mir die Finger auf und rutsche dennoch immer wieder ein Stück ab. Ich rieche feuchtes Laub und Erde und denke an die Schlangen, die wir bei unseren Wanderungen gesehen haben. Dennoch zwinge ich mich, nicht umzudrehen, sondern Neri auf den Fersen zu bleiben. Immerhin kommen die beiden Männer nicht mit. Ist das nicht irgendwie ein gutes Zeichen? Mit Neri alleine sollte ich im casus belli fertig werden.

Auf einmal bleibt er stehen und ich pralle gegen seinen Rücken. Er lacht heiser. »Sehen Sie!«, sagt er und deutet nach vorne. Tatsächlich. Da ist ein Absatz im Hang, eine kleine, von Gestrüpp überwucherte Terrasse. An ihrem Ende erkenne ich einen Fleck, der noch dunkler ist als die Felswand – der Eingang zur Höhle.

In diesem Augenblick hören wir das Dröhnen. Es ist erst dumpf und fern, doch es kommt rasch näher und wird immer lauter. »*Minchia* – Scheiße«, flucht Neri, reißt mich zu Boden und zerrt mich in einen Busch. Schwer atmend bleiben wir liegen, während ein breiter Lichtkegel über die gegenüberliegende Felswand des Tals gleitet. »Die *carabinieri*«, zischt Neri. Und auf einmal bin ich erleichtert.

»Bleiben Sie ruhig hier liegen«, flüstert er mir ins Ohr. »Die suchen nach *tombaroli* – nach Grabräubern. Doch uns werden sie hier nicht finden.«

Es wird eine lange Nacht. Immer wieder tastet der Suchscheinwerfer des Helikopters über die bewaldeten Hänge wie der Rüssel eines Elefanten auf der Suche nach frischen Blättern. Immer wieder zieht mich Neri herunter in den Dreck. Dann hören wir mehrere Autos durch den Hohlweg unter uns knattern. Dann ist Stille. Dann kommen wieder einige Wagen. Ein blaues, blinkendes Licht lässt die Tuffhänge rhythmisch aufleuchten, als seien wir in einer Diskothek. Dann verschwinden auch diese Lichter und Geräusche Richtung Bolsena-See. Der Hubschrauber kehrt noch einmal zurück, dreht wieder ab. Zurück bleibt Stille.

»Wir müssen zusehen, dass wir hier wegkommen«, raunt mir Neri zu.

So leise und schnell es geht, stolpern wir den Hang hinunter, den wir zweieinhalb Stunden zuvor hinaufgeklettert sind. Verdreckt und mit zerrissenen Hosen kommen wir bei dem Geländewagen an. Neri reißt die Tür auf und ruft: »Alles in Ordnung?« Es bleibt still. Er nimmt die Taschenlampe und leuchtet hinein. Der Wagen ist leer. »Verdammte Feiglinge«, flucht er, »sie sind getürmt.«

Ich weiß nicht, was ich davon zu halten habe. Aber das ist mir in diesem Augenblick auch ziemlich egal. Ich will nur noch von hier weg. Im Schritttempo und mit ausgeschalteten Scheinwerfern fährt Neri den Weg zurück. Wieder bellen die Hunde. Nach endlos erscheinenden fünfzehn Minuten erreichen wir die Straße nach Gradoli. Neri hält vor der Taverne, wo ich am Abend mein Auto geparkt habe, und wir steigen aus.

Er klopft mir auf die Schulter. »Bis bald, mein Freund«, sagt er. »Und danken Sie Voltumna, dass heute Nacht alles gut ausgegangen ist.«

Was meint er damit? Bevor ich ihn fragen kann, ist er auch schon wieder in seinen Geländewagen gestiegen und davongefahren. Der Ort liegt in völliger Dunkelheit. Die Nacht ist warm und klar. Die Wolken haben sich verzogen und die Sterne funkeln über dem See. Nachdenklich fahre ich über Bolsena und Orvieto zur Autobahn. An der ersten Raststelle bestelle ich zwei doppelte *caffè*. Der Mann an der Bar starrt auf meine verdreckten Kleider. Ich sehe, wie sehr er sich wundert. Ein *tombarolo* mit dem Akzent des Papstes?

Im Morgendämmern erreiche ich Rom. Nie zuvor habe ich die Straßen der Stadt so menschenleer erlebt. Nur ein roter Bus der Verkehrsbetriebe fährt vor mir her. Ich erreiche Prati, parke mein Auto vor der Tür und gehe hinauf in unsere Wohnung. Antonia und die Kinder schlafen und ein Gefühl tiefen Friedens durchströmt mich. Ich lege mich aufs Sofa in unserem *salone* und nicke sofort ein.

Ein Klingeln weckt mich. Es ist mein Handy. »*Pronto*«, murmele ich schlaftrunken.

»*Pronto*. Ich bin's, Angelo Neri. Sind Sie gut wieder zu Hause angekommen?« Es ist das erste Mal, dass er sich kleinlaut anhört.

»Mehr oder weniger«, gebe ich mürrisch zurück.

»Hören Sie. Das mit gestern Nacht tut mir leid. Aber die Razzia war unvorhersehbar. Ich habe mich erkundigt. Die waren tatsächlich hinter ein paar *tombaroli* her, die ganz in der Nähe zu Gange waren. Drei haben sie geschnappt. Doch mit uns hat das alles nichts zu tun. Ich melde mich, wenn die Luft wieder rein ist.«

»Machen Sie das«, antworte ich knapp und lege auf. Ich habe genug von Fanum Voltumnae, fürs Erste zumindest.

Vierundzwanzig

Ich gehe in die Küche, um mir erst einmal einen *caffè* zu machen. Auf dem Fußboden finde ich einen Zettel von Antonia: »Ich bin mit den Kindern im Park der Villa Borghese.« Bernadette und Nicolas haben bereits Ferien. Ich trinke meinen Espresso, ziehe meine leichteste lange Hose an – kurze Hosen trage ich als Wahlrömer in der Stadt natürlich nicht mehr, *ci mancherebbe* – und gehe hinunter zum Zeitungholen.

Beim Hinaustreten auf die Straße überflutet mich eine Welle feuchtheißer Luft. Der Himmel liegt schmutziggrau über der Stadt, wie ein Deckel auf einem Topf. Ich weiß, was das zu bedeuten hat. Die Römer sprechen von *la cappa*, der Dunstglocke, die ihre Stadt immer mal wieder heimsucht. Dann kühlt kein Windhauch mehr, die Temperaturen steigen wie im Treibhaus und die Luft sättigt sich mit Autoabgasen. Heute ist so ein Tag. Ich will mir zum Trost erst einmal ein Vanillehörnchen bei Massimo in der Bar holen. Doch an der Glastür hängt ein weißer Zettel. »*Chiuso per ferie*«. Erst Anfang September macht die Bar wieder auf.

Ich gehe weiter zu meinem mürrischen *giornalaio* am Kiosk. Er drückt mir meine gewohnten Blätter in die Hand und wünscht mir schöne Ferien.

»Fahren Sie denn weg?«, frage ich verblüfft, denn ich rechne ihn zum unverrückbaren Inventar der Straße, so wie die Laternen etwa. Bei jedem Wetter kauert er da drinnen in seinem bunten Nest aus Tageszeitungen, Modeblättern, Yachtmagazinen, Klatschzeitschriften, DVDs, Musik-CDs, Reiseführern, Stadtplänen und den unzähligen Sonderveröffentlichungen der italienischen Zeitungsverlage.

»Aber sicher fahre ich weg«, sagt er triumphierend. »Im August bleibe ich doch nicht in der Stadt! Ts, ts, ts. *Non si fa!*«

So ergeht es mir in den kommenden Tagen überall, auf der Straße, im Palazzo. Francesco, mein Friseur, erzählt mir voller Vorfreude und mit breitem Grinsen, er wolle mit seiner *fidanzata* zwei Wochen nach Sardinien zum Tauchen fahren. Vittoria, die Friseuse, meint weniger begeistert, sie müsse mit ihrem Freund Tito, dem Aquarienhändler, schon wieder in die Berge nach Österreich. Ercole und Diletta sind bereits vor einigen Tagen zu ihren Verwandten nach Argentinien aufgebrochen. »Ich will es noch einmal anpacken. Wer weiß, ob ich nächsten Sommer noch lebe«, verabschiedete der Patriarch sich fröhlich.

Sergio und Paola treffen wir in der Garage, als sie gerade dabei sind, ihren Hausstand in und auf ihrem alten Mercedes-Kombi zu verstauen. Ales Kinderfahrrad, Kisten voller Playmobil-Schiffe, ein Wellenbrett, ein Gartengrill, Kühlboxen, Rettungsreifen und eine Espressomaschine – alles ist dabei.

»Was macht ihr denn da?«, fragt Antonia. »Ich dachte, auf eurem Familiengrundstück am Nemi-See sei alles vorhanden.«

»Wir fahren dieses Mal nicht an den Nemi-See«, sagt Paola stolz. »Wir machen einen Urlaub *alla tedesca.*«

»*Alla tedesca?*«

»Ja, wir haben uns das bei euch abgeschaut. Wir wollen mal ausprobieren, wie das ist, nur in der Kleinfamilie Urlaub zu machen. Wir nehmen morgen die Fähre nach Sardinien.«

»Das heißt, ihr beide und Ale fahrt ganz allein in die Sommerferien?«, frage ich ungläubig. »Ohne Onkel und Tanten, Cousins und Cousinen?«

»Genau«, bestätigt Sergio. »Wir haben einen Bungalow in einem Ferienclub an der Costa del Re gebucht. Auf der Internetseite steht, da gebe es vierzehn Stunden am Tag Animation. Dann langweilt sich Ale wenigstens nicht.«

»Und ihr?«, stichelt Antonia.

»Na ja, ein paar von unseren Freunden kommen schon auch mit.«

Sogar den treuen Teodoro, unseren fliegenden Fischhändler, zieht es nun in den Urlaub. Sein Transport- und Kühlsystem – der Weidenkorb mit den feuchten Zeitungen – ist für die Augusthitze vielleicht auch nicht ganz ideal. »Ich komme im September wieder, wenn es ein bisschen kühler wird, *dottur*«, verspricht er mir. Er selbst wolle sich ein bisschen in Terracina ausruhen und auch mal mit seinem Bruder zum Fischen hinausfahren. »Denn ich möchte mich mal wieder so richtig streiten.« Seit er endgültig von seiner Frau getrennt lebt, hat er da offenbar Nachholbedarf. Als Antonia und ich ihm die raue Hand schütteln und ihm schöne Ferien wünschen, mustert er uns streng: »Als ihr aus dem Osterurlaub zurückgekommen seid, wart ihr so blass«, sagt er vorwurfsvoll. »Im September will ich euch soooo braun gebrannt sehen.« Er deutet auf sein eigenes sonnengegerbtes Gesicht. Auch für Teodoro ist *una bella abbronzatura* der Inbegriff gelungener Ferien.

Der August hält Einzug, halb Rom macht dicht und die Römer überlassen ihre Stadt den Touristen. Auch für uns ist es nun Zeit, in Ferien zu fahren, schließlich sind wir keine Touristen mehr. Da Filippo und Federica hierbleiben müssen, um den Palazzo gegen die anbrandenden Einbrecherbanden zu verteidigen, können wir ihnen die Pflege von Jakob Brödler samt Anhang, der Fische und der Balkonpflanzen überlassen. Wir laden sie auf unseren Balkon zu einem Abschiedsgrillen ein. Wir sorgen für die *bistecche*, Federica macht einen *babà*. »Und ihr Armen müsst hierbleiben«, bedauere ich unser Hausmeisterpaar aufrichtig.

»Ach, so arm sind wir gar nicht«, sagt Federica. »Denn jetzt kommt wieder die schönste Zeit im Palazzo. Die *signori* sind alle weg und wir haben ein paar ruhige Wochen. Soll ich Ihnen etwas verraten?«

»Aber ja.«

»Sie dürfen es den Cornetti aber nicht weitersagen, abgemacht?«

»Abgemacht!«

»Wir haben die Schlüssel für die Eisentür zur Dachterrasse. Wenn alle weg sind, stellen wir dort oben ein großes Planschbecken mit Wasser auf, setzen uns in der Abenddämmerung hinein, trinken ein Glas eiskalten Weißwein und blicken auf die Stadt herab.«

Filippo zwinkert seiner Frau zu und sagt: »Ja – und dann haben wir's gut!«

Ähnlich bepackt wie Sergio und Paola fahren wir endlich bei voll aufgedrehter Klimaanlage von Rom nach Neapel. Von dort nehmen wir die Nachtfähre zu den Liparischen Inseln vor Sizilien. Dort verbringen wir märchenhafte Mittelmeerwochen – von den Attacken der Quallen und Tigermücken einmal abgesehen. Um Teodoro in Sachen Bräune nicht zu enttäuschen, lasse ich mich gleich am ersten Tag ausgiebig auf einem Wellenbrett auf dem Meer treiben. Selten habe ich so einen Sonnenbrand bekommen.

Als wir nach drei Wochen auf der Insel Salina die Fähre besteigen, freuen wir uns alle auf unseren Palazzo. Doch es ist für uns auch ein seltsames Gefühl, nach den Sommerferien nicht mehr nach München, sondern nach Rom *heim*zufahren. Wie wird uns unser Palazzo wohl empfangen? Wie Besucher oder wie Bewohner?

Nach langer Reise kommen wir schließlich am Abend in Prati an. Als wir gerade am Auspacken sind, läutet es an der Tür. Draußen stehen Paola und Sergio mit ein paar Barren *aranzada*, der sardischen Form des türkischen Honigs, und einer Flasche *crema di timo*, einem Thymianlikör. Wir umarmen und küssen uns wie sehr alte Freunde.

Dann tritt Paola einen Schritt zurück, stemmt die Hände in ihre Hüften, mustert uns von Kopf bis Fuß und ruft: »*Ben tornati, ben trovati e belli abbronzati!*«

Da wissen wir, dass wir richtig in Rom angekommen sind.

Stefan Ulrich

Arrivederci, Roma! Ein Jahr in Italien

Originalausgabe

ISBN 978-3-548-28143-8
www.ullstein-buchverlage.de

Dolce Vita in *Bella Italia*! Wovon so viele Deutsche träumen, ist für Familie Ulrich wahr geworden: Ein Leben in Rom, in einem echten *Palazzo*. Und das beinhaltet erst mal so einige Überraschungen. Als nach und nach jedoch der Alltag Einzug hält, beschließt Stefan Ulrich, im kommenden Jahr alle Regionen Italiens zu bereisen, von Südtirol bis Sizilien. Zum Glück wissen er und seine Lieben noch nicht, worauf sie sich da einlassen. Denn *Bella Figura* zu machen ist nicht immer einfach.

Die Fortsetzung des Bestsellers *Quattro Stagioni*

ullstein

UB541

Jan Weiler

Maria, ihm schmeckt's nicht!

Geschichten von meiner italienischen Sippe

Originalausgabe

ISBN 978-3-548-26426-4

www.ullstein-buchverlage.de

»Als ich meine Frau heiratete, konnte ihre süditalienische Familie leider nicht dabei sein. Zu weit, zu teuer, zu kalt. Schade, dachte ich und öffnete ihr Geschenk. Zum Vorschein kam ein monströser Schwan aus Porzellan mit einem großen Loch im Rücken, in das man Bonbons füllt. Menschen, die einem so etwas schenken, muss man einfach kennenlernen.«

»Göttliche Geschichten. Ein unverzichtbarer Beitrag zur deutsch-italienischen Freundschaft. Und saukomisch.«
Stern

»Ein wunderbar witziges, warmherziges Buch. Wer noch keine italienischen Verwandten hat, wird nach der Lektüre unbedingt welche haben wollen.«
Axel Hacke

ullstein

US66

Schein und Sein an der Seine

Nach vier Jahren in Bella Italia müssen Stefan Ulrich und seine Familie ihr geliebtes Rom verlassen und samt Meerschweinchen nach Frankreich umziehen. Müssen? Paris, die Stadt der Liebe, das ist doch ein Traum - schmachten die Freunde in Deutschland. Doch die Ulrichs fremdeln erst mal an der Seine. Meer und Berge sind weit weg, beim Einzug platzt ein Wasserrohr, das Schulfranzösisch erweist sich als peinlich unzureichend, und die französischen Nachbarn sind eben keine Italiener. Die Ulrichs aber sind wild entschlossen, ihre neue Heimat lieben zu lernen. Sie erkunden Stadt, Land und Seele der Franzosen und erleben bald, warum Gott tatsächlich in Frankreich lebt.

Stefan Ulrich

Bonjour la France

Ein Jahr in Paris

Taschenbuch
Auch als E-Book erhältlich
www.ullstein.de

ullstein